Controlling und Jürgen Weber

Alumni (Hrsg.)

Controlling und Jürgen Weber

Eine Festschrift zum 60. Geburtstag

Springer Gabler

Herausgeber
Alumni
Vallendar, Deutschland

ISBN 978-3-658-03690-4 ISBN 978-3-658-03691-1 (eBook)
DOI 10.1007/978-3-658-03691-1

Die Deutsche Nationalbibliothek verzeichnet diese Publikation in der Deutschen Nationalbibliografie; detaillierte bibliografische Daten sind im Internet über http://dnb.d-nb.de abrufbar.

Springer Gabler

Gedruckt auf säurefreiem und chlorfrei gebleichtem Papier

Springer Gabler ist eine Marke von Springer DE. Springer DE ist Teil der Fachverlagsgruppe Springer Science+Business Media.
www.springer-gabler.de

Inhalt

Vorwort 9

Prozess- und Ergebnistransparenz 11
Sebastian D. Becker

Nichts ist so gut für die Praxis… 14
Stefanie Berger

Aus der „Frankfurter Schule" in die Grundschule –
Von den Anfängen einer Elitehochschule und deren Controlling-Lehrstuhl 16
Ludwig H. Bertsch

Controlling – Alles andere als nur eine weitere Teildisziplin
der Betriebswirtschaftslehre 19
Christoph Binder

Was macht eigentlich Vallendar faszinierend? 21
Malte Brettel

Auftritt, Team, Führung, Balance und Innovation 23
Christian Bungenstock

Jenseits des Controllings 27
Christian Busse

Wie Jürgen Weber Führung prägt 30
Nils Daecke

Wissenschaft trifft Praxis 32
Mark Deinert

Begegnungen mit Jürgen Weber 34
Albrecht Deyhle

Der Brückenbauer 36
Ralf Eberenz

Erfolg durch Praxisnähe 39
Edgar Ernst

Die S-Taste 41
Michael Faustino Bauer

Vom Können und Wollen in der betriebswirtschaftlichen Forschung und Praxis 43
Andreas Florissen

Die acht Charakteristika des Jürgen Weber aus Sicht eines fachfremden Kollegen 46
Michael Frenkel

Dürfen sich Controller die Hände schmutzig machen? 49
Mark Frese

Spontane Assoziationen und mich beeinflussende Facetten –
Eine ganz persönliche Sicht auf Jürgen Weber nicht nur vom Büro gegenüber 51
Rolf Uwe Fülbier

Wissenschaft inspiriert Praxis 54
Siegfried Gänßlen

Einer der prägt 56
Lukas Goretzki

Festgedanken 58
Martin Grothe

Verbindung von Controllingtheorie und Controllingpraxis 59
Bernhard Günther

Rationalitätssicherung in Willensbildung und -durchsetzung 61
Bernd-O. Heine

Fachliche Breite und der Widerstand gegen ostmärkische Einflüsse –
Warum es wichtig ist, sich auf Personen und Institutionen verlassen zu können 63
Armin Heinzl

Unersetzlich: Jürgen Weber 66
Andreas Herzog

Allgemeine Betriebswirtschaftslehre 68
Bernhard Hirsch

Der Hase und der Igel 70
Andreas Hoffjan

Erinnerungen an eine Promotion in der „neuen Welt“ 72
Martin Holzhacker

Drei Geschichten über Jürgen Weber 75
Jochen Holzwarth

Vom Grenzplankostenrechner zum Rationalitätssicherer 77
Péter Horváth

Zum Zeitbezug wissenschaftlichen Arbeitens –
Ein Rückblick auf den gemeinsamen akademischen Start 79
Werner Hug

Gesicht der WHU 82
Thomas Hutzschenreuter

Freundschaftlicher konstruktiv kritischer Wegbegleiter beim Aufbau des Fachgebietes Instandhaltungs-Controlling 84
Dimitrios Kalaitzis

Brückenbauer zwischen Theorie und Praxis 85
Karl-Ludwig Kley

Ein holistischer Controller in Wissenschaft & Praxis – Eine Würdigung 87
Carsten Knobel

Controlling und Wertorientierung 90
Norbert Knorren

Der Mensch im Mittelpunkt (Teil 1) 94
Stephan Kramer

Eine prägende Zeit 96
Christian Krügerke

Jürgen Weber und …! 98
Ulrich Krystek

Die Kunst der Kostenrechnung oder warum Bauteile auch ein Anrecht auf Gerechtigkeit haben 101
Jennifer Kunz und Stefan Linder

Der Mensch im Mittelpunkt (Teil 2) 103
Matthias D. Mahlendorf

Behavioral Controlling und Simulation – Ein subjektiver Versuch über den Impact von Jürgen Weber 105
Matthias Meyer

Von Gewöhnlichem und Außergewöhnlichem 108
Pascal Nevries

Verantwortung im Akteursmodell 115
Clemens Pelster

Die gemeinsame Liebe zur Kostenrechnung 117
Dieter Pfaff

Controller on Tour 120
Christian Pfennig

Eine Sache der Persönlichkeit 122
Martin Plag

Herzblut und sympathische Selbstreflexion 124
Björn Radtke

Von Top-Controllern lernen 127
Marko Reimer

Hahnenschrei 129
Solveig Reißig-Thust

Schlau und schnell 131
Thorsten Reitmeyer

Rationalität und Charme vereinigt in einer Person 133
Markus Rudolf

Die gemeinsame Liebe zum Controlling 135
Utz Schäffer

Hart aber herzlich 138
Thorsten Sellhorn

Eine wunderbare Reise 141
Carsten Sieber

Erfolg und Menschlichkeit 144
Mascha Sorg

Wer nicht vom Fliegen träumt, dem wachsen keine Flügel (Robert Lerch) 146
Karl-Heinz Steinke

Gute Controller machen immer alles besser 148
Erik Strauß

Controlling in öffentlichen Institutionen 151
Otto Tylkowski

Jürgen Weber zum Geburtstag 155
Andreas Veit

Champions League – Oder es sind die Personen, die den Weg an die Spitze bereiten ... 157
Carl Marcus Wallenburg

Konzentration, Konsequenz und Nachhaltigkeit 160
Frank-J. Weise

Koordinationsorientierte Controllingtheorie –
Ein Déjà-vu zur Theorie der Management Control Systems? 163
Barbara E. Weißenberger

Veröffentlichungen von Jürgen Weber 167

Vorwort

Jürgen Weber ist wohl der einzige Professor der WHU – Otto Beisheim School of Management, den quasi jeder Diplom- und jeder Bachelorstudent seit Gründung der Hochschule erleben durfte. Gleichzeit hat Jürgen Weber die Entwicklung des Controllings als akademischer Disziplin im deutschsprachigen Raum und eine Vielzahl ehemaliger Schüler und Weggefährten beeinflusst und geprägt wie kaum ein anderer. Und nun wird Jürgen Weber 60!

Früher war es üblich, den Jubilar zu diesem Anlass im Rahmen einer traditionellen Festschrift zu würdigen. Ein kleiner Kreis von Schülern und dem zu Ehrenden besonders nahe stehenden Mitgliedern der Community würdigten das Werk des Geburtstagskindes durch wissenschaftliche Beiträge, die idealerweise auf eben dieses Werk Bezug nahmen. Diese traditionelle Form der Würdigung macht aber aus mindestens zwei Gründen im vorliegenden Fall nur wenig Sinn. Zum einen wird heute in der Community – wenn möglich – in internationalen Zeitschriften veröffentlicht, die durch einen Peer-Review gekennzeichnet sind. Entsprechend würde man mit einer traditionell ausgerichteten Festschrift entweder hervorragenden Beiträgen nicht den Platz einräumen, den sie in der neuen Welt der betriebswirtschaftlichen Forschung verdienen, oder aber den Autoren sehr hohe Opportunitätskosten zumuten, die nicht zuletzt nicht im Sinne des Jubilars sein können. Zum anderen ist das Werk von Jürgen Weber gerade dadurch charakterisiert, dass Forschung und Praxis im Dialog stehen: entsprechend wäre es wenig zielführend, Praktiker mit der nur bedingt charmanten Aufgabe eines längeren wissenschaftlichen Traktats zu belasten oder sie gar auszuschließen. Der Kreis der Schüler von Jürgen Weber hat daher eine innovative und neue Form der Festschrift gewählt, die der Tradition, den Anforderungen der neuen Zeit und nicht zuletzt der Person von Jürgen Weber hoffentlich gleichermaßen gerecht wird.

Im Mittelpunkt der Festschrift stehen kurze, in der Regel 2-3 seitige Gedanken von Ehemaligen und Weggefährten zur Person von Jürgen Weber. Bewusst wurden den Autoren keine näheren Vorgaben gemacht, was oder wie zu schreiben wäre. Im Ergebnis liegt die eindrucksvolle Zahl von über sechzig Beiträgen verschiedener Ehemaliger und Weggefährten, Wissenschaftler und Praktiker vor. Sie zeigen in ihrer Gesamtheit ein vielschichtiges und differenziertes Porträt eines großen Menschen und Controllingforschers, das aber durchaus einen gemeinsam Kern der unterschiedlichen Perspektiven aus verschiedenen Zeiten klar erkennen lässt. Ergänzend finden Sie in diesem kleinen Band Fotos aus fast 30 Jahren Lehrstuhl- und Institutstätigkeit sowie ein aktuelles Schriftenverzeichnis, das die nicht kleine Zahl von mehr als 1100 großen und kleineren Werken umfasst.

Die vorliegende Festschrift ist auf Initiative vieler Ehemaliger entstanden, was sich nicht zuletzt in der Herausgeberschaft aller Ehemaligen spiegelt. Ich möchte an dieser Stelle insbesondere den Kollegen Malte Brettel, Bernhard Hirsch, Matthias Meyer und Barbara

Weißenberger für ihre Unterstützung danken. Daneben gehört Sabine Petrakakis ein großes Dankeschön für die äußerst engagierte operative und kreative Begleitung des gesamten Prozesses sowie für die Bearbeitung des Schriftenverzeichnisses. Nicht zuletzt sei Claudia Heymann für das Korrekturlesen der einzelnen Beiträge und Frau Ute Wrasmann und Frau Sabine Schöller vom Gabler Verlag in Wiesbaden für die unkomplizierte und bewährt kompetente Unterstützung des innovativen Buchprojekts gedankt.

An dieser Stelle mag nun der eine oder andere kritische Leser die Frage stellen: was ist eigentlich die Botschaft dieses Bandes? Was ist das Key Take-Away, wie unsere Studierenden fragen würden? Ganz einfach: Herzlichen Glückwunsch, lieber Jürgen! Mach weiter so!

Vallendar, im August 2013

(Utz Schäffer)

Prozess- und Ergebnistransparenz

Sebastian D. Becker

Lieber Herr Weber, liebe Leser!

„Nichts ist so gut für die Praxis wie eine gute Theorie." – Als Leitgedanke meines Beitrags in dieser Festschrift möchte ich Jürgen Webers Devise festhalten, die ich sehr stark mit seinem Wirken in den letzten Jahrzehnten verbinde.

Als Controllingstudent bei Utz Schäffer an der European Business School (ebs) war mir Jürgen Webers Controllingansatz sowie sein Einfluss in der deutschsprachigen Controllingforschung von der ersten Vorlesungsstunde, wenn auch zu Beginn eher anekdotisch denn systematisch, mehr als bewusst. Niemals hätte ich gedacht, dass er später zuerst mein akademischer Großvater (durch den Erstgutachter meiner Promotion und seinen Doktoranden, Utz Schäffer an der ebs) und dann, durch Utz Schäffers Berufung und meinen dadurch bedingten Wechsel als Doktorand von der ebs an die WHU, auch mein Zweitgutachter und später sogar Ko-Autor werden würde. Vor dem Hintergrund der Bedeutung Jürgen Webers für das deutschsprachige Controlling, deren genauere Auswirkung sich für einen jungen Doktoranden natürlich erst im Laufe der Zeit konkretisierte, gebe ich gerne zu, dass die ersten Kontaktpunkte mit ihm aus Respekt vor seiner Leistung und zeitgleich meinen ersten kleinen Schritten in puncto Forschung und Universitätsbetrieb von großer Ehrfurcht geprägt waren. Hier erinnere ich mich besonders an den zweiten „Joint Office Day" im Oktober 2006 mit Doktoranden von Jürgen Weber, Utz Schäffer und Bernhard Hirsch in den Räumen der ebs und meine hiermit eintretende Erfreutheit, endlich mal den großen Herrn Weber „live" erlebt zu haben (inklusive seiner bei Präsentationen charakteristischen Haltung der Hände, bei der sich die Fingerspitzen beider Hände berühren)! Aufgrund einer entgegengesetzten geographischen Vita (Jürgen Weber, aus Südniedersachsen stammend, war hiernach einige Jahre als Habilitand in Franken tätig, ich gebürtig aus Franken bin später nach Südniedersachsen gezogen) war bereits zu Anfang natürlich eine ursprüngliche Sympathie vorhanden.

Als der Lehrstuhl der ebs sich kurz darauf dann mit dem der WHU in Vallendar zum Institut für Management und Controlling (IMC) vereinte, nahmen die Kontaktpunkte erfreulicherweise zu. Die ursprüngliche Sympathie wuchs durch Herrn Webers neugierige und leidenschaftliche, aber dennoch ruhige und in keinster Weise unnahbare Art schnell weiter und ließ somit die Zusammenarbeit am Lehrstuhl und in der Forschung angenehm, freundlich und professionell werden. Hier möchte ich im Besonderen drei Dinge anführen, die dieses stets ermöglichten. Speziell bei Forschungsseminaren schätze ich hier insbesondere Herrn Webers Fähigkeit des Zuhörens und Verstehens, bevor er die Forschungsvorhaben der Doktoranden konstruktiv kommentiert. Zudem möchte ich auf den oben genannten Leitgedanken zurückkommen und hier seine weitreichende Erfahrung sowie das Gespür betonen, Ideen und Konzepte einerseits auf deren akademische Güte wie auch auf deren praktische Relevanz hin zu beurteilen, was ihn in meiner Wahrnehmung nicht nur zu einem strukturierten und reflektierten Akademiker, sondern auch zu einem Gesprächspartner auf Augenhöhe für die Praxis macht. Nicht zuletzt versteht und verstand Herr Weber es sehr gut, das aufgrund seiner vielen Aufgaben natürlich nicht gerade kleine Institut erfolgreich, nachhaltig und vorausschauend zu leiten, indem er seinen Kollegen, Doktoranden und Mitarbeitern genügend Freiheit, aber auch Motivation, Unterstützung und Führung gab (regelmäßig mittels sehr früher E-Mails gegen 5 Uhr morgens), was meines Ermessens nach ein weiterer Grund für das beeindruckende Ergebnis seiner Arbeit der letzten Jahrzehnte ist.

Nach diesem Darstellen von *Prozesstransparenz* (als eine der Controlleraufgaben, siehe IGC Controller Leitbild, 2002), möchte ich nun auch *Ergebnistransparenz* (ibid.) über das bisherige Schaffen von Herrn Weber herstellen, welches für mich in mehrerlei Hinsicht vorbildlich ist. Einerseits gebührt seinem einflussreichen und nachhaltigen Wirken in zwei aufstrebenden Feldern der Betriebswirtschaftslehre, nicht nur im Controlling, sondern auch in der Logistik, großer Respekt. Herr Weber ist hier sicher einer der bedeutendsten „institutional worker" (Lawrence & Suddaby, 2006) der Betriebswirtschaftslehre und sowohl für die zu den Anfängen seiner akademischen Karriere noch unetablierte Controllingpraxis als auch für die Controller selbst bedeutsam. Dies lässt sich nicht nur in seiner Forschung oder in dem von ihm gemeinsam mit Utz Schäffer gestalteten und in der Praxis anerkannten Controllingansatz der Rationalitätssicherung, sondern auch in seinen Tätigkeiten im CCM, in der Lehre mit erfolgreichen Standardlehrbüchern, mit der CTCon oder mit der ZfCM erkennen. Andererseits hat Herr Weber über mehrere Generationen hinweg in der deutschen betriebswirtschaftlichen Hochschulforschung erfolgreich gewirkt. Deren Anfänge kann ich zwar nur geringfügig und anekdotisch beurteilen, allerdings zeugen seine Aktivitäten besonders in den letzten Jahren von einer großen Veränderungsbereitschaft, ständigem Unternehmertum und in keinster Weise von einem „Sich-auf-den-Lorbeeren-Ausruhen", was ein ebenso nachvollziehbarer wie verdienter, und sicherlich wenig aufwändiger, alternativer Weg gewesen wäre. So hat Herr Weber in den letzten Jahren am IMC der WHU gemeinsam mit Utz Schäffer neben vielen weiteren Dingen unter anderem eine konsequente Orientierung an den internationalen „Spielregeln" der Forschung vorgenommen und hier eine funktionierende Basis für Forschung auch auf internationalem Niveau geschaffen (hier sei auf verschiedene international erschienene Publikationen und Lehrbücher, das Controllerpanel, den Ausbau der Controllertagung zur ACMAR mit englischsprachigen Tracks oder Forschungsseminare mit internationalen Gästen am IMC etc. verwiesen) und zudem den Arbeitskreis „Steuerung und Controlling in öffentlichen Institutionen" mitbegründet. Für diese Ergebnisse verantwortlich ist vielleicht gerade die oben genannte Devise als Prinzip hinter diesem Schaffen und Herrn Webers konsequente Ausrichtung am Dreieck Forschung-Lehre-Praxis, in welchem er durch seine Aktivitäten in den letzten Jahrzehnten auf allen drei Feldern erstklassige und im deutschsprachigen und internationalen Umfeld beispiellose Leistungen hervorgebracht hat. Deren gegenseitige Befruchtung ist schließlich Ausdruck einer kontinuierlichen und vielfältigen Anstrengung auf drei nicht immer einfach zu koordinierenden Gebieten.

Nach diesem zwar kurzen, aber nicht zuletzt wegen der eigenen Reflexion hierüber willkommenen, Anhalten und Würdigen der bisherigen Leistung und der für jeden jungen Akademiker richtungweisenden Vorbildfunktion Herrn Webers, bin ich sehr gespannt auf die nächsten Jahre seines Schaffens! Mit Dank sowie in Hochachtung des bisher Erreichten und in Vorfreude auf die nächsten Schritte, sende ich aus Paris

meine herzlichen Glückwünsche! Félicitations et joyeux anniversaire!

Dr. Sebastian D. Becker
Assistant Professor | HEC Paris

Promotion bei Prof. Dr. Utz Schäffer (Erstgutachter) und Prof. Dr. Dr. h.c. Jürgen Weber (Zweitgutachter) 2011
Titel: *The innovation, change, and implementation of budgeting techniques*

Nichts ist so gut für die Praxis…

Stefanie Berger

„Nichts ist so gut für die Praxis wie eine gute Theorie." Das ist der Wahlspruch von Jürgen Weber, mit dem er häufig zitiert wird. Entsprechend ist eine Frage, die er beim Kennenlernen gerne stellt, diejenige nach der Lieblingstheorie. Diese Frage hat – wie auch mich – vermutlich schon viele ins Schwitzen gebracht. Sie ist ein guter Start in eine Diskussion und prüft neben Fachwissen die Fähigkeit zur Argumentation und Reflexion. Vielmehr noch ist diese Frage ein Aufruf. Es ist der Aufruf nach der intensiven Auseinandersetzung mit Theorien.

Theorien sind Bestandteil der Wissenschaft und der Umgang mit ihnen mag als Selbstverständlichkeit erscheinen. Und doch gilt es immer wieder von Neuem, sich als Doktorand bewusst auf Theorien einzulassen. So ist die Frage nach der Lieblingstheorie lediglich der Auftakt für eine gründliche Arbeit mit Theorien, die die Entstehung der Forschungsvorhaben am Institut begleitet. Jürgen Weber hat hier eine Atmosphäre geschaffen, die die offene Diskussion fördert. Der Blick über den Tellerrand ist willkommen, beispielsweise in neue Theoriegebiete oder beim Infragestellen eines veralteten Menschenbilds in der Wissenschaft und der Zuwendung zu einem realitätsnahen Menschenbild. Ein Forum zur Diskussion bieten beispielsweise der Institutsalltag mit kurzen Wegen oder die Doktorandenkolloquien am Institut. Jürgen Weber begleitet die Entstehung von Forschungsvorhaben mit Fairness, Offenheit und Vertrauen. Das Resultat davon: die Doktoranden und Juniorprofessoren selbst führen als Multiplikatoren fort, was Professor Weber geprägt hat: ein Hinterfragen der Theorien zum bestmöglichen Nutzen und höchstmöglichen Erklärungsgehalt, und das nicht, um in Dissertationen ‚zu theoretisieren', sondern vielmehr, um Praxisphänomene bestmöglich zu erklären.

Jürgen Weber hat seine Forschung und die seiner akademischen Schüler dahin gebracht, etwas für die Praxis beizusteuern und den Brückenschlag zur Praxis gelingen zu lassen.

Theorien haben dabei eine besondere Funktion. Sie sind wie eine Brille, durch die die Welt betrachtet wird, und die hilft, zu fokussieren. Sie mögen den Doktoranden in der Erarbeitung quälen, aber irgendwann kommt der Zeitpunkt, an dem sie erhellen und helfen, Phänomene zu verstehen und Zusammenhänge zu deuten. Dabei hat die Verbindung von Theorie und Praxis eine Langzeitwirkung über die Dissertation hinaus. Im Arbeitsalltag helfen mir die Theorien aus meiner Dissertation immer noch zu erklären, warum Kooperation in Unternehmen mal gut und mal weniger gut funktioniert und liefern Ansatzpunkte für Verbesserungen.

Bei Jürgen Weber sind Theorie und Praxis kein Widerspruch, sie tragen einander und das kennzeichnet sein Wirken. So verbleibt er nicht im akademischen Elfenbeinturm, sondern sucht das Gespräch. Das Institut für Management und Controlling ist stark vom Austausch von Wissenschaft und Wirtschaft geprägt, beispielsweise bei der Arbeit am Center for Controlling & Management, an dem mit führenden Unternehmen in Forschungsprojekten kooperiert wird. Gleiches gilt für das frühere Kühne-Zentrum für Logistikmanagement, das Weber begleitet hat und das jetzt an der Hochschule als Kühne-Institut für Logistikmanagement fortgeführt wird. Der Praxisbezug beschränkt sich nicht auf Forschung und Institut. Weber hat die WHU – Otto Beisheim School of Management mit gestaltet und geprägt. Sie lebt in ihrer Positionierung vom Praxisbezug. Dies ist für viele ein wesentliches Argument, gerade hier zu studieren. Insbesondere die Nähe zur Wirtschaft macht die WHU attraktiv. So zeigt sich auf vielen Ebenen, dass Jürgen Weber Recht behält mit seinem Wahlspruch „Nichts ist so gut für die Praxis wie eine gute Theorie". Theorie und Praxis mögen als Gegensätze erscheinen, doch erst vereint führen sie zu guten Ergebnissen. Das Schaffen von Jürgen Weber ist ein Beweis dafür.

Dr. Stefanie Berger

Senior Consultant im Inhouse Consulting | Deutsche Bank AG

Promotion bei Prof. Dr. Dr. h.c. Jürgen Weber 2011

Titel: *Die Kooperation von Logistik und Vertrieb – eine empirische Untersuchung zu ihren Einflussfaktoren*

Aus der „Frankfurter Schule" in die Grundschule – Von den Anfängen einer Elitehochschule und deren Controlling-Lehrstuhl

Ludwig H. Bertsch

Das Presseecho und die allgemeine Verwunderung waren groß, als im Jahr 1983 die Gründung einer privaten, stiftungs- und gebührenfinanzierten Hochschule für Betriebswirtschaftslehre mit Fokus auf Unternehmensführung angekündigt wurde. Je nach politischem Lager wurde entweder von einem notwendigen Schritt hin zur praxisorientierten Ausbildung besonders leistungswilliger, gut ausgebildeter und polyglotter Manager gesprochen, der unbedingt zu begrüßen und zu fördern sei – oder das Vorhaben wurde vehement als Fehlentwicklung, welche zur Bildung einer abgehobenen Kaste von Wirtschaftseliten führen werde und dem Ideal der deutschen Bildungspolitik, nämlich Chancengleichheit und freiem Zugang zu akademischer Bildung, zuwiderlaufe und deshalb keinesfalls öffentlich zu unterstützen oder gar zu fördern sei, abgelehnt.

Das Land Rheinland-Pfalz, die IHK Koblenz und eine Reihe von Koryphäen der deutschen Betriebswirtschaftslehre ließen sich jedoch nicht beirren und so nahm die Wissenschaftliche Hochschule für Unternehmensführung Koblenz als erste deutsche Management-Hochschule mit Universitätsrang und privater Trägerschaft im Jahr 1984 ihren Lehrbetrieb in ungenutzten Klassenräumen einer Grundschule auf der Koblenzer Karthause auf.

Der jungen Hochschule fehlte es zunächst an fast allen Ecken und Kanten, vor allem aber an einem integralen Teil einer jeden Hochschule, nämlich an festangestellten Professoren.

So wurde das Vorlesungsprogramm weitgehend von Gastdozenten bestritten und war reichlich improvisiert. Den meisten etablierten Professoren war das Risiko und der mögliche Reputationsverlust einer Berufung an eine politisch umstrittene und finanziell instabile Lehranstalt zu groß und die Rekrutierung einer „Erstausstattung" an Lehrstuhlinhabern erwies sich als schwierig. Dadurch wiederum eröffneten sich ungeahnte Opportunitäten für einige noch nicht etablierte Privatdozenten bzw. Oberassistenten, die an renommierten Lehrstühlen in der Endphase ihrer jeweiligen Habilitationsvorhaben standen und die das Karriererisiko eines möglichen Scheiterns der WHU weit geringer gewichteten als die Gestaltungfreiräume und Karrierechancen, die eine Erstberufung an eine Start-up-Hochschule versprachen. Es seien an dieser Stelle natürlich der Jubilar Prof. Jürgen Weber, aber auch die Professoren Dr. Wolfgang König, Dr. Sönke Albers und Dr. Hans Bauer genannt.

Wie der Zufall es wollte war ich selbst, aufgrund des bisherigen Verlaufs des BWL-Studiums eigentlich ein „Kostenrechner", im Jahr 1983 als wissenschaftliche Hilfskraft (HiWi) zum Lehrstuhl Wirtschaftsinformatik an der Universität Frankfurt gestoßen, um den Privatdozenten König, der an der Endfassung seiner Habilitationsschrift saß, bei der Durchführung einer Vorlesung zu einer ihm ungeliebten und wenig vertrauten Materie, nämlich der „Einführung in das betriebliche Rechnungswesen" zu unterstützen. Nur kurz darauf erklärte sich Herr König zunächst als Gastdozent bereit, an der neugegründeten WHU das Fach Wirtschaftsinformatik aufzubauen. Schon nach erstem Augenschein wurde ihm jedoch klar, dass weder die vorhandenen personellen Ressourcen noch die nicht existierende Infrastruktur einen geregelten Lehrbetrieb erlauben würden, und so wurde kurzerhand ein Großteil der am Frankfurter Lehrstuhl für Wirtschaftsinformatik beschäftigten HiWis auf die Karthause abkommandiert um dort eine „Elitehochschule" mit aufzubauen. Die – hier anmaßend als Frankfurter Schule bezeichnete – HiWi-Truppe von Wolfgang König war somit auf der Grundschule Karthause angekommen und übernahm – nicht zur Freude aller – sofort das Ruder und machte sich an die Arbeit. Dabei reichte das Tätigkeitsspektrum vom Schleppen von Büromöbeln, Dübeln von Wandtafeln, Installieren von Druckern und PCs bis hin zum Photokopieren, Erstellen von Vorlesungsunterlagen und Folien, Durchführen von Case Studies und Programmierpraktika, Erledigung allgemeiner Korrespondenz und Telefondienst, vielfältigen Fahrdiensten bis zum Bibliotheksaufbau, und dies alles neben dem Abschluss des eigenen Diplomstudiums in Frankfurt.

Inmitten dieses Aufbruchs kam 1985 schließlich mein späterer Doktorvater, Dr. Jürgen Weber, ebenfalls mit noch nicht ganz abgeschlossenem Habilitationsverfahren auf die Karthause, um voller Elan einen Lehrstuhl für Controlling und Logistik aufzubauen. Als Schüler des renommierten Kostenrechners Wolfgang Männel und Autor einer hochgelobten, im Springer Verlag erschienenen Habilitationsschrift „Logistikkostenrechnung" ausgewiesen, galt er als Nachwuchshoffnung der deutschen BWL.

Ich war als junger Paul Riebel Schüler, zu dessen Enkelgeneration Prof. Weber zählte, schnell vom Tatendrang, dem wissenschaftlichen Anspruch sowie der Vision für die Ausgestaltung der Fächer Controlling und Logistik fasziniert und so dauerte es nicht lange, bis ich der Wirtschaftsinformatik wieder untreu wurde und meiner ursprünglichen „Berufung", der Kostenrechnung folgte, um fast zeitgleich mit Andreas Kosmider als einer der ersten Assistenten 1986 zum Lehrstuhl zu stoßen.

Mehr oder weniger gleichzeitig wurde auch der Lehrstuhl für Wirtschaftsinformatik von Prof. Wolfgang König mit den nun diplomierten, ehemaligen Frankfurter HiWis bevölkert. Hervorheben möchte ich an dieser Stelle jene Repräsentanten dieser „Frankfurter Schule", die in den folgenden Jahren noch eine starke Bindung zum Lehrstuhl Weber entwickeln sollten, entweder aufgrund gemeinsamer Forschungs- und Beratungsprojekte oder durch die erst- bzw. zweitgutachterliche Unterstützung der jeweiligen Promotions- bzw. Habilitationsvorhaben durch den Jubilar. An erster Stelle genannt sei mein Studienkollege und Freund Prof. Dr. Armin Heinzl, der sich nach einigen Unwägbarkeiten – quasi als Kuckuckskind – zum ersten Habilitanden von Herrn Weber mauserte, sowie mein langjähriger Mitstreiter Dr. Rainer Behrendt, mit dem ich später den Sprung in die Selbständigkeit wagen sollte und Dr. Ralf Setzer, der mit Armin Heinzl zeitweise unter dem Rektorat von

Prof. Weber den vakanten Lehrstuhl für „Datenverarbeitung (DV) & Controlling" (Erhellendes hierzu im Beitrag von Armin Heinzl in dieser Festschrift) vertrat.

Für damalige Verhältnisse nur kurze drei Jahre dauerte das Promotionsstudium und meine Zeit als Assistent am Lehrstuhl. Im Januar des Jahres 1990 schließlich, nach einer von Jürgen Weber eher mit Unverständnis belächelten „Last Minute Crash Aktion" konnte ich meine Dissertation als erster interner Doktorand des Jubilars abschließen – die Übergabe der beiden Originale der Arbeit fand übrigens auf Gleis 10 des Frankfurter Hauptbahnhofs an den durchreisenden Gutachter statt –, um danach direkt den Schritt in die Selbständigkeit zu wagen. Nicht unerwähnt soll hierbei bleiben, dass dieser Schritt ohne die am Lehrstuhl gesammelte Beratungserfahrung und Kontakte undenkbar gewesen wäre.

Die Risikofreude und Aufbruchsstimmung der Gründungszeit der WHU auf der einen Seite, aber auch das Streben nach Leistung und die Motivation in Lehre als auch in Forschung unter zunächst widrigen Bedingungen einen selbstgesetzten Exzellenzanspruch zu erfüllen auf der anderen Seite, haben mich für meine gesamte berufliche Karriere geprägt.

Jürgen Webers Freude am Unterrichten, seine Neugier, sein Mut sich selbst, aber auch das Fach zu hinterfragen und weiterzuentwickeln, die Perfektion, mit der die Vorlesungen vorbereitet wurden, die für mich unglaubliche Selbstdisziplin mit der täglich ab dem Morgengrauen am angestrebten Laufmeter der wissenschaftlichen Veröffentlichungen gearbeitet wurde, die zahlreichen gemeinsamen Vortragsreisen, die Beratungsprojekte und Publikationen und nicht zuletzt der persönliche Umgang und das kameradschaftliche Verhältnis am Lehrstuhl sind für mich nicht nur schöne und prägende Erinnerungen, sondern sind auch heute noch nach über 25 Jahren immer wieder Quelle der Motivation und Inspiration.

In diesen 25 Jahren hat sich natürlich vieles verändert – die WHU ist in der Tat im positiven Sinne eine Eliteanstalt geworden – und komme ich als alter Karthäuser in die glänzenden Hallen der diversen neuen Gebäude, fühle ich mich je länger je mehr etwas aus der Zeit gefallen. Nicht so der Jubilar: Es mag sich die WHU auch noch so verändern, er gehört zur WHU wie die WHU zu ihm – möge dies noch lange so bleiben!

Dr. Ludwig H. Bertsch
President | CHEP Aerospace Solutions AG
Promotion bei Prof. Dr. Dr. h.c. Jürgen Weber 1990
Titel: *Expertensystemgestützte Dienstleistungskostenrechnung – dargestellt am Beispiel des Luftfrachtverkehrs*

Controlling – Alles andere als nur eine weitere Teildisziplin der Betriebswirtschaftslehre

Christoph Binder

Meine erste Begegnung mit Jürgen Weber im Dezember 2003 ist mir noch in lebhafter Erinnerung. Ich war damals gerade ein frisch gebackener Doktorand, der sich für sein ambitioniertes Dissertationsprojekt ein erstes externes Feedback sowie weitere Ideen einholen wollte. Utz Schäffer, damals mein Doktorvater und heute einer meiner engsten Freunde, und ich hatten die Vorgehensweise zur „Analyse der Entwicklung des deutschsprachigen Controllings", so der Arbeitstitel, im Wesentlichen festgelegt. Schon bald war uns klar, dass alles Weitere von den ersten explorativen Gesprächen mit den Gründungsvätern und Großen des Faches abhängen würde.

Mein Glücksfall war, dass ich mein erstes Gespräch mit Jürgen Weber führen konnte oder besser durfte. Weber bestärkte mich nicht nur in meinem Vorhaben und unterstützte uns bei der Gewinnung weiterer Interviewpartner. Er drängte mich geradezu, keine Zeit zu verlieren und die Arbeit möglichst rasch zum Abschluss zu bringen, schon mit Blick auf den absehbaren Generationswechsel und die hohe Themendynamik des Fachs. Er skizzierte mir aus seiner Sicht den Entwicklungspfad der deutschsprachigen Betriebswirtschaftslehre und wie sich hieraus auch die Entwicklung des Controllings ableiten lässt. Dabei stellte er direkte Vergleiche zwischen dem noch recht jungen Fach Controlling und anderen Disziplinen wie Marketing oder Logistik an. Schon damals konnte ich bei all seiner Begeisterung für Controlling eine ebenso tiefe Bereitschaft zur fundierten und kritischen Auseinandersetzung mit Wissenschaft und Praxis des Controllings erkennen, ein wesentliches Kennzeichen seines Wirkens über die Jahre hinweg bis heute. Zentrale Bedeutung hat für ihn nach wie vor die konsequente konzeptionelle Einbindung von verhaltenswissenschaftlichen Aspekten, wie es auch Albrecht Deyhle so vorgeschlagen hat.

Bezeichnenderweise ist dieser Ansatz heute mehr denn je en vogue: gerade in jüngster Zeit wird er in vielen Disziplinen wie Behaviour Finance und Marketing verstärkt aufgegriffen und weiter entwickelt.

Auf unser erstes Gespräch folgten noch zwei weitere Interviews im Laufe meines Dissertationsprojekts, ergänzt um und durch viele Gespräche mit nahezu allen führenden Fachvertretern. Nicht ganz so zeitnah wie von Jürgen Weber erwünscht, aber doch noch in einem ordentlichen Zeitrahmen konnte ich dann meine Dissertation im Jahre 2006 erfolgreich abschließen.

Die Begegnung mit Herrn Weber war für mich Ansporn und Anschub zugleich. Seine kollegiale Offenheit und seine bereitwillige Unterstützung sind für mich zu einer Art „role-model“ geworden und haben mich in meiner Arbeit bis heute stark mit geprägt. Jürgen Weber hat mich auch nachhaltig ermutigt, als ich wieder die Rückkehr in die akademische Welt erwog. Im Jahre 2008 bekam ich dann den ehrenvollen Ruf, an der Fakultät ESB Business School der Hochschule Reutlingen die Professur für Allgemeine Betriebswirtschaftslehre, insbesondere Internes Rechnungswesen und Controlling zu übernehmen. Ich habe diesen sehr gerne angenommen und meine Entscheidung bisher nie bereut – so wie es mir Jürgen Weber auch vorausgesagt hatte. Gerade in der Anlaufzeit konnte ich zudem immer wieder auf seine volle Unterstützung zählen: ob nun beim Auf- und Ausbau der einzelnen Vorlesungen oder auch wenn ich einen kritischen Mentor brauchte, um peu-à-peu in den Beruf des Professors hineinzuwachsen.

Im Laufe der Zeit lernte ich zu verstehen, was Jürgen Weber meint, wenn er, als Voraussetzung für einen guten akademischen Lehrer, ein gewisses „Sendungsbewusstsein“ betont und einfordert, also den Willen und die Fähigkeit, nicht nur Inhalte und Themen zu vermitteln sondern auch Begeisterung und Interesse für diese zu wecken. Als besonders wertvoll erwies sich für mich die enge Zusammenarbeit mit ihm im Kuratorium des Internationalen Controller Vereins (ICV), der in dieser Form einzigartigen und bedeutendsten Controlling-Institution im deutschsprachigen Raum. Mit seinen Anregungen und Initiativen hat Jürgen Weber über viele Jahre die Entwicklung des ICV nachhaltig beeinflusst. Auch zu dem von Utz Schäffer und mir initiierten Projekt, als Ergänzung zum Standardwerk „Einführung in das Controlling“ ein begleitendes Übungs- und Fallstudienbuch zu erstellen, hat er als unser „Sparringspartner und Sounding Board“ wichtige Beiträge geleistet. Mit seiner fachlichen Souveränität und seiner immer wieder verblüffenden Detailkenntnis hat er uns bei der Entwicklung und Ausarbeitung von Fallstudien ebenso tatkräftig unterstützt wie bei der theoretischen Durchdringung und Integration vieler praxisrelevanter Herausforderungen und Lösungsansätze. Ein wesentliches Anliegen war ihm immer, bei der Darstellung von Lösungsansätzen kein normatives Bild des Controllings zu suggerieren, sondern vielmehr die Kontextabhängigkeit zu zeigen.

Für seine berufliche und private Zukunft möchte ich Jürgen Weber viel Enthusiasmus und ungebrochene Schaffenskraft wünschen. Ich freue mich schon auf die weitere Zusammenarbeit in dieser spannenden Disziplin „Controlling“ – und sehe seinen oft so spontanen, immer kreativ-anregenden Beiträgen mit großen Erwartungen entgegen.

Prof. Dr. Christoph Binder
Internes Rechnungswesen und Controlling | ESB Business School, Hochschule Reutlingen
Promotion bei Prof. Dr. Utz Schäffer 2006
Titel: *Die Entwicklung des Controllings als Teildisziplin der Betriebswirtschaftslehre – Eine explorativ-deskriptive Untersuchung*

Was macht eigentlich Vallendar faszinierend?

Malte Brettel

Irgendwann kommt der Moment im Leben – und das durchaus häufig –, da sieht man eine neue Stadt oder einen neuen Ort. So erging es auch mir vor gut 20 Jahren mit Vallendar. Und jeder, der diese Stadt zum ersten Mal sieht, mag ein Stückchen meiner Erfahrung teilen, die mich innerhalb von wenigen Sekunden zu dem Statement verleitete: „Hier möchte ich auf keinen Fall wohnen." Denn wenn man sich Vallendar von der Autobahn aus nähert, so erscheint ein Gebäude so dominant und gleichzeitig so unattraktiv, dass man mir mein vielleicht zu schnell gesprochenes und möglicherweise unüberlegt geäußertes Statement verzeihen mag. Aber was sollte ich nun tun, immerhin hatte ich in ein paar Minuten ein Vorstellungsgespräch mit einem bekannten Professor und unter Umständen meinem zukünftigen Doktorvater? Natürlich wäre es wirklich schnell und unüberlegt gewesen, dieses nun abzusagen, also machte ich mich auf den Weg in das Büro von Jürgen Weber. Und als ich dann sein Büro betrat, begann für mich jene faszinierende Zeit, deren Faszination ich wahrscheinlich bis heute nicht wirklich begriffen habe. Sie führte jedenfalls dazu, dass ich auf dem Heimweg ungefähr an gleicher Stelle, die mich zu dem ersten Statement verleitet hatte, zu mir sagte: „Hoffentlich darfst Du in Vallendar wohnen und an der WHU promovieren". Vielleicht mag auch einen kleinen Teil dazu beigetragen haben, dass mein Blick nun anders herum in Richtung Autobahn – auch nicht immer die schönsten Bauwerke auf Erden – gerichtet war, das wird in der Retrospektive jedoch wirklich nur ein kleiner Baustein für meine Entscheidung gewesen sein. Der Rest ist Geschichte: Ich habe an der WHU nicht nur promoviert und habilitiert, sondern auch mein erstes Unternehmen gegründet und nicht zuletzt meine heutige Frau kennen gelernt, mit der ich nun schon seit vielen Jahren glücklich verheiratet bin.

Was aber macht nun die Faszination aus, die mich in diesem ersten Gespräch so angezündet hat und die über die ganzen Jahre der Zusammenarbeit immer erhalten blieb?

Im ersten Augenblick war es für mich wahrscheinlich die Kreativität, der Ideenreichtum, der mich an Jürgen Weber so fasziniert hat. Man hat eigentlich immer das Gefühl, dass er Neues schaffen möchte, Altes überdenken und dabei nie rastlos ist. So entstehen neue Controllingtheorien genauso wie spannende Lösungen von alltäglichen Situationen.

Spricht man von den alltäglichen Situationen, so spürt man auch sehr schnell, welch hohen Grad an Freiheit Jürgen Weber einem gibt, das ist einfach außergewöhnlich. So entsteht eine faszinierende Vielfalt an Themen, Ideen und Anregungen, die den Lehrstuhl neben der eigenen Kreativität zusätzlich bereichern. Zudem ermöglicht er, indem er die Freiheit mit sanfter Förderung kombiniert, ganz unterschiedliche Entwicklungen, wie man an seinen Schülern sehr gut erkennen kann. Das hat natürlich mich in gleichem Maße fasziniert, wie ich es auch persönlich für mich schätzen durfte.

Gerade an dem Aspekt Förderung, aber auch bei den alltäglichen Situationen kommt ein dritter Aspekt zum Tragen, der mich über die Jahre begeistert hat: Die Menschlichkeit, die man eigentlich täglich und in jeder Situation zu spüren scheint. Ich glaube, die kann es in dieser Form eigentlich nur gepaart mit der beschriebenen Kreativität und Freiheit geben. Das Resultat war und ist für mich jedenfalls einzigartig.

Was diese Kombination auszeichnet, war für mich nicht nur überaus faszinierend, sondern auch von außen betrachtet in hohem Maße erfolgreich, und das ist bei Freiheit und Menschlichkeit ja nicht unbedingt nur selbstverständlich. Jürgen Weber gelang es, mit seinen Werten einen Lehrstuhl aufzubauen und zu führen, der zweifellos zu den erfolgreichsten in Deutschland zählen muss, auch wenn sich heute Erfolgsgrößen in eigenartiger Weise verschoben haben.

So war es mir glücklicherweise trotz meines ersten Eindrucks vergönnt, meine Promotionszeit in Vallendar zu verbringen. An diese hing sich nach einer praktischen Pause und im Jahr 1993 bei meinem ersten Besuch in Vallendar erst recht nicht absehbar eine Zeit der Habilitation an. Und heute? Heute darf ich wieder regelmäßig in Vallendar sein, das genieße ich beinahe wie früher: Denn Jürgen Weber hat natürlich nicht nur seinen Lehrstuhl geprägt, sondern in hohem Maße auch die WHU. Und auch diese scheint heute noch das auszustrahlen, was mich in meiner Zeit zuvor am Lehrstuhl von Jürgen Weber so fasziniert hat. Dass ich das weiter genießen darf, dafür bin ich sehr dankbar.

Prof. Dr. Malte Brettel
Lehrstuhl Wirtschaftswissenschaften für Ingenieure und Naturwissenschaftler | RWTH Aachen
Lehrstuhl Unternehmertum und Existenzgründung II | WHU (part time)

Promotion bei Prof. Dr. Dr. h.c. Jürgen Weber 1996
Titel: *Controlling und Führung im Krankenhaus*

Habilitation bei Prof. Dr. Dr. h.c. Jürgen Weber 2003
Titel: *Der informelle Beteiligungskapitalmarkt*"

Auftritt, Team, Führung, Balance und Innovation

Christian Bungenstock

Eine bald drei Dekaden überspannende Zusammenarbeit bis in die Gegenwart mit unzähligen Begegnungen verschleiert die klare Perspektive auf die wesentlichen Impulse aus einer Beziehung mehr, als sie die Auswahl zentraler Begebenheiten erleichtert. Aus der für den charakterisierenden Fokus zu suchenden Distanz sind es zuerst persönliche Eigenschaften von Jürgen Weber, die meine eigene Betrachtungsweise nachhaltig beeinflussen.

1. Entdecken lassen statt aufdrängen

Meine erste Begegnung mit Jürgen Weber liegt mehr als 27 Jahre zurück: Unter die jungen, experimentierfreudigen Studenten der ersten zwei Jahrgänge der privaten Wissenschaftlichen Hochschule für Unternehmensführung (WHU) in der Koblenzer Trabantensiedlung Karthause mischt sich von allen nahezu unbemerkt in einer Vorlesungspause ein ebenfalls junger und, wie sich schon bald erweist, nicht minder zukunftsorientierter Professor aus der staatlichen Hochschulszene. Erst auf Nachfrage, dann überaus sachlich, in der Stimme gedämpft und aus der Mitte der Studenten, also nicht frontal, eben kein Pult und kein Podium suchend, erklärt sich Jürgen Weber als künftig lehrender Dozent; die vorab gemurmelten Vermutungen über einen Bart tragenden studentischen Neuzugang im Kreis damit sogleich zerstreuend.

Jahre später, 1992, gilt es, den Zentralcontroller eines wichtigen Konzerns im persönlichen Erfahrungsaustausch von den Vorzügen des eigenen Controlling-Standpunkts zu überzeugen. Im Kreis einiger seiner Assistenten durchquert Jürgen Weber das beeindruckend große Büro des Gastgebers, der unmittelbar an den vermeintlich Farbigsten und Ältesten der Besucher herantritt: den de facto jüngsten Mitarbeiter. Der Gastgeber grüßt diesen mit offenen Armen und der ebenso herzlich wie persönlich ausgesprochenen Formel „Mein lieber Herr Professor Weber, schön, dass Sie Ihre Assistenten mitgebracht haben". Der damit so sicher gewählte Fauxpas bietet das Potential, statusorientierte Persönlichkeiten spannungsgeladen und zielsicher aus der Fassung zu bringen, nicht so Jürgen Weber, der über die Vorzüge seines jugendlichen Aussehens grinsend, jede für den Gastgeber delikate Reaktion vermeidet.

Beispiele ähnlich zurückhaltender Auftritte sind zu zahlreich, um sie nachzuzeichnen. Der Stil einer unaufgeregten, zurückhaltenden und nichtsdestoweniger starken persönlichen Präsenz, die über das Beziehen von Positionen und nicht über das Beanspruchen von Status in das Rampenlicht tritt, verbindet sich für mich bis heute mit Jürgen Weber, der jede andere

Rolle sehr konsequent vermeidet. Jürgen Weber ist Forscher und Wissenschaftler und häufig genug Querdenker, der besonders im Dialog für seine Argumentation und seine Person gewinnt.

2. Erfolgsteam aufstellen

Als gebürtiger Niedersachse, Holzminden und Göttingen kennzeichnen bedeutende Stationen auf seinem Lebensweg, lehrt und forscht Jürgen Weber im Fränkischen, bevor er sich das privatwirtschaftlich organisierte Bildungsmodell am Mittelrhein, die WHU, zur neuen und – wie erst nach und nach erkennbar – dauerhaft währenden Heimat wählt. Ein buntes Kernteam aus der „alten" Welt als ersten Brückenkopf in der rheinischen Diaspora nutzend, formt er einen inhaltlich breit orientierten, „fürwahr demokratisch" und farbig agierenden Lehrstuhl, der durch einen unkonventionellen, diskussionsfreudigen Stil hervorsticht und schnell das Interesse und die Herzen vieler Studenten für sich erschließt. Prägend für sein Team sind ein weithin sichtbarer hoher Einsatz für das alle einende Ziel sehr guter Lehre und ein Lehrstuhlinhaber, der alle diese Eigenschaften persönlich glaubwürdig verkörpert.

Viele Einzelpersönlichkeiten formen das Team der ersten Stunde. Vielfalt prägt das Bild des Lehrstuhls. Die Heterogenität der Ansichten, Beiträge, Charaktere, Meinungen und Prioritäten zeichnet das „Erfolgsteam" um Jürgen Weber auch im allmählichen Wandel des Kommens und Gehens zu den nachfolgenden Generationen aus. Dabei ist seine ordnende Hand als Lehrstuhlinhaber im Alltag der Rekrutierung und Auswahl nie wirklich spürbar. Stärke gehört dazu, ein heterogenes Team zuzulassen, gewähren zu lassen und mitunter auch auszuhalten: Jürgen Weber legt diese Stärke kontinuierlich an den Tag und bunte Vögel folgen dem daraus resultierenden Angebot in die Abgeschiedenheit am Mittelrhein.

Bis heute lassen sich die für den Lehrstuhl rekrutierten Persönlichkeiten in ihrem Werdegang verfolgen: spätere Manager, Wissenschaftler und Unternehmer hat Jürgen Weber in einer Breite, Kontinuität und Vielzahl geprägt, wie dies nur eine Persönlichkeit vermag, die selbst inspirierend, tolerant, vielfältig und weltoffen ist.

3. Individualisten als Vorbild *führen*

Die Hochschule der ersten Stunde bietet vielfältige Beobachtungspunkte für alle möglichen Facetten von Führung und Organisation – vermutlich zeigt sie diese bis heute. Eine Führung durch Anweisung, Auftrag oder gar Dominanz sind bei Jürgen Weber von Beginn an tabu. Führen durch Vorbild und ein Orchestrieren der durch die so „Geführten" selbst formulierten Einzelbeiträge kennzeichnen die Führung des Jürgen Weber am Lehrstuhl der ersten Dekade, dabei selbst mehr koordinierend als kontrollierend auftretend und unterstützt durch flexible und liberale Rahmenbedingungen, die dynamisches Arbeiten erfolgreich zulassen.

Die Mitarbeiter erleben diesen Führungsstil als zumeist unsichtbare, jedoch jederzeit klare Rollenverteilung. Allen gemeinsam fordert sie ein hohes Maß an Selbstdisziplin und gelebter Eigenverantwortung ab. Die beschriebene Auswahl der Lehrstuhl- und Institutsmitglieder ist zugleich Korrelativ, Risiken dieses freiheitlichen Führungsstils wie etwa ein zu befürchtender Wirrwarr oder ein erkennbares Gefälle in den Beiträgen der Einzelnen zum Ganzen wirksam zu begrenzen und weitgehend auszuschließen.

Als Führen ohne Eingriff kommt dieser Stil des Vorbilds zur Selbstorganisation im Alltag daher. Doch dieser erste Blick ist oberflächlich. Geprägt hat Jürgen Weber diesen Führungsstil als eine Persönlichkeit, die einer Führung klassisch sanktionierenden Charakters misstraut. Sehr erfolgreich wird sein Stil in einem Umfeld von Menschen, die diese Art der Führung aktiv suchen und für sich gestaltend nutzen – und damit in einem Team, das er mit seinem Führungsverständnis zusammengeführt hat.

4. Diszipliniert Person und Umfeld schützen

Bedeutende Ziele, eine sehr hohe Leistungsbereitschaft, breit gefächerte Interessen und die stete Möglichkeit, unabhängig von Dritten oder Institutionen zu arbeiten, bergen das Risiko, eigene Grenzen häufig oder dauerhaft zu überschreiten. Es ist ein schmaler Grat, über lange Zeit für Themen einzustehen und förmlich zu brennen, ohne selbst zu verbrennen. Jürgen Weber hat diesen Grat über das Gros seiner Schaffensphasen sicher eingehalten, kritische Beeinträchtigungen für sich, sein Team und insbesondere seine Familie vermeidend.

Ein Lebenswerk schnörkellos durch viele Etappensiege, aber auch durch den Erfolg auf der Langstrecke zu krönen und beruflich wie familiär dabei jederzeit ausgeglichen zu sein, basiert nicht nur auf Anlage und Begabung, sondern auch auf einem konsequenten, beständig wirksamen Einhalten eines dauerhaft rigorosen Zeitmanagements – trotz eines weit überdurchschnittlichen Einsatzes für die Profession. Großen Herausforderungen im Alltag gradlinig standzuhalten, hat Jürgen Weber über Jahrzehnte erfolgreich vorgelebt und belegt.

So besticht seine Fähigkeit, den Tagen, Wochen und Jahren eine fest gefügte Struktur zu geben. Der darin erkennbaren Disziplin gilt mein größter Respekt. Dieser Takt setzt den Rahmen seines professionellen Alltags und den Rhythmus, der aus der Beobachtung des Weggefährten immer im Gleichgewicht scheint. Die morgendliche Arbeit unmittelbar nach Tagesanbruch wirkt genauso routiniert gestaltet wie das Frühstück danach mit der Familie noch vor Büroantritt oder das ähnliche Ritual am Abend. Dieser Balance gebende Rhythmus ist ad hoc durch noch so dringlich wirkende Termine und Zeitfenster kaum zu beeinflussen.

Die zweifelsfreie Stärke dieses schlüssig vorgelebten Vorgehens kann derjenige persönlich nachfühlen, der unter den kurzfristigen Zwängen seines, im harten Ringen um täglich neu justierte Prioritäten, sich ständig neu ergebenden Zeitrasters schwankt. Dem so Getriebenen bietet sich Jürgen Webers Zeitmanagement als Königsweg hoher Krisenfestigkeit an.

5. Innovation als Maxime dem Perfektionismus vorziehen

Als freier Denker und in einer Umgebung voller Inspiration steht Jürgen Weber, so steht zu vermuten, permanent vor der Entscheidung über Innovation oder Perfektionismus. Als Maxime und als kontinuierlicher Handlungsmaßstab hat die Innovation die ihm eigene klare Orientierung sowie die vieler seiner Mitarbeiter geprägt. Jürgen Weber zeigt dies durchgängig in seinen Aufgaben, Rollen, Themen, Prozessen, Methoden und IT-Werkzeugen.

Schon in den Anfängen an der WHU entstehen rasend schnell Fallstudien, Skripte und ganze Vorlesungen, neuartig formal strukturiert, methodisch eindrucksvoll, fortschrittlich in der Didaktik, graphisch perfektioniert, in moderner Schrift- und Bildsprache auf innovative Soft- und Hardware gestützt. Gutes Beispiel ist das Entstehen einer Fallstudie, Disketten-basiert mit Dateien eines frühen Tabellenkalkulationsprogramms. Der noch neuartige PC, Arbeitsplätze waren in der WHU-Bibliothek zu finden, wird Instrument des methodisch-didaktischen Werkzeugkastens, die Mitarbeit der Studenten am Lehrstuhl, von Jürgen Weber aktiv geführt und gefördert, ist im Kern eine wertschöpfungsorientierte Selbst- und Gruppenerfahrung.

In seinen vielfältigen Wirkungsfeldern als Autor, Dozent, Forscher, Gutachter, Herausgeber, Rektor, Schriftleiter und Vorsitzender von Ausschüssen, Beiräten oder Kuratorien prägt Jürgen Weber stets die eigene Rolle, interpretiert und lebt sie, verfolgt dazu klare Muster und entwickelt sie evolutionär. Die Formulierung messbarer Ziele, häufig ausgedrückt durch einfache KPIs, gehört dazu. Auch für erfahrene Controller bleibt überraschend, wie sehr seine Kennzahlen auch in vermeintlich komplexen Sachverhalten dem Messen, Zählen, Wiegen zugänglich sind. Auch ohne ausgedehnte Unternehmenserfahrung liegt ihm die Praxis. Die Sprache der Praktiker hat Jürgen Weber stets gut verstanden, selbst hier häufig Konsistenz und Struktur vermittelnd.

Inhaltlich schließlich sind es „sehr praktische Fragen", die Objekt seiner Betrachtung werden. Die Logistik – ein Feld für Praktiker – ist sehr früh dabei. Die Kostenrechnung, Domäne von Ingenieuren, bindet langjährig die Aufmerksamkeit Jürgen Webers in verschiedensten Rollen. Beide Themen ebnen neuen und grundlegenderen Überlegungen den Weg. Prozesse treten in seinen Fokus: eine Orientierung, die in vielfältigen Forschungsfeldern zum Ausdruck kommt. Jürgen Weber ist der Innovator im Controlling. Er erkennt frühzeitig Signale und prägt Trends, Konsequenz eines oft unbeeinflussten Denkens. Psychologie, Rationalität und Verhalten werden zu Kernthemen seines Interesses. Sie belegen nicht zuletzt in ihrer Distanz zu den Anfängen der Logistikkostenrechnung den beschrittenen Weg der Innovation.

Und zielt dieser Beitrag darauf ab, eine persönliche Zwischenbilanz zu ziehen und über die Impulse Jürgen Webers nachzudenken, die meine individuelle Perspektive stark beeinflusst haben, so sind es eben jene fünf Aspekte: Auftritt, Team, Führung, Balance und Innovation.

Dr. Christian Bungenstock
Partner und Geschäftsführer | CTcon GmbH
Promotion bei Prof. Dr. Dr. h.c. Jürgen Weber 1994
Titel: *Entscheidungsorientierte Kostenrechnungssysteme. Eine entwicklungsgeschichtliche Analyse*

Jenseits des Controllings

Christian Busse

Eine Festschrift bereits zum 60. Geburtstag Jürgen Webers kommt genau zum richtigen Zeitpunkt. Schließlich ist Weber selbst in allen Belangen stets einer der Schnellsten. Als Beleg erwähnt seien beispielhaft die Berufung des 1953 Geborenen zum ordentlichen Professor im Jahre 1986, seine schon 2006 von der European Business School verliehene Ehrenpromotion oder die vielen Fälle, in denen er als Erster einen innovativen wissenschaftlichen Gedanken zu Papier gebracht hat. Seine Veröffentlichungen verkörpern natürlich in besonderer Weise das Schaffen Webers. In methodischer Hinsicht ist dieses Werk durch scharfe theoretische Analysen einerseits und das Synthetisieren zu einem großen Ganzen andererseits geprägt.

Aufgrund überaus bedeutsamer Beiträge zur Controllingforschung und auch -praxis – als Schlagwort sei hier nur das Konzept der Rationalitätssicherung der Führung hervorgehoben – wird Weber völlig zu Recht als einer der führenden Köpfe im Bereich Controlling gesehen. Auf diese betriebswirtschaftliche Teildisziplin hat er sich auch in den letzten Jahren am gemeinsam mit Utz Schäffer geführten Institute of Management Accounting and Control konzentriert. An dieser Stelle soll daher vor allem daran erinnert werden, dass Weber zusätzlich ganz wesentliche Beiträge außerhalb und jenseits des Controllings geleistet hat. Das von Weber und Kummer geprägte Konzept der Flussorientierung hat beispielsweise erheblichen Einfluss auf die Logistikpraxis und -lehre ausgeübt. Aufgrund seiner umfassenden Kompetenz für diverse betriebswirtschaftliche Teildisziplinen hat Weber folgerichtig auch Rufe für Logistik an die Universität Mainz, für Controlling und Unternehmensführung an die Wirtschaftsuniversität Wien und für Rechnungswesen und Controlling an die Technische Universität Darmstadt erhalten, welche er allesamt abgelehnt hat, um „seiner" WHU – Otto Beisheim School of Management treu zu bleiben.

Wer sich so gut in den einzelnen speziellen Betriebswirtschaftslehren auskennt wie Weber, der ist prädestiniert dafür, sich auch mit der zentralen Fragestellung der Strukturierung der Betriebswirtschaftslehre insgesamt auseinanderzusetzen. Dieser großen Herausforderung hat Weber sich ebenfalls gestellt. Im Jahr 1996 veröffentlichte er hierzu in der *DBW – Die Betriebswirtschaft* einen maßgeblichen Aufsatz „Zur Bildung und Strukturierung spezieller Betriebswirtschaftslehren – Ein Beitrag zur Standortbestimmung und weiteren Entwicklung", der hier im Hinblick auf seine Bedeutung für die Logistikforschung reflektiert werden soll. In diesem Aufsatz entwickelt Weber basierend auf der Systemtheorie einen Ordnungsrahmen, in dem er zwischen Ausführungsaufgaben, Führungsaufgaben und Metaführungsaufgaben einer Unternehmung unterscheidet. Letztere rekurrieren auf die Schaffung und Koordination des Führungssystems bzw. der Führungsaufgaben. Diesen

Aufgaben entsprechend ließen sich unmittelbar Schwerpunktsetzungen spezieller Betriebswirtschaftslehren im Hinblick auf ausführungsbezogene, führungsbezogene und metaführungsbezogene Aufgaben unterscheiden. Innerhalb der ausführungsorientierten speziellen Betriebswirtschaftslehren unterscheidet Weber noch feiner zwischen Funktionenlehren wie Produktion und Absatz sowie Faktorenlehren wie Materialwirtschaft und Finanzwirtschaft. Schließlich treten neben die aufgabenorientiert zu strukturierenden speziellen Betriebswirtschaftslehren noch die zum Teil sehr bedeutsamen Wirtschaftszweiglehren, wie zum Beispiel die Bankbetriebswirtschaftslehre oder die Industriebetriebslehre. Die Profilbildung dieser speziellen Betriebswirtschaftslehren basiert ursprünglich auf den für die jeweiligen Wirtschaftszweige charakteristischen Ausführungshandlungen. Je unwichtiger nun innerhalb eines Wirtschaftszweigs die ursprünglich definitorischen Ausführungshandlungen werden, desto heterogener wird der Wirtschaftszweig, womit die entsprechende spezielle Betriebswirtschaftslehre zunehmend obsolet wird, wie Weber aufzeigt.

Hieraus ergibt sich für die Logistik zunächst eine kontextabhängige Klassifikation. Bei einem einfachen Verständnis der Logistik als Summe von Transport-, Lagerungs- und Umschlagprozessen (TUL-Prozessen) ist diese spezielle Betriebswirtschaftslehre als Funktionenlehre zu charakterisieren. Bei einem komplexeren – und von Weber selbst propagierten – Verständnis als (im Idealfall unternehmensübergreifende) Flussorientierung bzw. als Supply Chain Management (SCM) wird die Logistik dagegen zu einer Metaführungslehre. Dementsprechend nehmen TUL-orientierte Logistikforscher tendenziell einen sehr technik- und operations research-affinen Blick auf ihren Forschungsgegenstand ein, während viele SCM-Forscher mithilfe empirischer Methoden auf Führungs- und Metaführungsfragestellungen abstellen. Hieraus resultieren in der Forschungspraxis immer wieder Kommunikationsbarrieren. Diese Problematik wird potenziert, wenn in Ergänzung zu Webers 1996er Aufsatz noch Logistikdienstleister berücksichtigt werden. Da Logistikdienstleister schon begrifflich ein TUL-Band umschließt, kann Forschung mit Bezug zu Logistikdienstleistern nur unmittelbar auf die sie definierenden Ausführungstätigkeiten abstellen, ist dann aber faktisch identisch mit TUL-Logistikforschung, oder muss als Wirtschaftszweiglehre verstanden werden. Eine solche Wirtschaftszweiglehre, die ggf. die traditionelle Verkehrsbetriebslehre ablösen könnte, muss sich jedoch wiederum mit der Heterogenität der Logistikdienstleister auseinandersetzen, weswegen sie sich auch bis dato noch nicht fest etabliert hat. Aus Sicht des Verfassers erhält sie wesentliche Rechtfertigung vor allem durch ihre Praxisnähe, was für eine anwendungsorientierte Wissenschaft wie die Betriebswirtschaftslehre ja nicht das Schlechteste ist. Für eine Logistikforschung, die so weit verstanden wird, dass sie Logistikdienstleisterforschung beinhaltet, bedeutet dies, dass sogar drei theoretisch sinnvolle, aber weitgehend disjunkte Perspektiven auf den Forschungsgegenstand koexistieren. Dank Webers 1996er Aufsatz wird diese forscherische Herausforderung ins Licht gerückt.

Die Veröffentlichungen Jürgen Webers, die hier aufgrund ihres Umfangs nur auszugsweise überhaupt Beachtung finden können, sind nicht nur im Hinblick auf ihren forscherischen Gehalt in Controlling, Logistik und anderen Feldern der Betriebswirtschaftslehre zu würdigen, sondern natürlich auch im Hinblick auf Webers Wirkung auf Studenten und die Unternehmenspraxis. Grosso modo darf wohl behauptet werden, dass die Mehrheit der BWL-Studenten einmal mit einem Lehrbuch Webers in Berührung gekommen sein dürfte und ihn im Laufe der Jahrzehnte die überwiegende Mehrheit der Finanzvorstände im DAX einmal in einem Kooperationsprojekt persönlich kennengelernt haben dürfte.

Wer sich ein Bild von Weber als unmittelbar Lehrendem und Führendem verschaffen will, sollte aus Sicht des Verfassers am besten mit Webers liberalem Weltbild anfangen. Jürgen Weber ist sehr stark von der Auffassung geprägt, dass jeder Mensch seines eigenen Glückes Schmied ist und mit Fleiß und Beharrlichkeit etwas im doppelten Sinne Anständiges erreichen wird, wenn man ihn nur lässt. Er bringt seinen Mitstreitern daher großes Vertrauen entgegen und lässt sie gemeinhin gewähren, sei es im Hinblick auf ihre individuelle Forschung („silent leadership") oder ihre Abstimmung in Gruppen („Koordination durch Selbstorganisation"). Hieraus ergibt sich eine angenehme und vertrauensvolle Atmosphäre bei gleichzeitig hoher Leistungsorientierung.

Zusammenfassend lässt sich konstatieren, dass Jürgen Weber in seinen verschiedenen Rollen und Aktivitäten auch jenseits des Controllings eine bedeutsame und wirkungsstarke Persönlichkeit ist, dem völlig zu Recht schon zum 60. Geburtstag eine Festschrift gewidmet wird. Es ist ihm zu wünschen, dass ihm Gesundheit und Schaffenskraft noch lange erhalten bleiben.

Dr. Christian Busse
Institute for Supply Chain Management – Procurement and Logistics (ISCM)
EBS Business School
EBS Universität für Wirtschaft und Recht
Promotion bei Prof. Dr. Dr. h.c. Jürgen Weber 2010
Titel: *Innovation Management of Logistics Service Providers*

Wie Jürgen Weber Führung prägt

Nils Daecke

Ein Begriff, den ich ganz eng mit Professor Jürgen Weber verbinde, ist der Begriff der *Führung*: Zum einen stellt die Führung einen zentralen Gegenstand seiner Forschung dar, zum anderen ist seine Art der persönlichen Führung hervorzuheben. Beides hat mich in meiner Zeit am Lehrstuhl, aber auch danach in meiner beruflichen Laufbahn nachhaltig geprägt.

Das Konzept der *akteursbasierten Führung* hat meine aktive Zeit an der WHU und am Lehrstuhl von Professor Weber deutlich beeinflusst. In zahlreichen Forschungspapieren und Veröffentlichungen wurde dabei über mehrere Jahre hinweg der Führungsbegriff definiert, weiterentwickelt und geschärft. Das Ergebnis war ein Modell, das zwar auf den ersten Blick etwas komplex erschien, bei tieferer Analyse aber vielfältige Ansatzpunkte auf theoretischer wie auf praktischer Ebene bot.

Jürgen Webers Forschungsinteresse reichte seit jeher weit über die Grenzen des Controllings hinaus und so war auch die Logistik ein wichtiger Forschungsschwerpunkt des Lehrstuhls. Die Klammer zwischen den unterschiedlichen Forschungsfeldern bildete Jürgen Webers Führungstheorie. So war es ein Anliegen meiner Dissertation, die *„Akteursbasierte Führung von Supply Chain-Beziehungen"* anhand des Führungsmodells von Jürgen Weber zu untersuchen und einen praktischen Handlungsrahmen für unternehmensübergreifende Schnittstellen und Führungskontexte zu bestimmen. Bei der Übertragung des ursprünglich für einzelne Organisationen konzipierten Modells auf die mehrstufigen Supply Chain-Beziehungen gab Jürgen Weber mir weitreichende inhaltliche Freiheiten, wofür ich ihm dankbar bin.

Nicht nur bei der Ausgestaltung der Dissertationsvorhaben, auch in der grundlegenden Forschungs- und Projektarbeit ließ uns Jürgen Weber stets genügend Freiräume. Insbesondere in der Logistikgruppe, aus der sich später das Kühne-Zentrum für Logistikmanagement entwickelte, konnten wir so die thematischen Schwerpunkte setzen und den Ausbau der Forschungstätigkeiten weiter vorantreiben.

An diesem Beispiel wird deutlich, wie Jürgen Weber Führung gegenüber seinem Lehrstuhl-Team vorlebt. Er setzt gemeinsam mit den Mitarbeitern die thematischen Leitplanken und legt die – meist recht ambitionierten – Erwartungen hinsichtlich der Forschungsarbeit fest, gibt dem Team aber die nötigen Spielräume bei deren Ausgestaltung. Zugleich nimmt er sich gerne die Zeit für inhaltliche Abstimmungen und Diskussionen, in denen er wertvolle Denkanstöße gibt, auf denen man in der weiteren Arbeit aufbauen kann. Dadurch hat Jürgen Weber uns als Team sehr unterstützt und motiviert sowie eine ganz besondere Lehrstuhl-Kultur geprägt, die eigenständiges, kreatives und kritisches Denken deutlich gefördert hat.

Auch in meiner heutigen beruflichen Tätigkeit bei Henkel Beauty Care profitiere ich noch oft von der Zeit am Lehrstuhl. Ihr verdanke ich ein vertieftes Verständnis von Logistik- und Controlling-Themen und die Fähigkeit, komplexe Fragestellungen systematisch zu analysieren und zu bewerten. Auch versuche ich, etwas von Jürgen Webers besonderem Führungsstil in meine eigene Mitarbeiterführung einfließen zu lassen und meinen Teams ausreichend Freiräume zu lassen, selbst wenn das im schnelllebigen Tagesgeschäft nicht immer leicht fällt.

Im Rahmen einer Forschungskooperation, dem Henkel Center for Consumer Goods an der WHU, dessen Beirat Jürgen Weber angehört, stehen wir noch weiterhin in engem Kontakt. Und so freue ich mich, vor oder nach Gastvorträgen, die ich regelmäßig auf Einladung des Marketing-Lehrstuhls an der WHU halte, bei Jürgen Weber im Büro vorbeischauen zu dürfen und mit ihm aktuelle Themen besprechen zu können. Denn auch für sein ehemaliges Lehrstuhl-Team nimmt er sich nach wie vor immer Zeit. Auch dafür bin ich ihm dankbar.

Dr. Nils Daecke
Corporate Vice President Business Development & Digital Marketing | Henkel AG & Co. KGaA
Promotion bei Prof. Dr. Dr. h.c. Jürgen Weber 2012
Titel: *Akteursbasierte Führung von Supply Chain-Beziehungen*

Wissenschaft trifft Praxis

Mark Deinert

Unsere erste Begegnung ist schon eine gefühlte kleine Ewigkeit her und im Nachhinein kommt es mir vor, als ob zwei Welten aufeinander trafen: die der Wissenschaft und die der Praxis. Nach meinem Studium der Betriebswirtschaftslehre hatte ich mich über Jahre hinweg in Arbeit gestürzt und von dem erlernten Wissen reichhaltig schöpfen können. Ist man erst einmal in der Praxis angekommen, rückt unweigerlich die Theorie ein Stück weit in die Ferne. Bis zu unserem Treffen hat sich mir die Frage: „Wie schafft man eigentlich einen regelmäßigen Austausch zwischen Wissenschaft und Praxis?" faktisch nicht gestellt. Umso nachhaltiger daher mein Eindruck und die Erkenntnis aufgrund unserer Gespräche, dies ändern zu wollen. Und nicht als Einbahnstraße, sondern als permanenten Austausch. Desto begeisterter war ich über die Art und Weise, wie Sie, lieber Herr Weber, dies auf den Weg gebracht haben: über einen „horizontalen" Austausch zwischen Controlling-Leitern sowie einem „vertikalen" zwischen Theorie und Praxis (wobei ich hier bewusst offen lasse, welche Funktion oben und welche unten ist).

Es ist *relativ* einfach, Controlling-Leiter an einen Tisch zu bekommen, um sich über Projektthemen auszutauschen. Viel schwieriger ist es jedoch, eine Atmosphäre aufzubauen, in der man auch bereit ist, über sensible Themen wie die Probleme in der Zusammenarbeit zwischen Bereichen, den Erfolg und Misserfolg von Vergütungssystemen oder Strategieprozessen zu sprechen. Es ist Ihrer besonderen Art und Empathie zu verdanken, dass wir gemeinsam, unter Ihrer Führung, diesen Austausch aufgebaut haben. Ich bin sehr glücklich darüber, bis heute daran teilhaben zu können.

Verständlicherweise haben wir uns in den ersten Jahren der Zusammenarbeit eher klassischen Themen zugewandt. In jüngster Vergangenheit hingegen haben Sie immer wieder kritisch hinterfragt, welche **Innovationen** eigentlich aus der Controlling-*Praxis* hervorgegangen sind, welche Trends Einfluss auf Rolle und Verständnis des Controllings haben könnten und damit auch verbunden die Frage, was passieren muss, um auch zukünftig *relevant* zu bleiben – und manchmal auch erst zu werden. Natürlich hat mich insbesondere vor dem Hintergrund der IT-Industrie gefreut, wie Sie sich sehr intensiv mit technischen Trends auseinandergesetzt und Chancen und Risiken beleuchtet haben. Naja, natürlich erwartet man ja auch eine solche Neugierde bei einem Professor – umso faszinierender, dies dann auch in der Realität immer und immer wieder bei Ihnen zu sehen. Zu sehen, wie Sie nicht stehen bleiben wollen, nicht an Althergebrachtem bedingungslos festhalten wollen, sondern neugierig und ergebnisoffen auf neue Themen zugehen.

Die Rollen, insbesondere die Verantwortung des Controllers, haben sich in den vergangenen Jahren kontinuierlich verändert und sind aus einer teilweise staubtrockenen „Kostenrechneraufgabe“ hin zu einer wichtigen Beraterfunktion gereift. Gleichzeitig wird vom Controller erwartet, deutlich Stellung zu beziehen und letztendlich als Teil eines Managementteams Entscheidungen vorzubereiten, mit zu verantworten und umzusetzen. Gerade in diesem Zusammenhang stellt sich immer wieder die Frage der Unabhängigkeit des Controllers verbunden mit dem Selbstverständnis eines solchen „Rationalitätssicherers“. Die Diskussionen mit Ihnen haben mir stets viel Freude bereitet. Ich würde mich sehr freuen, auch in Zukunft diesen bereichernden Austausch fortzuführen.

Mark Deinert
Chief Controlling/Chief Operating Officer | SAP AG

Begegnungen mit Jürgen Weber

Albrecht Deyhle

Kennen gelernt habe ich Jürgen Weber in Nürnberg irgendwann in der ersten Hälfte der 80er Jahre. Ich hatte die Einladung, am Lehrstuhl von Professor Dr. Wolfgang Männel einen Vortrag zu halten. Es war für mich ein reiseunterbrechender Termin zwischen 17:00 und 18:00 Uhr. Der Hörsaal war groß. Es ging viele Treppenstufen herunter bis zum Rednerpult. Man kam sich dort ganz winzig vor. Der Saal war übervoll. Studenten und Praktiker aus Firmen im Nürnberger Raum; teilweise auch mir schon bekannte Gestalten. Wie üblich wollte ich pünktlich mit dem Vortrag beginnen; aber Chef Männel war noch nicht da. Ich spürte, dass ich ohne seine Eröffnung nicht anfangen darf und machte für die Teilnehmer einen Prolog, damit sie nicht das Gefühl hatten, warten zu müssen. Dann kam Männel mit großen Schritten.

Nach Beendigung meiner Darbietung war ich eilig im Aufräumen und Aufbrechen. Ich musste weiter zu einem Einsatz in der Gegend von Köln. Da stoppte mich ein dynamischer junger Herr, stellte sich vor als „Jürgen Weber, Assistent bei Professor Männel". Und da freute ich mich über einen wissenschaftlichen Stammbaumeindruck. Wolfgang Männel hatte ich nämlich in den 60er Jahren während meiner Zeit an der IHK Frankfurt am Main als Assistent von Professor Dr. Paul Riebel kennengelernt.

Herr Dr. Jürgen Weber teilte mir mit, dass er einen Ruf erhalten habe als Professor an der neu gegründeten Wissenschaftlichen Hochschule für Unternehmensführung (WHU) und fragte, ob ich nicht auch dort bei ihm einen solchen Vortrag halten könne.

Es freute mich sehr, Zeuge und Mitmacher zu sein bei pionierhaftem Arbeiten in den WHU-Anfängen. Auch die Studenten wirkten super, denn sie hatten sich einer Bildungsinstitution anvertraut, von der sie nicht wissen konnten, wie berühmt sie werden würde. Während mehrerer Jahre hatte ich dann einen Vorlesungstag zu geben über Controlling am Lehrstuhl Weber, wobei am spannendsten für alle Beteiligten jene Auftritte waren, an denen es eine Weber-Deyhle-Talkshow zu Controlling und zur Rolle des Controllers / der Controllerin gab.

Für mich als Praxistrainer ist Controlling die Umsetzung der betriebswirtschaftlichen Erkenntnisse in praktische Anwendungen. Controller sah und sehe ich als Verkäufer der für die Manager nicht immer bequemen ökonomischen Aussagen und Sachzwänge. Professor Dr. Dr. h. c. Jürgen Weber suchte nach dem wissenschaftlichen Ansatz für Controlling und Controller und fand ihn im Prinzip der Rationalität in der Entscheidungsfindung. Dabei konnte er auch eine wissenschaftliche Wurzel zu Erich Gutenberg herstellen.

Die Zusammenarbeit mit Jürgen Weber fand und finde ich immer fachlich fordernd und persönlich spannend – in den letzten Jahren zum Beispiel in Sitzungen des Kuratoriums des ICV Internationalen Controller Vereins e. V., München, dessen Vorsitzender er ist. Ich denke, er bietet ein leuchtendes Musterbeispiel dafür, wie wissenschaftliches Arbeiten, internationale Kompetenz und Heranführungsvermögen der nachwachsenden Generationen mit praktischem Bezug und Netzwerktalent zu vielen Führungskräften in der Wirtschaft aller Branchen und Unternehmensgrößen verknüpft werden kann. Dabei leistet ihm sein Team der Mitarbeiter und Mitarbeiterinnen am Lehrstuhl powerful assistance. Auch wenn Weber Vorträge hält in München beim Controller Congress, sitzen die Teilnehmer begeistert zu seinen Füßen.

Dr. Albrecht Deyhle

Vorsitzender des Aufsichtsrats | Controller Akademie AG, Wörthsee bei München

Der Brückenbauer

Ralf Eberenz

Jürgen Weber wird schon 60? Das kann doch gar nicht sein! Das hieße ja zurückzublicken, auf Lebensleistungen und gemeinsame vergangene Zeiten, auf das, was war und nun vergangen ist. Eigentlich passt das nicht, nicht für ihn, der immer nach vorne blickt, der verändern will, der gestalten will. Vergangenheitsbetrachtungen sind seine Sache nicht; seit wir uns das erste Mal trafen, auf der Saarbrücker Arbeitstagung 1993, kenne ich ihn als steten Antreiber des Neuen. Er sagte schon damals Sätze wie „Controller müssen nach vorne blicken, wenn sie Einfluss im Unternehmen haben wollen, historische Betrachtungen reichen nicht aus". Das sitzt. Nicht nur, weil es mir als Controller aus der Seele spricht, sondern weil er es auch praktisch umsetzt. Er geht heraus aus der Hochschule in die Unternehmen und verbindet wissenschaftliche Exzellenz mit dem Selbstanspruch, in der Praxis etwas zu bewegen. Insofern fehlt ihm jegliche professoral-akademische Eigenbrötelei ebenso wie eine neumodisch-oberflächliche Praxisanbiederung. „Rationalitätssicherung der Führung" als letztlicher Zweck des Controllings ist konzeptionell fundiert *und* mein tägliches Brot als Controller. Da ist einer, der mich versteht, der zuhört und neue Perspektiven eröffnet – seine Themen sind meine Themen.

Als Controller im Unternehmen will ich Einfluss auf die Geschäftsentwicklung nehmen, ich möchte gehört werden, ich will nicht als Zahlenlieferant, sondern als Partner auf Augenhöhe mit dem Management und den anderen Fachfunktionen agieren. Ich will zeigen, dass Controlling sein Geld wert ist. Die praktischen Schwierigkeiten, diesen Anspruch in der täglichen Arbeit im Unternehmen wirklich zu erfüllen, kenne ich nur zu gut. Das ständige Ringen um den richtigen Weg begleitet meinen gesamten späteren Berufsweg als Controller über alle Hierarchiestufen hinweg. Jürgen Weber interessiert sich genau für diese Themen und gibt Impulse. Er ermutigt, die Rolle des Controllings selbstbewusst zu gestalten, den Selbstanspruch klar und deutlich zu formulieren, aber gleichzeitig auch kritisch die eigenen Grenzen zu reflektieren und zu akzeptieren. Er hinterfragt und fordert die gängige Theorie und die betriebliche Praxis gleichermaßen. Der Controller als Businesspartner des Managements ist der richtige Anspruch, aber was bedeutet er konkret, welche Qualifikationen, fachlich wie persönlich, setzt er voraus? Was müssen wir anbieten an Geschäftsverständnis, Instrumenten und Informationen, um glaubwürdig zu sein? Welche „Sprache" müssen wir sprechen, um von Vertriebsleuten, Logistikern oder Marketingleitern verstanden zu werden? Wie viel Detailinformationen brauchen wir wirklich zur Steuerung? Ist der Shareholder Value-Ansatz das überlegene Steuerungskonzept, eine Mode oder gar Teufelszeug? Wird die Profession der Controller zukünftig, und vor allem auch international, eine Berechtigung haben? Die Liste solcher Fragen, die theoretisch wie praktisch von hoher Relevanz sind, ist schier endlos und wächst ständig. Ihre saubere, strukturierte aber gleichzeitig pragmatische Aufbereitung und Beantwortung ist sein leidenschaftliches Anliegen.

Und er lädt mich ein, mich hieran zu beteiligen. Eine Brücke zwischen Theorie und Praxis will er gemeinsam mit den Unternehmen bauen, auf der die betrieblichen Probleme in die Forschung getragen werden und gleichzeitig die Forschung Lösungsimpulse für die Praxis generiert. Ein nachhaltiger, mich sehr inspirierender, Dialog entsteht. Er lädt mich ein zu Vorträgen in seine Vorlesungen und Seminare nach Vallendar, zu Beiratstätigkeit und Beiträgen in der *Kostenrechnungspraxis* (noch deutlich von seinem akademischen Ziehvater Männel geprägt) und später in der *Zeitschrift für Controlling und Management* (ebenso deutlich geprägt, aber dann von ihm selbst). Auch Praxisbeiträge in seinen Buchveröffentlichungen folgen. Im Gegenzug arbeiten seine Studenten und Mitarbeiter bei mir in Praktika und Projekten mit. Aber das reicht nicht, er will, natürlich, mehr. Die Community der Top Controller deutscher Großunternehmen muss organisiert werden. Er baut mit dem *Center for Controlling & Management (CCM)* ein intensives Netzwerk zwischen einem guten Dutzend von Unternehmen und seinem Lehrstuhl auf. Der direkte Austausch zwischen den Controllern und mit der Forschung ist das Ziel. Gemeinsame Projekte werden bearbeitet, auch die Vernetzung auf Ebene der Mitarbeiter durch gemeinsame Trainings kommt hinzu. Zentral ist der persönliche Austausch der Beteiligten über wichtige und dringende Fragen der Unternehmenswirklichkeit. Über viele Jahre vertrete ich den Beiersdorf Konzern in diesem Kreis und darf miterleben, wie mit Jürgen Weber als Spiritus Rektor eine unternehmensübergreifende und Theorie mit Praxis verbindende Plattform entsteht, die in Deutschland bis heute beispielhaft geblieben ist. Die entstehenden Kontakte zu Unternehmensvertretern, aber auch zu vielen seiner Schüler, die im CCM tätig waren und später selbst Lehrstühle übernommen haben, sind mir bis heute hoch geschätzt.

Immer wieder tauschen wir uns auch in persönlichen Gesprächen aus. Ich mag seinen analytischen Verstand, seine unkomplizierte Sprache und seinen, ich darf das als Hamburger sagen, hanseatisch anmutenden Humor. Feine Ironie und Selbstironie oder besser ausgedrückt, einfach ein bisschen Spaß ist bei Jürgen Weber stets dabei! Der Austausch mit ihm ist immer inspirierend. Das Löcken wider den Stachel, der Widerspruch gegen den Mainstream, die provokante Antithese, der Überraschungseffekt und der immer spürbare Drang nach Veränderung, nach Gestaltung. Er ist ein Füllhorn neuer Ideen und ein sehr guter Manager, der genau abwägt, was leistbar ist, und dieses dann auch in die Tat umsetzt. Er ist professionell im Management seines Institutes, seiner Netzwerke und seiner unternehmerischen Aktivitäten. Trotzdem bleibt er sich immer als Hochschullehrer treu. Das macht ihn glaubwürdig und gibt ihm Einfluss. Auf mich allemal. Meine Überzeugungen, was gutes Controlling im Unternehmen ausmacht, meine Freude am akademischen Diskurs und auch der Brückenschlag zwischen beidem sind ein gutes Stück mit seinem Namen verbunden.

Und jetzt wird er also wirklich schon 60? Wenn es also tatsächlich stimmen sollte, so sende ich ihm meinen herzlichen Glückwunsch und meinen Dank für die gemeinsame Zeit. In jedem Fall aber die besten Wünsche für seine kreativen Zukunftspläne. Denn die hat er mit Sicherheit, ob nun mit oder ohne sechzigstem Geburtstag…

Dr. Ralf Eberenz
Senior Advisor | Horváth & Partners

Erfolg durch Praxisnähe

Edgar Ernst

Jürgen Weber und ich haben uns kennengelernt als der damalige „Gelbe Riese", die Deutsche Bundespost Postdienst, im totalen Umbruch stand und die Postreform I gerade mal zwei Jahre alt war. Die Deutsche Post war 1992 noch eine Verwaltung öffentlichen Rechts und regulatorische Aufgaben waren dem Bundesministerium für Post und Telekommunikation (BPM) unter der Leitung von Dr. Christian Schwarz-Schilling zugeordnet. Das Unternehmen befand sich in einem ständigen Spagat zwischen Qualitätsverbesserung, Kostensparen und neuen Wirtschaftlichkeitsanforderungen.

1992 – ich war gerade zum neuen Finanzvorstand ernannt worden – entstand die Idee für eine neue Produktstruktur im Briefbereich. Standard-, Kompakt-, Groß- und Maxibrief. Nur wie sollte die dazugehörige Porto-/Preisstruktur aussehen? Wir wollten natürlich mit dieser Umstellung eine Preisanpassung erzielen, aber das BPM musste dieser zustimmen und das war alles andere als einfach. Es gab zu diesem Thema eine Vorschrift, dass das Porto nach einer speziellen Formel „effiziente Kosten plus fee" festgelegt werden sollte. Doch die Gefahr, dass die Ist-Kosten damit nicht erreicht würden war sehr real. Denn die Kostenstrukturen der Post, die eher einem riesigen Verwaltungsapparat entsprachen, waren enorm hoch. Eine erste wesentliche Qualitätsverbesserungs- und Rationalisierungsmaßnahme war dabei der Bau von neuen hochautomatisierten Briefzentren. Und das war erst der Anfang.

Um die Frage der effizienten Kosten zu klären, rief das damalige BPM eine wissenschaftliche Diskussionsrunde ins Leben. Ganz klar brauchte ich auf unserer Seite ebenfalls Profis aus der Wissenschaft. In dieser Zeit lernte ich Jürgen Weber und Bernhard Pellens (Universität Bochum) kennen und schätzen. Ich bat beide, die Interessen der Post zu vertreten. Das Ergebnis konnte sich sehen lassen. Wir hatten gewonnen, denn das Ministerium genehmigte unsere neue Preisstruktur. Das, was sich hier als kurzes Intermezzo liest, war natürlich ein langer und mühsamer Entscheidungsprozess.

Nach diesem ersten Meilenstein war Jürgen Weber ein wichtiger Berater in ganz unterschiedlichen Bereichen. So gab es im Bereich Controlling bei der Post viel zu tun. Er half uns, eine Kostenrechnung für das Unternehmen zu entwickeln und zu implementieren. Von großer Bedeutung waren seine Beiträge im Rahmen der Aus- und Weiterbildung der Controller. Und daran zeigt sich aus meiner Sicht eine der großen Stärken von Jürgen Weber, die mich immer sehr beeindruckt hat. Er ist einerseits ein hoch angesehener Wissenschaftler in Forschung und Lehre, andererseits ist es ihm wichtig, eine enge Beziehung zu Unternehmen zu pflegen und sein Wissen in konkrete praxisnahe Aktivitäten umzusetzen.

Und durch ihn kam ich zur WHU.

Es war nach der Jahrtausendwende als Jürgen Weber mir die Möglichkeit gab, meine mehr oder weniger verborgene Leidenschaft für die wissenschaftliche Lehre zu praktizieren. Er fragte mich, ob ich nicht Lust hätte, eine Vorlesung zum Thema Controlling unter Einbeziehung von Praxisbeispielen zu halten. Und ob! Dies mache ich nun seit 2003 mit größtem Vergnügen und ich bin Jürgen Weber sehr dankbar, dass er mir die Möglichkeit gegeben hat, Erfahrungen aus der Unternehmenspraxis an hochmotivierte Studenten der WHU weiterzugeben.

Prof. Dr. Edgar Ernst
Präsident | Deutsche Prüfstelle für Rechnungslegung

Die S-Taste

Michael Faustino Bauer

Der BMW-Ingenieur: „Drücken Sie mal die S-Taste!“ Wrooom. Als Variety Seeker bei der Wahl seiner Fahrzeuge ist Jürgen Weber der Alptraum der Markenbindungsstrategen. Seine zwar qualitätsorientierte, jedoch eher distanziert-selbstironische Betrachtung des Gegenstands Kraftfahrzeug hindert ihn jedoch nicht, sich auch den Freuden desselben „tastenweise“ hinzugeben.

Die S-Taste steht im übertragenen Sinne für den sportlichen Anspruch dieses Lehrstuhls an Leistung, Qualität und Bandbreite. Sowohl bei der Forschung als auch bei der praxisorientierten Lehre und bei der Kopplung an die Unternehmenspraxis über Netzwerke, Kongresse, Schriftenreihen und die Managementausbildung.

So wie Fußballer seit etlichen Jahren den Kraftraum aufsuchen oder bereits Arnold mit Schwimmen und Laufen seine Basiswerte im Bodybuilding stärkte, so führte Jürgen Weber Talente und Methoden aus benachbarten Disziplinen zur Weiterentwicklung des Controllings zusammen. Beispielsweise Informatiker, Wirtschaftsingenieure oder Psychologen. Brachten wir alle aus unserer Forschung und Berufspraxis verschiedene Perspektiven ein, so wussten wir doch stets, wo die große Linie hinzeigte und in welche Richtung der „Meister“ das Controlling fundieren und entwickeln wollte. Als Variety Seeker in der Controlling-Forschung ist er für etliche Doktoranden ein Glücksfall.

In der Theorie ein konsistentes Fundament definieren ist das Eine. Das Andere ist, wie ein Naturwissenschaftler mal ganz genau nachzuschauen, was die Untersuchungsobjekte Controller und Manager in den Organisationen denn tatsächlich so treiben – und was sie umtreibt. Das durfte ich hautnah bei der Betreuung der Schriftenreihe Advanced Controlling erleben und habe das in eine empirische Arbeit zum Erfolg der Zusammenarbeit von Controllern und Managern umgesetzt.

Der theoretische Rahmen aus der Weber-Schule und die interdisziplinären Freiheiten und Austausche waren dazu gleichermaßen wichtig. Neben dem hohen Anspruch an Qualität und Ergebnis der Arbeit steht das „S“ bei Weber aber auch für Seriös, Speziell und Spaß.

- Seriös, weil die Zusammenarbeit am Lehrstuhl und mit Jürgen Weber hoch-professionell und sehr fair abläuft.
- Speziell, weil der Chef und seine engsten Mitarbeiter eine Atmosphäre der „Marke Weber“ schaffen, die antreibt und mitreißt.
- Spaß, weil der nicht zu kurz kommt; etliche Kicker und Dartboards können ein Lied oder zwei davon singen.

Mit den Erkenntnissen und sprichwörtlichen Lehren aus der Mitarbeit an Jürgen Webers Lehrstuhl kam ich auch in der Managementpraxis ganz gut zurecht. Das Controlling als Disziplin und Arbeitsfeld hat durch Weber und seine Jünger nun eine starke und dauerhafte Promotion-Crew am Laufen. In dieser bin ich selbst nun auch als Professor an einer Hochschule aktiv und vertrete die Philosophie: erst mit spannenden Beispielen anlocken, durch anspruchsvolle Prüfungen nur kurz abschrecken und dann ganz entspannt zum Erfolg führen. Das finden zumindest die engagierten Studenten super. Und im Sinne von Weber ist das ein weiterer Druck auf die S-Taste. Vielen Dank, lieber Jürgen Weber!

Prof. Dr. Michael Faustino Bauer

Lehrstuhl für Allgemeine Betriebswirtschaftslehre, insbesondere Controlling | Hochschule für Wirtschaft und Recht Berlin

Promotion bei Prof. Dr. Dr. h.c. Jürgen Weber 2001

Titel: *Controllership in Deutschland: Zur erfolgreichen Zusammenarbeit von Controllern und Managern*

Vom Können und Wollen in der betriebswirtschaftlichen Forschung und Praxis

Andreas Florissen

Meine erste Begegnung mit Jürgen Weber im Sommer 2001 war prägend. Auf der Suche nach einem Doktorvater und mit einem bereits grob umrissenen Dissertationsthema in der Tasche (Arbeitstitel: „Preiscontrolling – die Rolle des Controlling im Preismanagement") reiste ich auf Empfehlung einiger Arbeitskollegen und „Weber-Schüler" in das beschauliche Vallendar. Ihn selbst kannte ich bis dato nur von der Titelseite seines Controlling-Standardwerkes.

Bereits in meinem ersten Gespräch mit Jürgen Weber offenbarte sich mir eine wissenschaftliche Breite und Tiefe, die weit über das Fachgebiet Controlling hinausreichte. Wir sprachen über den Menschen im Unternehmen, der Entscheidungen trifft, und über dessen Defizite in seinen dafür erforderlichen Fähigkeiten (Können) und seinen angestrebten Zuständen (Wollen). Und wir sprachen über die Abkehr vom Homo oeconomicus in der BWL, jenem vollständig rationalen Entscheider, der als ein wesentliches Konstrukt die betriebswirtschaftliche Forschung in Deutschland von Beginn an geprägt hatte.

Meine Grundausbildung in BWL erhielt ich an der Universität Münster, insbesondere von Dietrich Adam. Die Forschung und Lehre in Münster stand damals ganz in der Tradition von Erich Gutenberg und Edmund Heinen. So wurde dann auch „Planung und Entscheidung" von Dietrich Adam, das auf den „Grundlagen der Betriebswirtschaftslehre" von Gutenberg sowie den „Grundlagen betriebswirtschaftlicher Entscheidungen" von Heinen aufbaut und sich mit den betriebswirtschaftlichen Planungs- und Entscheidungsprozessen beschäftigt, das mich am stärksten prägende Standardwerk in meiner Grundausbildung.[1] Darin wurde zwar mit den Ausführungen zur Planung in „strukturdefekten Entscheidungssituationen" eine erste Brücke zu den Entscheidungsproblemen in der Unternehmenspraxis geschlagen, das Individuum – der einzelne Entscheider – mit seinem Können und Wollen trat allerdings noch nicht nennenswert in Erscheinung.

Dass der Homo oeconomicus nur ein Konstrukt ist und in der Unternehmenspraxis genauso wenig anzutreffen ist wie etwa eine Gutenberg-Produktionsfunktion, wurde mir in meinen ersten Berufsjahren zwar schnell deutlich. Den theoretischen Feinschliff in der

1 Adam, Dietrich: Planung und Entscheidung: Modelle – Ziele – Methoden, 4., vollständig überarbeitete und wesentlich erweiterte Auflage, Wiesbaden 1996; Gutenberg, Erich: Grundlagen der Betriebswirtschaftslehre, Band 1: Die Produktion, 24. Auflage, Berlin 1983; Heinen, Edmund: Grundlagen betriebswirtschaftlicher Entscheidungen, 3. Auflage, Wiesbaden 1976.

betriebswirtschaftlichen Entscheidungs- und Verhaltenslehre sollte ich allerdings erst während meiner Promotionszeit an der WHU – damals noch Wissenschaftliche Hochschule für Unternehmensführung – am Lehrstuhl für Controlling und Telekommunikation erhalten. Grundlage der Lehrstuhlforschung war damals das „Dynamische Modell ökonomischer Akteure", welches den einzelnen Akteur in seinem individuellen Handeln sowie in seiner Interaktion mit anderen Akteuren im Gruppen- bzw. Organisationskontext beschreibt.[2] Die Rationalität seines Handelns weist zahlreiche Rationalitätsdefizite auf, die ihre Ursachen in seinem begrenzten Können und Wollen haben. Den einzelnen Akteur charakterisieren eingeschränkte Wahrnehmungs-, Prognose- und Bewertungsfähigkeiten im Rahmen der Willensbildung sowie begrenzte Realisationsfähigkeiten in der Willensdurchsetzung. In seiner Interaktion mit anderen treten zudem begrenzte Kommunikations-, Koordinations- und Führungsfähigkeiten sowie Zielkonflikte auf, die zur Folge haben, dass sein Handeln oftmals nicht rational ist. Aufbauend auf diesen theoretischen Grundlagen prägte Jürgen Weber (gemeinsam mit Utz Schäffer) sein Controllingverständnis von der „Rationalitätssicherung der Führung", mit dem er sich klar von den vorherrschenden Controllingdefinitionen abhob, die allesamt in ihren Erklärungsansätzen zu kurz griffen.

In der Unternehmenspraxis lassen sich seit jeher vielfältige Rationalitätsdefizite im Handeln der jeweiligen Akteure beobachten und nun auch immer besser wissenschaftlich erklären. Diese führen zu teilweise eklatanten Fehlentscheidungen in Unternehmen aller Branchen und Größen und haben einige von ihnen ins Verderben gestürzt. Die Liste mit Beispielen von Managementfehlern aufgrund einer nicht hinreichend geprüften Sachlage oder dem blinden Vertrauen auf das eigene – falsche – „Bauchgefühl", dem Versagen von Aufsichtsräten sowie Compliance- und Corporate Governance-Verstößen ist lang. Als Ursachen lassen sich mangelnde „harte" und „weiche" Managementfähigkeiten, dem Unternehmensziel widersprechende individuelle Zielsetzungen wie Macht, Anerkennung und persönliche Bereicherung oder eine Mischung aus beidem festmachen. Immer häufiger entsteht der Eindruck, dass einige Manager der Jagd nach Posten, Ehrenwürden und Boni einen höheren Stellenwert beimessen als dem Bestreben, das eigene Unternehmen wieder auf Erfolgskurs zu bringen. In diesen Fällen entsprechen die eigenen Ziele schon lange nicht mehr der Unternehmenszielsetzung.

Die Aufarbeitung dieser Fälle wird sowohl die Praxis als auch die betriebswirtschaftliche Forschung in Atem halten. Mich selbst hat die intensive Beschäftigung mit dem Können und Wollen von Akteuren in meiner wissenschaftlichen Arbeit beeinflusst. Das Grundthema meiner Dissertation ist nach dreijähriger Lehrstuhl- und Forschungstätigkeit zwar geblieben: „Preiscontrolling". Der Untertitel, und damit die wissenschaftliche Basis, hat sich allerdings grundlegend verändert: „Rationalitätssicherung im Preismanagement". Diese geht in erheblichem Maße auf den Einfluss von und den Austausch mit Jürgen Weber zurück. Und auch in meiner weiteren beruflichen Laufbahn wurde ich dank seines Feinschliffs an meiner betriebswirtschaftlichen Ausbildung sehr viel stärker für die Dimensionen „Können" und „Wollen" in der Interaktion mit meinen Klienten und Mitarbeitern sensibilisiert.

2 Weber, Jürgen: Einführung in das Controlling, 9. Auflage, Stuttgart 2002, S. 33-48.

Ich danke Jürgen Weber sehr herzlich für diesen Feinschliff an meiner Ausbildung und wünsche ihm und dem Institut für Management und Controlling viel Erfolg in der Fortführung seiner beeindruckenden Leistungen in Forschung und Lehre.

Dr. Andreas Florissen
Geschäftsführender Gesellschafter | acondas GmbH
Promotion bei Prof. Dr. Dr. h.c. Jürgen Weber 2005
Titel: *Preiscontrolling – Rationalitätssicherung im Preismanagement*

Die acht Charakteristika des Jürgen Weber aus Sicht eines fachfremden Kollegen

Michael Frenkel

Jürgen Weber traf ich erstmals 1993. Ich kam damals als junger und neu berufener Lehrstuhlinhaber an die WHU. Als einziger Volkswirt musste ich mich in der – wenngleich damals noch überschaubaren – Reihe betriebswirtschaftlicher Kollegen zurechtfinden. Schnell wurde ich auf Jürgen Weber aufmerksam und konnte seine Entwicklung mit etwas fachlichem Abstand seitdem verfolgen, nicht zuletzt auch deshalb, weil wir auch hochschulpolitisch viel, eng und sehr angenehm zusammengearbeitet haben. Gleichzeitig habe ich Jürgen Weber über die Jahre auch als Wegbegleiter meiner eigenen Tätigkeit an der WHU empfunden. Aus der Zusammenarbeit habe ich einen Menschen kennengelernt, den ich zu schätzen gelernt habe und mit dem ich verschiedene Charakteristika im weitesten Sinne verbinde. Mit dem klaren Bekenntnis, dass dies durchaus subjektiv sein mag, und ohne Anspruch auf Vollständigkeit seien im Folgenden ein paar Charakteristika von Jürgen Weber aufgeführt.

Ein erstes Charakteristikum ist ein vermutlich unumstrittenes: Jürgen Weber ist ein WHU-Professor fast der „ersten Stunde" und verkörpert seit vielen Jahren das historische Wissen und Gewissen der WHU. Er weiß um die Stärken und die Schwächen in der Entwicklung der WHU Bescheid wie kein anderer. Er ist und steht für Kontinuität an der WHU. Dieses Charakteristikum wird auch neu an die WHU kommenden Fakultätskolleginnen und –kollegen jeweils schnell deutlich. Über die Jahre hat er diese Eigenschaft kontinuierlich auf- und ausgebaut.

Ein zweites Charakteristikum von Jürgen Weber ist sein immer selbst vorgelebtes Postulat der Rationalitätssicherung. Wann immer es um die Festlegung von Strukturen oder Prozessen gegangen ist, hat er großen Wert darauf gelegt, dass die Vergleichbarkeit zu anderen bereits existierenden Regelungen gewahrt oder eine Begründung für ein Abweichen hiervon gewährleistet war. Sein ebenso leises wie beständiges Mahnen um die Einhaltung dieses Aspekts hat der WHU in ihrer Entwicklung von Exzellenz enorm geholfen. Allerdings ist dies nicht immer allen Mitgliedern der WHU so bewusst gewesen.

Die zuvor genannte Eigenschaft hängt eng mit einem dritten Charakteristikum zusammen, das ich bei Jürgen Weber über viele Jahre erlebt habe. Er ist ein Fakultätskollege, der sich nicht gerne und damit auch tatsächlich nicht in den Mittelpunkt stellt. Dies gilt zumindest in seiner Mitwirkung in der Hochschulleitung, in der er über viele Jahre hinweg tätig war. Jürgen Weber war in einer relativ frühen Phase der Hochschule für – wie es damals üblich war – zwei Jahre Rektor der Hochschule. Dass er Rektor wurde, hatte mit der Regel zu tun, nach der jeweils der Dienstälteste aus der Fakultät, der noch nicht Rektor war, zum Rektor ernannt wurde. Da Jürgen Weber als einer der ersten Professoren an die WHU kam, wurde er nach dieser Regel auch schnell Rektor. In der Zeit seit den Anfangsjahren der WHU war Jürgen Weber für mehr als ein Jahrzehnt Prorektor (bei verschiedenen Rektoren) und damit Mitglied der Hochschulleitung. In dieser Zeit füllte er dieses Amt aus meiner Sicht immer sehr effizient aus, ohne jemals mit diesem Amt den Anspruch auf die Nachfolge im Rektorenamt zu erheben.

Jürgen Weber ist ein Anhänger von Harmonie im zwischenmenschlichen Bereich. Disharmonie oder – noch stärker – Konflikte haben ihn immer belastet. Man mag dieses vierte Charakteristikum als Konfliktscheue bezeichnen, aber es ist in Wahrheit ein Plädoyer für gemeinsames Handeln. Weil wir uns hierin gleich sind, habe ich dies immer sehr geschätzt. Der WHU hat dieses Charakteristikum aus meiner Sicht immer geholfen, weil er mit leiser Stimme damit einen wertvollen Beitrag zur besonderen Kultur der WHU geleistet hat, die wir auch häufig als „WHU Spirit“ bezeichnen. Wenn ein unangenehmer Einzelkämpfer der Fakultät aus dem Hintergrund die Wege der WHU zu beeinflussen versuchte, fühlten sich Jürgen Weber und ich in gleichem Maße unwohl. Dass es Jürgen Weber wehtun kann, wenn Harmonie in hohem Maße zerstört wird, wurde besonders deutlich, als er einmal im Amt des Prorektors durch den Rücktritt des Rektors alleine gelassen wurde. Hier wurde ihm im wörtlichen Sinne gesundheitlicher Schaden zugefügt.

Jürgen Weber ist kein Mensch, mit dem man Revolutionen beginnen sollte. Er bevorzugt es, bedächtig und überlegt Dinge voranzutreiben und sich damit von der Vorsicht leiten zu lassen, Bewährtes nicht so leicht über den Haufen zu werfen. Die Vorsicht, sein fünftes Charakteristikum, ist mit den zuvor beschriebenen Eigenschaften eng verbunden. Sie bedeutet aber nicht, dass er nicht Änderungen vorantreiben kann. Insbesondere, wenn seine Sätze mit „Hej“ anfangen, weiß man, dass er von dem darauffolgenden Vorschlag überzeugt ist und man insofern auf ihn zählen kann, die entsprechenden Dinge zu ändern.

Ein sechstes Charakteristikum ist Jürgen Webers Freundlichkeit. Es scheint nur wenige zu geben, die dies nicht sofort bestätigen würden, und wenn es solche tatsächlich gibt, muss es an ihnen liegen. Wenn ich versuche, mit geschlossenen Augen an Jürgen Weber zu denken, sehe ich ein lachendes Gesicht (jedenfalls meistens). Dies macht vieles leichter und ich kenne nur wenige Menschen, auf die dies zutrifft. Dies trifft im Übrigen auch auf seine Frau Andrea zu, mit der meine Frau und mich ebenfalls ein sehr freundschaftliches Verhältnis verbindet.

Jürgen Weber habe ich persönlich als einen Menschen erleben dürfen, der Menschen in ihrer Entwicklung sehr unterstützen kann. Dieses siebte Charakteristikum hat zwei Komponenten: eine fachliche und eine menschliche. Aufgrund seiner fachlichen Kompetenz kann er Menschen in die richtige Richtung leiten. Er hat dabei den Anspruch, möglichst viele neue Entwicklungen sich auch selbst anzueignen. Dies betrifft sein eigenes Fach, aber auch die Technologie (er hat stets die neuesten Apple-Produkte und das mit allem Schnickschnack). Die menschliche Komponente ist wiederum eine vielfach leise. Oft nur indirekt hilft er Menschen, sich weiterzuentwickeln. Mit dieser Unterstützung der Persönlichkeitsentwicklung hat er – ob bewusst oder unbewusst – eine Verantwortung übernommen, die schon in der Bibel als eine große Verantwortung von Lehrenden bezeichnet wird. Vom Ergebnis her betrachtet könnte man sagen: aus seinem Lehrstuhl gehen in aller Regel gute und sehr angenehme Menschen hervor. Dies ist nicht selbstverständlich, sondern Ergebnis vielfältiger Unterstützung.

Ein achtes Charakteristikum ist vermutlich das Ergebnis der zuvor genannten Eigenschaften: Jürgen Weber ist innerhalb und außerhalb der WHU in hohem Maße geachtet. Seine Stimme hat Gewicht. Man ist gut beraten, auf seinen Rat und seine Erfahrung zu hören. Diese Einstellung ihm gegenüber meine ich, bei vielen beobachtet zu haben. Und: so viele können sich letztlich nicht irren.

Ich schätze Jürgen Weber als Kollegen und Wegbegleiter und bin dankbar, dass ich ihn in dieser Rolle erleben durfte und immer noch darf. Daher möchte ich dir, Jürgen, nicht nur alles Gute zu diesem besonderen Geburtstag wünschen, vor allem Gesundheit und Frohsinn, sondern auch ein riesengroßes Dankeschön sagen: vielen, vielen Dank und „much obliged"!

Prof. Dr. Michael Frenkel
Rektor | WHU – Otto Beisheim School of Management
Lehrstuhl für VWL, insbes. Makroökonomik und Internationale Wirtschaftsbeziehungen

Dürfen sich Controller die Hände schmutzig machen?

Mark Frese

Lieber Herr Professor Weber,

zu Ihrem 60. Geburtstag möchte ich Ihnen sehr herzlich gratulieren und wünsche Ihnen alles Gute, Gesundheit, privates Glück sowie beruflichen Erfolg. Mit meinen Glückwünschen verbinde ich gleichzeitig die Hoffnung, dass Sie der Wissenschaft und der WHU mit Ihrem unermüdlichen Elan noch lange erhalten bleiben.

Mit Ihrem Arbeiten und Wirken stechen Sie aus der Masse der deutschen Betriebswirtschaftslehre heraus. Sie haben wegweisende Beiträge zur Etablierung der vergleichsweise jungen Wissenschaftsdisziplin des Controllings geleistet. So ist der Name Weber und das damit verbundene Controllingverständnis aus der herrschenden Theorie heute nicht mehr wegzudenken. In den vergangenen Jahren und Jahrzehnten haben Sie es darüber hinaus geschafft, nicht nur in Lehre und Forschung eine tragende Rolle zu spielen, sondern auch der unternehmerischen Praxis wertvolle Impulse zu geben. Ihr Wirken zeigt auf exemplarische Weise, wie die Betriebswirtschaftslehre einen echten Mehrwert für die Optimierung von Entscheidungsprozessen in Unternehmen leisten kann. Aus der Sicht des Managers ist dies ein besonderer Verdienst Ihrer Forschung.

Die Bedeutung und das konkrete Wirken Ihrer Forschung in der Praxis konnte ich in meiner eigenen beruflichen Laufbahn, sei es während meiner Stationen im Controlling von Galeria Kaufhof und der METRO AG oder im Finanzressort der METRO GROUP, immer wieder selbst erleben. Im Zuge der langjährigen Kooperation mit der WHU und dem IMC hat das METRO Controlling meiner Auffassung nach mehr und mehr die Rolle als Rationalitätssicherer des Managements im Weber'schen Sinne ausgebildet und lebt diese heute aktiv: wichtige Investitionsentscheidungen ohne eingehende Controllinganalyse oder etwa die Etablierung eines Vergütungssystems ohne den intensiven Austausch zwischen Management, Personal- und Controllingbereich sind bei der METRO inzwischen nicht mehr denkbar. Als weiteres sichtbares, wichtiges Resultat arbeiten nun einige Ihrer Schüler im Controlling und innerhalb des Finanzressorts der METRO AG und werden zur Verstetigung und Weiterentwicklung des Erreichten beitragen.

Obwohl ich als Alumnus der Universität Witten/Herdecke schon früh ein Unterstützer der Privatinitiative im Hochschulbereich wurde, hatte ich zur Gründungszeit der WHU, mit deren glänzender Entwicklung Sie, lieber Herr Weber, untrennbar verbunden sind, Bedenken: könnte man nicht die Kräfte in der bereits bestehenden Privatuniversität Witten/Herdecke bündeln? „Wirkt Witten" nicht ausreichend? Fast 30 Jahre später lässt sich guten

Gewissens sagen, dass die WHU frischen Wind in die Hochschullandschaft gebracht hat. In den vergangenen Jahren haben beide Institutionen voneinander profitiert und somit die Idee der Privatinitiative in Deutschland entscheidend vorangetrieben. Heute zähle ich mich uneingeschränkt zu den Unterstützern beider Hochschulen.

Ich bin Ihnen dankbar und schätze mich glücklich, dass ich vom persönlichen Austausch mit Ihnen profitieren konnte. Bereits früh in meiner Karriere habe ich mich bei Galeria Kaufhof intensiv mit Ihrem Controllingverständnis auseinandergesetzt. Meine täglichen Erfahrungen beim Kaufhof haben mir Ihren Ansatz bestätigt und meine Überzeugung reifen lassen, dass eine Beschränkung des Controllings auf funktionale Aufgaben zu kurz greift. In dieser Phase habe ich gelernt, wie das Controlling in enger Interaktion mit dem Management entscheidend zum Unternehmenserfolg beitragen kann: durch gezielte Unterstützung und Qualitätssicherung der Führung.

Mit meinem Wechsel ins Konzerncontrolling der METRO AG kam es dank Ihrer Initiative bei zahlreichen Gelegenheiten immer mehr zum persönlichen Austausch, zunächst im Rahmen von Vorträgen und Konferenzen und später in Telefonaten und persönlichen Diskussionen. Während wir uns stets einig waren, dass Controller – um ihrer Aufgabe gerecht zu werden – nicht nur Vorgänge beschreiben, sondern vor allem Zusammenhänge aufzeigen müssen, kristallisierte sich schnell eine Fragestellung heraus, die wir in den letzten Jahren teils kontrovers, aber immer leidenschaftlich, diskutiert haben: *„Dürfen sich Controller die Hände schmutzig machen?“*

Im oftmals hemdsärmeligen Handelsgeschäft habe ich früh den Schulterschluss zwischen operativ tätigen Bereichen und der Finanzorganisation quasi hautnah und als Selbstverständlichkeit kennengelernt. Ich habe immer wieder die Erfahrung gemacht, dass sich Mängel rechtzeitig beheben und Optimierungspotenziale frühzeitig identifizieren lassen, wenn beide Seiten ihre Fähigkeiten und Kompetenzen zusammenbringen und in einem Team unternehmerisch agieren. Dies hatten wir einmal anhand folgender plakativer Aussagen intensiv diskutiert:

- „Zählen Sie noch oder steuern Sie schon?!“
- „Wer nur misst, den bestraft das Leben!“
- „Mit dem Zweifel leben, nicht gegen den Zweifel!“

Die Vorteile dieser Interaktion haben jedoch manchmal den Preis der Objektivität: als selbst involvierte Partei lassen sich Aufgaben wie Qualitätssicherung oder Vermeidung von opportunistischem Verhalten nicht immer zu 100% erfüllen. Dieser Zielkonflikt war Gegenstand vieler unserer Gespräche.

Lieber Herr Weber, Ihr ehrliches Interesse am gegenseitigen Austausch, Ihren großen Erfahrungsschatz und Ihre konstruktive Kritik schätze ich außerordentlich. Ich freue mich sehr darauf unseren Dialog auch in Zukunft fortzuführen.

Mark Frese
Chief Financial Officer | METRO GROUP

Spontane Assoziationen und mich beeinflussende Facetten – Eine ganz persönliche Sicht auf Jürgen Weber nicht nur vom Büro gegenüber

Rolf Uwe Fülbier

Meine erste Assoziation, wenn ich an Jürgen Weber denke, ist immer eine emotionale: Was für ein angenehmer Mensch! Damit ignoriere ich weder seine immense Forschungsleistung, auf die ich noch zu sprechen komme. Noch verneine ich, dass Jürgen Weber auch Durchsetzungsfähigkeit und machtpolitisches Talent besitzt. Dennoch habe ich selten einen Kollegen erlebt, der so geerdet und unprätentiös wirkt, der sich selbst zurücknimmt, der eher leise spricht und ausreden lässt, obwohl er wirklich etwas zu sagen hat, dessen Mimik und Gestik immer eine positive Freundlichkeit ausstrahlen, der nach wie vor bereit und in der Lage ist, sich und seinen Standpunkt zu hinterfragen, der noch lernen möchte und neugierig ist, der nie behauptet, alles zu wissen, und der deshalb wohltuend undogmatisch argumentiert, und der – eine seltene Gabe in der professoralen Zunft – einfach gut zuhören kann. Ich vermute, einen großen Anteil daran hat auch sein natürliches Korrelat, seine Frau Andrea.

Ich habe Jürgen Weber kennen gelernt, als Mitte der 90er Jahre ein erstes gemeinsames Doktorandenseminar von Jürgen Weber und Bernhard Pellens veranstaltet wurde. Schon damals bin ich konfrontiert worden mit der Weber'schen Persönlichkeit und mit seinem Denken, seiner Suche nach einem Controlling-Verständnis, das damals noch stärker koordinationstheoretisch geprägt war. Ein paar Jahre später übernahm ich einen Lehrauftrag an der WHU, lernte Jürgen Weber aber erst richtig kennen, als ich 2004 an die WHU auf die neu gegründete Professur für Externes Rechnungswesen berufen wurde. Dieser Lehrstuhl war auch ein Anliegen Jürgen Webers, der diesen Bereich seiner Bedeutung entsprechend an der WHU institutionalisieren wollte. Von Jürgen Weber habe ich gelernt, wie wichtig das *people business* ist und wie ernst man an Universitäten Berufungen und Besetzungen nehmen sollte. Auch aus der heutigen Perspektive, aus der Sicht einer Fakultät hier in Bayreuth, die sich viel Mühe bei der Berufung neuer Kolleginnen und Kollegen gibt, war sein Engagement damals dennoch ungewöhnlich: Jürgen Weber reiste im Vorfeld der Ausschreibung durch die Republik und schaute sich die potenziellen Kandidaten an. So kam es, dass er auch an der Ruhr-Universität Bochum Station machte und sich lange mit mir unterhielt, bevor ich mich überhaupt auf diese Stelle bewarb.

Meine Jahre an der WHU möchte ich in keiner Weise missen. Ich habe viel gelernt und eine wirklich schöne Zeit dort verbracht. Gelernt habe ich insbesondere auch von Jürgen Weber, als Mensch, als Wissenschaftsmanager und als Forscher. Wir saßen in unseren

Büros gegenüber (natürlich war seins und das seiner Sekretärinnen (!) weit größer) und so hatten wir oft schöne Gelegenheiten des informellen Austausches. Obwohl unsere Untersuchungsobjekte in der Forschung differierten, waren wir uns in vielen Facetten doch recht nahe. Das begann schon bei der Motivation: Meine akademische Schule war eine spaßgetriebene. Der Antrieb zur Forschung entsteht hier aus dem oft euphorischen Interesse an einem spannenden Problem und aus der Neugier auf den Erkenntnis- und Lösungsprozess. Dies gilt auch für Jürgen Weber. Das heutige universitäre Umfeld mag diese Ur-Motivation eines Forschers nicht unbedingt befördern, da es hier immer stärker um bloße Veröffentlichungschancen, Ranking-Punkte oder eingeworbene Drittmittel geht. Dennoch hat Jürgen Weber mit viel Spaß und Kreativität „sein" Untersuchungsobjekt, das Controlling-Verständnis von vielen Seiten analysiert und damit, so bin ich überzeugt, entscheidend geprägt. Nur ein Beispiel, das für mich bis heute Vorbildcharakter hat: Während meiner Zeit an der WHU fuhr Jürgen Weber höchstselbst durch Deutschland und führte stundenlange Interviews mit den Top-Controllern deutscher DAX-Unternehmen, um ein Bild praktischer Controllerarbeit in diesen Unternehmen zeichnen und die deutsche Controllinglandschaft (noch) besser verstehen zu können. Auch weil sich diese Gesprächspartner einem Jürgen Weber gegenüber öffneten, schleppte er originäres und wahrscheinlich ungemein wertvolles Datenmaterial in Hülle und Fülle nach Hause. Ihm machte das Spaß, er war neugierig auf diese Gespräche. Abgesehen davon, dass der Aufwand dafür unglaublich war – vom späteren Transkriptionsaufwand seiner kongenialen Sekretariats-Crew ganz zu schweigen –, hat er es in Kauf genommen, dass das hochspannende Ergebnis „nur" qualitativ empirischer Natur war und in der heute „Journal-hysterischen" Umgebung „nur" monographisch zu verwerten war. Mehr noch, er hat seine Forschungsergebnisse selbstbewusst in die Community getragen und ein tolles, auch in der FAZ besprochenes Buch veröffentlicht. Ich bin mir allerdings nicht sicher, ob er hierbei über allen Befindlichkeiten stand (frei nach dem Motto: „Was stört es die deutsche Eiche, wenn die Sau sich an ihr kratzt"). In seiner sehr erfolgreichen Rolle an der WHU als Wissenschaftsmanager hat er schließlich eine Rolle eingenommen, die nicht einer gewissen Ambivalenz entbehrte, weil sie doch das eigene, jahrzehntelange und höchst erfolgreiche Forscherwirken in Teilen relativierte: Seine zumindest positiv duldende Rolle bei der Übertragung anglo-amerikanischer (Beurteilungs-)Mechanismen auf „seine" WHU. Wahrscheinlich hatte der Wissenschaftsmanager die Zeichen der Zeit erkannt. Er hatte verstanden, dass eine erfolgreiche private Business School nach internationalen Wettbewerbsregeln funktionieren muss, auch wenn Teilaspekte dieser anderen Systemzusammenhängen entlehnten Regeln Friktionen bei ihm als Forscher verursachen. So ist er – wie ich und viele andere auch – wahrscheinlich hin- und hergerissen bei der Frage, was wirklich gute wissenschaftliche Forschung in einer anwendungsorientierten Disziplin ausmacht. Wie gesagt, Dogmatismus ist nicht sein Ding.

Jürgen Weber steht neben der eher grundlegenden Forschung zum Controlling auch für einen starken Praxistransfer. Das lebt er nicht nur als Kenner, Kooperationspartner und Berater der Praxis, sondern auch als breit aufgestellter Forscher. Er verkörpert damit eine traditionelle Stärke (keine Schwäche, wie manche heute denken!) des deutschen Universitätssystems, die hier viele akademische Schulen, auch die meinige, geprägt hat: Das Generalistentum. Nicht nur der Spagat zwischen guter Lehre, relevanter Forschung, engagierter Selbstverwaltung und in vielerlei Hinsicht bereichernder Praxiskooperation prägt dieses Bild. Auch die Forschung spannt einen Bogen von der Theorie und Empirie zur Praxisimplikation. Er ist dabei eher geleitet von dem zu lösenden Problem, dessen Relevanz, nicht so sehr von der jeweiligen Mode bei den Methoden oder der effizienten Mehrfachnutzung bereits vorhandener Daten. Er verschließt sich auch nicht kategorisch einer normativen Herangehensweise und vermag einem Manager in der Praxis noch den Sinn der eigenen Forschungsprojekte in wenigen Sätzen zu erklären. Naturgemäß entstehen bei einem Generalisten Wettbewerbsnachteile in den Einzelfeldern gegenüber den jeweiligen Spezialisten. Diese dürften sich auf aggregierter Ebene indes relativieren, bei der Betrachtung der Gesamtpersönlichkeit in ihrem eigenen Selbstverständnis und Wohlbefinden, aber auch im Hinblick auf ihre Rolle in einer Fakultät bei in Deutschland vergleichsweise geringerer Kopfzahl wirtschaftswissenschaftlicher Professoren und im notwendigen Umgang mit den vielen, unterschiedlichen *Stakeholdern* einer Universität.

Jürgen Weber hat auch Spaß an dem Ur-Ding eines Forschers: Am Schreiben. Trotz eines komplett dichten Terminplans (da war er mal kein Vorbild für mich), schaffte er es mit eiserner Disziplin (da war er wiederum großes Vorbild), morgens sehr früh aufzustehen und regelmäßig einige Stunden in Ruhe zu schreiben. Nur so ist sein auch quantitativ immenses Werk zu begreifen. Nebenbei joggte er noch über Distanzen, die mich damals wie heute vor Neid erblassen lassen. Ich könnte fortfahren in den vielen mich beeinflussenden Facetten des Jürgen Weber, will es aber angesichts der Platzvorgabe nicht übertreiben. Es bleibt zum Abschluss das Wichtigste: Lieber Jürgen, bleib wie Du bist! Ich wünsche Dir alles Gute, weiterhin viel Schaffenskraft und Energie, viel Gesundheit und, vor allem, mehr Zeit als bisher, um gemeinsam mit Andrea noch mehr Spaß und Muße für andere, außeruniversitäre Dinge zu haben.

Prof. Dr. Rolf Uwe Fülbier
Lehrstuhl für Internationale Rechnungslegung | Universität Bayreuth

Wissenschaft inspiriert Praxis

Siegfried Gänßlen

Lieber Jürgen,

wir haben uns bei einem der jährlich stattfindenden Controller Congresse des Internationalen Controller Vereins (ICV) in München nicht nur kennen – sondern über die Jahre auch fachlich sowie persönlich schätzen gelernt. Dabei sind wir heute nicht nur über den ICV eng verbunden, sondern auch über Hansgrohe durch viele gemeinsame Projekte, Studien, Interviews und daraus resultierende Veröffentlichungen. Diese zahlreichen Begegnungen waren für mich – für Dich hoffentlich ebenso – immer sehr lehr- und erfolgreich.

Seit 2008 lenkst Du die Geschicke des ICV als Vorsitzender des Kuratoriums mit, dessen Mitglied Du bereits seit 2004 bist. Du stellst Dich in diesem Gremium immer wieder den Herausforderungen und gehst diese auch sehr zielstrebig an, ohne locker zu lassen.

Du bist ein charmanter Unterhalter, der es versteht Kontakte zu knüpfen und diese auch zu pflegen. Dank dieser Eigenschaften und Deines Engagements ist es gelungen, den ICV auch in der internationalen Controller Community stärker zu etablieren und voranzubringen.

Dabei ist es Deiner Leidenschaft für Genauigkeit zu verdanken, dass die durch den ICV verfassten Beiträge inzwischen auch wissenschaftlichen Ansprüchen genügen, ja fast A-Journal-tauglich sind. Neben der stetigen wissenschaftlichen Begleitung hast Du insbesondere dazu beigetragen, das deutsche Rollenverständnis des Controllers als Business Partner auch international zu stärken und weiter zu verbreiten.

Auch bei Hansgrohe wurde dieses Rollenverständnis über die Jahre aufgebaut und weiterentwickelt. Anfangs lag der Schwerpunkt der Controllertätigkeit auf der Schaffung von Informationstransparenz. Der Controller wurde als Zahlenlieferant verstanden, der eine hohe IT-Affinität besitzen musste. Heute nimmt der Controller bei Hansgrohe eine bedeutende Stellung ein. Er arbeitet eng mit dem Management zusammen, entwickelt Geschäftsprozesse weiter, betreut strategische Projekte und übernimmt in den Tochtergesellschaften und Fachabteilungen die kaufmännische Leitung. Um dieser Aufgabe gerecht zu werden, muss er eine Reihe von Fähigkeiten besitzen, die auch Du in Deinen Veröffentlichungen zu den verhaltenswissenschaftlichen Aspekten des Controlling immer wieder betont und herausgearbeitet hast. In Deinem Beitrag „Der Wandel der Controller – Eine rollentheoretische Betrachtung am Beispiel der Hansgrohe AG" stellst Du klar heraus, dass jedoch nicht nur besondere Fähigkeiten notwendig sind, sondern vor allem ein gemeinsames Verständnis des Rollenempfängers und des Rollensenders die Basis für eine erfolgreiche Zusammenarbeit bilden. Es muss im Unternehmen klar etabliert sein, was das Controlling zu leisten vermag und was das Management von diesem erwarten kann. Beide müssen eine gemeinsame Sprache sprechen, sonst kann es zu Rollenkonflikten kommen. Dabei muss das Controlling als interner Dienstleister im Unternehmen sich klar an den Anforderungen des Managements orientieren. Die Reflexion dieser Zusammenhänge hilft auch bei der Umsetzung und Optimierung der eigenen Prozesse.

Durch Dein Gespür für Schwachstellen hast Du es immer wieder geschafft, diese treffsicher aufzudecken und daraus Optimierungspotential abzuleiten, so auch in der 2009 u.a. bei Hansgrohe durchgeführten Studie „Best Practice Controlling". Das spornt an und führt zu Höchstleistungen.

Lieber Jürgen,
für die Zukunft wünsche ich Dir noch viele erfolgreiche Jahre an der WHU, eine weiterhin gute Zusammenarbeit im Rahmen des ICV mit vielen spannenden Projekten, alles verbunden mit Glück und vor allem einer großen Portion Gesundheit.

Mit besten Grüßen

Siggi

Siegfried Gänßlen
Vorstandsvorsitzender | Hansgrohe SE

Einer der prägt

Lukas Goretzki

Erste indirekte Berührungspunkte mit Jürgen Weber bzw. seinen Arbeiten hatte ich – wie viele – bereits im Rahmen meines Studiums. Auch wenn ich damals nicht in den Genuss kam, eine seiner Vorlesungen zu besuchen, so stellte seine besondere Sichtweise auf das Controlling eine zentrale Basis meiner Ausbildung dar und prägte von Anfang an mein Verständnis. Schon damals faszinierte mich seine weitsichtige und in vielen Punkten nahezu philosophisch anmutende Perspektive auf das Phänomen Controlling. An dieser Stelle sollte ich wohl zugeben, dass mir Jürgen Webers Ansatz auch insofern sehr entgegen kam, als dass er mir erlaubte, mich intensiv mit Controlling-Themen zu beschäftigen, ohne einen Taschenrechner hervorholen zu müssen. Meine Begeisterung für das Controlling und insbesondere für den an der WHU vertretenen Controlling-Ansatz führte letztlich dazu, dass ich es wagte, eine Bewerbung für eine Promotionsstelle in Richtung Vallendar zu schicken. Obwohl ich es für ein utopisches Unterfangen hielt und mir keine Chancen einrechnete, konnte ich mich letztendlich glücklich schätzen, am Institut für Management und Controlling (IMC) vorsprechen und schließlich promovieren zu dürfen. Bereits beim Bewerbungsgespräch, bei dem ich Jürgen Weber zum ersten Mal persönlich treffen durfte, faszinierte mich seine „professorale Aura" und die Ruhe, die er ausstrahlte. Auch später hatte ich stets den Eindruck, dass immer dann, wenn Jürgen Weber im Raum war, nichts schief gehen konnte. In Diskussionen über die Dissertation gab er mir immer das Gefühl, dass – egal wie groß der zu überwindende Berg auch zu sein schien – am Ende des Tages alles gut werden würde.

Eine weitere Eigenschaft, die Jürgen Weber aus meiner Sicht auszeichnet und die sich zugleich positiv auf seine Mitmenschen auswirkt, ist sein Wissenshunger und seine Offenheit für neue Fragestellungen und Perspektiven. Diese Eigenschaften werden unterstützt – vielleicht sogar ermöglicht – von seiner schnellen Auffassungsgabe. Diese ist mir bereits bei meinem ersten Forschungsgruppentreffen am IMC aufgefallen. Das Treffen fand in einem für die Gruppengröße eigentlich viel zu kleinen Seminarraum statt und so saß Jürgen Weber eng umzingelt von einer Horde fragender Doktoranden, die sich mit den unterschiedlichsten Themen rund um die Controllership beschäftigten. Obwohl manch eine(r) in einer solchen Situation überfordert wäre, meistert er die thematische, methodische und teilweise auch methodologische Heterogenität seiner Doktorandenschar auf beeindruckende Weise und schafft es stets, sich in Sekundenschnelle in die jeweilige Thematik hineinzudenken, die richtigen Fragen zu stellen und die passenden Kommentare zu platzieren. Dies tut er nicht alleinig aus seinem ausgeprägten Verantwortungsbewusstsein als Betreuer heraus, sondern weil ihn die Themen persönlich interessieren. Jürgen Weber ist ein – im positiven Sinne – neugieriger und begeisterungsfähiger Mensch, der es genießt, sich mit den unterschiedlichsten Themen zu beschäftigen, bis dato noch unergründete Wege zu gehen und dabei selbst noch etwas zu lernen. Diese Freude an neuen Themen fördert er auch bei seinen Doktoranden und lässt diesen bei der Themenfindung daher ausreichend Raum zur Selbstverwirklichung. So hat er auch mir stets den notwendigen Raum gelassen, genau die Themen zu bearbeiten, die mich persönlich faszinierten. Auch als ich die sogenannte „alternative Controlling-Forschung" für mich entdeckte und dieser letztlich hemmungslos verfiel, hat er nicht versucht, mich in funktionalistische oder ökonomisch geprägte Denkmuster zu drängen. Vielmehr gab er mir in Diskussionen immer die Möglichkeit, meine eigenen Interpretationen kritisch zu hinterfragen und forderte mich heraus, meine Argumentationen zu schärfen. Als mein Doktorvater nahm Jürgen Weber also konsequenterweise genau die Rolle eindrucksvoll ein, die er ursprünglich für „seine" Controller geschrieben hat, nämlich die des kritischen Counterparts.

Für seine Bereitschaft zur Zusammenarbeit sowie die Möglichkeit, mich im Rahmen meiner Dissertation und später als Postdoc am IMC verwirklichen zu dürfen, bin ich Jürgen Weber zu tiefstem Dank verpflichtet. Getreu der Redewendung „In Dir muss brennen, was Du in anderen entzünden willst", hat er in mir die Freude am Forschen geweckt und gefördert. Zudem hat er mir durch seine zahlreichen Aktivitäten in der Controlling-Community deutlich gemacht, dass die Wissenschaft die Praxis braucht und umgekehrt. Die gemeinsame Zeit mit ihm hat mich geprägt.

Dr. Lukas Goretzki
Assistant Professor, Institut für Organisation & Lernen | Universität Innsbruck
Promotion bei Prof. Dr. Dr. h.c. Weber 2012
Titel: *Theorising Management Accountants' Roles and Practices – A Case Study in a German Manufacturing Firm*

Festgedanken

Martin Grothe

Ich muss an Hofnarren denken,
an alten Wein in neuen Schläuchen.

An prägende Bilder,
ausreichend wenige.

Mit solchen Mustern haben wir gelernt, das Wesentliche wunderbar einzufangen, zugleich zu hinterfragen und weiter zu gehen. Haben gelernt, dass die Forschung an sich – wie auch Controlling höchstselbst – sehr ernste Sachen sind, aber so ernst nun auch wieder nicht.

Wir haben anfangen dürfen mit dem Pärchen aus Bildung und Kopplung und seitdem eigentlich nie aufgehört.

Und dafür möchte ich Ihnen, lieber Jürgen Weber,
ganz

feste danken.

Prof. Dr. Martin Grothe
Geschäftsführer und Mustersucher | complexium GmbH
Promotion bei Prof. Dr. D. h.c. Jürgen Weber 1996
Titel: *Ordnung als betriebswirtschaftliches Phänomen*

Verbindung von Controllingtheorie und Controllingpraxis

Bernhard Günther

Was mir spontan bei Jürgen Weber als herausstechende Eigenschaft einfällt, ist seine Gabe, sich neben exzellenter wissenschaftlicher Arbeit immer um den Bezug zum praktischen Controller-Alltag in Unternehmen und anderen Institutionen zu bemühen. Über Jürgen Webers wissenschaftliche Leistungen können andere, qualifiziertere Autoren dieses Schriftstücks sicherlich besser schreiben. Daher möchte ich vor allem Jürgen Webers Erfolge bei der Vermittlung von Erkenntnissen und Erfahrungen zwischen Theorie und Praxis des Controllings würdigen.

Ich hatte meinen ersten direkten Kontakt zu ihm während meiner Zeit als Leiter des Konzerncontrollings bei RWE in den Jahren 2005 und 2006.

Jürgen Weber ging zu dieser Zeit schon ein Ruf als einer der bekanntesten Controlling-Professoren Deutschlands voraus. Was mich jedoch in den ersten Treffen mit ihm im Rahmen des CCM (Center for Controlling & Management) überraschte, war seine starke Praxisorientierung. Hier legte er immer großen Wert darauf, aktuelle Forschungsarbeit auch der kritischen Diskussion mit Praktikern aus den Controllingbereichen großer Unternehmen auszusetzen. Umgekehrt fragte er bei uns Praktikern auch immer wieder nach Anregungen, welche theoretischen oder konzeptionellen Themen uns in unserer Arbeit besonders bewegen würden. Er verfolgt dabei ein Leitbild, welches nicht überall gelebt wird: Die Theorie profitiert davon, dass sie sich an den Erfahrungswerten der Praxis messen lassen muss. Umgekehrt profitiert die praktische Controllingtätigkeit von konzeptionellen neuen Erkenntnissen und einem theoretischen Überbau, der als Referenzrahmen für ihr Wirken dienen kann.

Bei all den wichtigen inhaltlichen Beiträgen zum Zusammenführen von Theorie und Praxis kommt Jürgen Weber sicherlich seine persönliche Art entgegen. In einer nüchternen, aber dennoch hoch engagierten Art wird er sowohl der Sprache und Erfahrungswelt des Praktikers als auch dem akademischen Anspruch gerecht.

Für mich als Controller waren meine zwei aktiven Jahre im CCM jedenfalls eine sehr anregende Zeit, die auch meine weitere Laufbahn durchaus positiv geprägt hat. Damit scheine ich, wenn man sich die Lebensläufe ehemaliger CCM'ler anschaut, durchaus nicht alleine zu stehen. Offensichtlich haben viele, die als Controllingleiter im CCM mitgewirkt haben, in der Folgezeit erfolgreich den Schritt zum CFO von großen deutschen Unternehmen vollzogen. Auch das ist sicherlich ein wichtiger empirischer Qualitätsbeweis für die Arbeit von Jürgen Weber.

Abschließend wünsche ich Jürgen Weber für die weitere Zukunft sowohl an der WHU als auch in anderen Aktivitäten alles Gute. Ich freue mich, in meiner neuen Rolle als Praxisbeirat des IMC zusammen mit anderen Kollegen aus der „Controller-Community“ und „CCM-Alumni“ weiter den Kontakt zu ihm zu halten.

Dr. Bernhard Günther
Mitglied des Vorstandes / CFO | RWE AG

Rationalitätssicherung in Willensbildung und -durchsetzung

Bernd-O. Heine

Die Zeit am Lehrstuhl von Jürgen Weber war in vielerlei Hinsicht eine sehr prägende. Sie war ein wichtiger eigenständiger Ausbildungsschritt und gleichzeitig eine tolle Erfahrung innerhalb eines großartigen Teams. Vieles davon ist direkt und einiges Weitere indirekt Jürgen Weber zu verdanken. Zwei wesentliche Elemente möchte ich stellvertretend herausgreifen: (1) Das Konzept der Rationalitätssicherung in Willensbildung und –durchsetzung (als ein Teilbereich seines Controllingverständnisses) sowie (2) sein Ansatz zur Führung des Lehrstuhlteams.

Das Konzept der Rationalitätssicherung ausgehend von potenziellen Defiziten in Können und Wollen der handelnden Akteure hat sich über die Jahre als überaus relevant für meinen beruflichen Alltag herausgestellt. Im Kontrast zu den anderen Controllingkonzeptionen führt es nicht nur zu neuen, tiefen theoretischen Einsichten, sondern ist auch als „Heuristik" im Beratungsalltag überaus relevant. Hier sehe ich ein erklärtes Ziel von Jürgen Weber als erreicht an: Das Schlagen einer Brücke zwischen Theorie und Praxis.

Willensbildung und –durchsetzung sind dabei in meinem beruflichen Alltag besonders relevant, insbesondere bei der Unterstützung von strategischen Entscheidungen und deren Umsetzung. Jürgen Weber hat immer besonders betont, dass es in der Willensbildung auf die richtige Balance zwischen Intuition und Reflexion ankommt – eine gute Vorbereitung auf einen Berufsalltag, der mitgeprägt ist von der Herstellung einer ausreichenden analytischen Faktenbasis sowie der Hilfe bei der Priorisierung der wenigen wesentlichen Themen aus der Fülle vorhandener Ansatzpunkte. Die Geschwindigkeit, die dem Management auch bei besonders folgenschweren Entscheidungen abverlangt wird, macht es besonders attraktiv, auf die Intuition zu vertrauen. In einem konkreten Fall wurde bereits aufwendig über Fragen des Brandings eines Produktes diskutiert, noch bevor dessen grundsätzliche Attraktivität überhaupt mit einer Faktenbasis unterlegt worden war. Dabei helfen zu können, in einer solchen Situation den Fokus auf die grundsätzliche Frage der Attraktivität des „Business Case" zu verlagern, war eine ganz praktische Anwendung von Jürgen Webers Leitlinien.

Als ähnlich einsichtsreich hat sich Jürgen Webers Auseinandersetzung mit den verschiedenen Nutzungsarten von Informationen herausgestellt. Neben der direkt zweckbezogenen „instrumentellen" Nutzung spielt dabei die „konzeptionelle" Nutzung eine große Rolle. Vor diesem Hintergrund können z. B. Anreizsysteme in einem anderen Licht erscheinen. Instrumentell betrachtet haben sie die Steuerung des Verhaltens zum Ziel („what gets measured, gets managed/done"). In der Praxis macht es die Komplexität typischer Managementaufgaben allerdings oft schwer, die gehaltsrelevanten Ziele so festzusetzen, dass keine Fehlanreize entstehen. Mit ist dabei noch gut ein Fall im Gedächtnis, wo ein Manager eines im Aufbau befindlichen Off-Shore-Produktionsstandortes die Einstellung von 1.000 Mitarbeitern in seiner Zielvereinbarung hatte. Trotz erheblicher Unterauslastung stellte er weiterhin Mitarbeiter ein, was zu einem noch größeren Auslastungsproblem und steigender Fluktuation führte.

Eine mögliche alternative Gestaltung macht sich die von Jürgen Weber vertretene Differenzierung der Nutzungsarten zu Nutze: Beibehaltung von detaillierten KPI- und Anreizsystemen, jedoch Festlegung der Zielerreichung nicht (allein) nach einer starren Formel, sondern mit „Augenmaß". Der geringeren „instrumentellen" Präzision steht dabei der „konzeptionelle" Vorteil gegenüber, dass das weniger komplexe KPI- und Anreizsystem besser als sehr direkter und wirkungsvoller Kommunikationskanal zu den wesentlichen Prioritäten und Zielen des Unternehmens beitragen kann (z. B. schneller Aufbau der Off-Shore-Kapazitäten) und gleichzeitig die Gefahr von deutlichen Fehlsteuerungen („beat the system") reduziert wird.

Die Abgrenzung der Willensbildung von der Willensdurchsetzung, wie Jürgen Weber sie seiner Konzeption zu Grunde gelegt hat, gibt meiner Erfahrung nach ebenfalls eine sehr gute Orientierung. Es ist kein „inkrementeller" Schritt im Anschluss an die Willensbildung, sondern erfordert ein ganz eigenständiges Vorgehen. Das gilt für die Rationalitätssicherung ebenso wie für den Einsatz von Unternehmensberatern. Ein Indiz dafür sind die Verwerfungen, die auftreten, wenn strategische Empfehlungen im Zusammenspiel von abweichenden Prioritäten/Partikularinteressen, Einzelpersonen, politischen Gemengelagen und regulatorischen Rahmenbedingungen umgesetzt werden sollen. Die praktische Relevanz der dritten Informationsnutzungsart „symbolische Nutzung" („there are good reasons, and there are real reasons"; neben instrumenteller und konzeptioneller Nutzung) unterstreicht das exemplarisch.

Die Einsichten aus der Zeit am Lehrstuhl von Jürgen Weber beschränken sich aber nicht auf das Akademische. Auch seine Art den Lehrstuhl zu führen war außerordentlich lehrreich – und gleichzeitig ein wesentlicher Grund, warum ich mich bei ihm sehr wohlgefühlt habe. So war es großartig zu erleben, wie er jedem Mitglied des Lehrstuhlteams mit besonderem Wohlwollen begegnet ist und den Fokus auf die individuellen Stärken gelegt hat, um die dazu passenden Einsatzfelder festzulegen. Anschließend räumte er jedem maximale Freiheiten und Entfaltungsspielräume ein. Zusammen mit der obligatorischen Sorgfalt bei der Auswahl neuer Mitarbeiter legte er so die Grundlagen für die großen Leistungen einzelner Teams und des Lehrstuhls/Instituts insgesamt – sowie für viele schöne Erinnerungen und entstandene Freundschaften!

Ich danke Jürgen Weber auch auf diesem Wege sehr herzlich für die hervorragende Ausbildung und die gute Zeit, die ich an seinem Lehrstuhl verbringen durfte! Gleichzeitig wünsche ich ihm und dem gesamten Institut für Management und Controlling weiterhin viel Erfolg!

Dr. Bernd-O. Heine
Manager | Bain & Company
Promotion bei Prof. Dr. D. h.c. Jürgen Weber 2006
Titel: *Konzeptionelle Nutzung von Controllinginformationen*

Fachliche Breite und der Widerstand gegen ostmärkische Einflüsse – Warum es wichtig ist, sich auf Personen und Institutionen verlassen zu können

Armin Heinzl

Wahrscheinlich wurde über die Gründungsphase an der WHU bereits alles gesagt. Wann die WHU gegründet wurde, welche Lehrstühle zuerst besetzt wurden, wann Jürgen Weber an die WHU kam und welche Assistenten mit von der Partie waren. Falls nicht, darf sich der Leser dieser Festschrift umgehend bei Andreas Kosmider oder Ludwig Bertsch beschweren.

Nun, ich erblickte Anfang 1985 zum ersten Mal das Licht an der WHU – als wissenschaftliche Hilfskraft von Wolfgang König. Jürgen Weber begegnete ich nur wenig später, unmittelbar nach seiner Berufung an die Grundschule auf der Karthause. Akademisch gab es sogar gemeinsame Wurzeln. Hatte ich – wie mein Studienfreund Ludwig Bertsch – bei Paul Riebel in Frankfurt studiert, war Jürgen Weber dessen akademischer Enkel. Von Kuppelproduktion sowie Einzelkosten- und Deckungsbeitragsrechnung wusste ich einiges, von Controlling wenig. Das sollte nicht ohne Folgen bleiben.

Nach meinem Studium an der Universität Frankfurt nahm ich eine Assistentenstelle am Lehrstuhl für Wirtschaftsinformatik und Informationsmanagement an. Wolfgang König wurde nach einer Panikattacke von Sönke Albers unerwartet Rektor. Zusammen mit den anderen Assistentenkollegen durften wir den Aufbau des Königlichen Lehrstuhls weitgehend alleine durchführen. Interessanterweise hatte der Riebel-Enkel eine hohe Affinität zu IT-Themen (damals hieß das DV-Themen; DV = Datenverarbeitung). So konnte er der IHK-Koblenz ein großes Projekt über den „DV-Einsatz im Mittelstand" abringen. Dabei ging es um die Einführung von Mikrocomputern im Mittelstand. Ich hatte das große Vergnügen Projekte und DV-Audits bei Firmen wie Wolf Gartengeräte, Westerwälder Eisenwerke, Rhodius Mineralquellen oder Kelch mit oder ohne Ludwig Bertsch durchzuführen. Von diesen DV-Audits sollte ich später noch viel zehren dürfen. Das aufgebaute Wissen wurde in einen Leitfaden zur Einführung von Mikrocomputern im Mittelstand gegossen, der heute noch im Gesamtpublikationsverzeichnis von Jürgen Weber aufgeführt ist und immer noch bei SpringerLink für 24,95 € bezogen werden kann. Das Printformat war DIN A7, damit die Broschüre in die Sakkotasche mittelständischer Unternehmer passte.

So und mit anderen Projekten verging die Assistentenzeit und ich entschied mich nach Abgabe meiner Dissertationsschrift, eines meiner beiden Rigorosen bei Jürgen Weber zu absolvieren. Leider wurde mir erst während der Prüfung die konzeptionelle Reichweite dieses Hochschullehrers und die Omnipotenz des Fachs Controlling klar. Allerdings hatte das keine so gute Auswirkung auf die Prüfungsnote. Wie auch immer: mit den Bewertungen in der Dissertationsschrift, dem Rigorosum bei Horst Albach sowie der festgestellten Leistung in der Disputation konnte ich diese Form der Varianz noch einmal verringern.

Kurz nach meiner Promotion kam der „wind of change". Wolfgang König ging nach Frankfurt zurück, um beruflich wie privat in Hessen verortet zu sein. Parallel dazu ging Jürgen Weber als neuer Rektor auf mich zu und bot mir an, an der WHU zu bleiben: kommissarische Vertretung des Lehrstuhls für Wirtschaftsinformatik und Informationsmanagement bis zu seiner Wiederbesetzung sowie die Betreuung meiner Habilitation an der Schnittstelle von Wirtschaftsinformatik und Management. Die Controlling-Konzeption von Jürgen Weber war seinerzeit zu einer umfassenden Managementlehre erweitert worden.

Die daraus resultierende Entscheidung sollte eine der folgenreicheren meines und Jürgen Webers Werdegangs werden. In jedem Fall konnte ich dem Angebot nicht widerstehen. Zu attraktiv war das Umfeld, das mir geboten wurde. Begünstigt wurde diese Entscheidung durch ein hohes Maß an Vertrauen und Wertschätzung gegenüber Jürgen Weber. Die bisher erfolgreiche Zusammenarbeit hatte das ihrige dazu getan.

So blieb ich zwischen 1991 und 1995 an der WHU, um die besagte kommissarische Vertretung des Lehrstuhls zu übernehmen. Mit Ralf Setzer, Josef Görgens und Renate Fuchs hielten wir das Angebot im Fach aufrecht und mutierten aufgrund der wissenschaftlichen Anbindung zu Jürgen Weber zur wirtschaftsinformatischen Außenstelle des Lehrstuhls für Controlling. Es wurde viel gelehrt und geforscht. Mit den alternativen Organisationskonzepten der betrieblichen Datenverarbeitung konnte die gemeinsame thematische Schnittstelle untermauert werden und man begann, einen Nachfolger für Wolfgang König zu suchen. Nachdem Jörg Becker den Ruf ablehnte, erlag die Kommission dem Charme eines jungen austriakischen Kollegen. Allein Hans Bauer verwies im Vorfeld auf mögliche Implikationen einer phänomenologischen Wirtschaftsinformatik.

Leider wurde er nicht erhört. Der Ruf ging in die Ostmark und es brach für Jürgen Weber und mich ein neuer Abschnitt unserer Zusammenarbeit an. Der neue Kollege von Jürgen Weber versuchte fortan, meine wissenschaftliche Anbindung an ihn zu erodieren. Je länger er sich in Vallendar wähnte, desto größer wurden die Spannungen. Über die eigentlichen Gründe möchte ich mich an dieser Stelle nicht äußern, doch der vermeintliche Höhepunkt wurde 1993 erreicht, als ich nach der Rückkehr von einem Forschungsaufenthalt in Berkeley feststellen musste, dass mein Büro geräumt und alle Unterlagen samt PC in einer öffentlich zugänglichen Putzkammer gelagert wurden.

Adolf Friedrich Jacob, der zwischenzeitlich Jürgen Weber als Rektor ablöste, gab insofern Geleitschutz, indem er mich organisatorisch aus dem Lehrstuhl für Wirtschaftsinformatik und Informationsmanagement herauslöste. So war die Überlegung, dass ich mein Habilitationsvorhaben bei Jürgen Weber, dessen Thema aus vielen gemeinsamen Gesprächen entwickelt wurde, fernab in Berkeley und weitgehend ohne ostmärkischen Einfluss weiterentwickeln könne. So die Theorie. Die Praxis war jedoch anders. Als mich meine damalige Freundin und heutige Ehefrau darüber informierte, dass sie in unserer Wohnung unangemeldeten Besuch aus der Ostmark bekommen hatte, war es endgültig Schluss mit lustig.

Ich erwog den Abbruch meines Habilitationsprojektes und der Entsagung meines Traumberufs. Doch vor allem die ungebrochene Unterstützung von Jürgen Weber war Grund genug, die Flinte in den Händen zu behalten. Auch Freund Ludwig Bertsch wusste aus Zürich fernmündliche Durchhalteparolen zu formulieren.

Gegenüber von meinem Arbeitszimmer in Berkeley stand ein Auto, das dem eines jungen Hochschullehrers aus Österreich entsprach. Dies gab mir ungeahnte Kräfte für weitere Nachtschichten. Doch wie sollte die Annahme der Habilitationsschrift, bei der *alle* Fakultätsmitglieder zustimmen müssen, in dieser Situation gelingen? Wolfgang König war es, der den Satz prägte „erratische Phänomene könne man nicht rational betrachten; sie würden sich oftmals auch erratisch auflösen". Wie recht er hatte. Als mich im Jahr 1994 ein Anruf von Dirk Unkelbach aus Vallendar ereilte, dass die neu gegründete private Fachhochschule Krems an der Donau einen neuen Kanzler berufen hatte, konnte ich den blauen Himmel Kaliforniens bei reicher Arbeit endlich wieder genießen.

Ich legte Jürgen Weber am 23. Dezember 1994 eine Rohfassung meiner Arbeit unter den Weihnachtsbaum, durfte diese noch zweimal nachfeilen, bevor ich nach Ostern 1995 offiziell zum Habilitationsverfahren zugelassen wurde. Im August erfolgte die Habilitation, im Oktober folgte der Ruf aus Bayreuth, dem ich bis zu meinem Weggang nach Mannheim im Jahr 2002 gefolgt war.

Was hat das mit Jürgen Weber zu tun? Sehr viel! Jeder der ihn kennt weiß, dass er ein herzensguter und von Grund auf anständiger Mensch ist. Streiten und offene Konflikte austragen gehört weniger zu seinen bevorzugten Leidenschaften. Es wäre das Einfachste, ja wahrscheinlich sogar das Vernünftigste gewesen, des kollegialen Friedens wegen eine Figur auf dem Schachbrett zu opfern. Insofern war ich zutiefst beeindruckt, dass Jürgen Weber nachdrücklich, andauernd und mit offenem Visier zu kämpfen bereit war. Ohne seine unumwundene fachliche wie persönliche Unterstützung würde ich jetzt nicht an meinem Schreibtisch sitzen und diesen Beitrag verfassen. Aber gerade diese Haltung ist es, die Institutionen zum erfolgreichen Wachsen und Gedeihen brauchen. Schließlich sind Wachstum und Gedeih der WHU untrennbar mit dem von Jürgen Weber verbunden. Eben darum war es wichtig, sich auf ihn immer verlassen zu können.

Prof. Dr. Armin Heinzl
Lehrstuhl für ABWL und Wirtschaftsinformatik | Universität Mannheim
Habilitation bei Prof. Dr. Dr. h.c. Jürgen Weber 1995
Titel: *Die Evolution der betrieblichen Datenverarbeitung – eine lebenszyklustheoretische Analyse*

Unersetzlich: Jürgen Weber

Andreas Herzog

Wir schreiben das Jahr 2023, doch die Fehlinvestition hatte ihren Ursprung im Jahr 2013. Einige enthusiastische Mitarbeiter und ehemalige Mitarbeiter Jürgen Webers wollten nicht weniger, als die gesammelte Lehre Jürgen Webers als App passgenau für den praktischen Einsatz zur Verfügung zu stellen. Nachdem das IMC eines der ersten Institute mit einer eigenen Smartphone-App war, so die Meinung des Teams, bedarf eine technologische und multimediale Führungsrolle in Zukunft eines weiteren Quantensprungs.

Die Vision des wissenschaftlichen Nachwuchses klang bestechend. „JW in the cloud", eine auch auf mobilen Geräten nutzbare Applikation, stellt Controllinginformationen kontextabhängig und passgenau zur Verfügung. Dazu analysiert die App automatisch Dokumente auf den Endgeräten des Käufers der App und, bei entsprechenden Berechtigungen, seiner gesamten Organisation. Ist beispielsweise aktuell von Organisationsthemen und Controlling die Rede, stellt die App nach inhaltlicher Detailanalyse besonders relevante Studien und Forschungsergebnisse automatisiert und mit Metainformationen kommentiert zur Verfügung. Ist eine Tabellenkalkulation z.B. mit einer Vollkostenkalkulation geöffnet, stellt die App automatisch die relevanten Hintergrundinformationen zum Stand der Forschung in Kostenrechnung, Bilanzierung und Verhaltenswissenschaften bereit. Der Nutzer kann alternative Berechnungsvorschläge und Varianten auswählen und anzeigen lassen, einschließlich der jeweils einschlägigen Prämissen und typischen, auch psychologischen Konsequenzen aus Sicht der Rationalitätssicherung.

„JW in the cloud" erlaubt eine Rationalitätssicherung auch durch die Analyse von Kommunikationsstrukturen und –inhalten in allen elektronisch zugänglichen Kanälen und stellt auf dieser Basis Hypothesen zur Analyse der Beziehungen, Konflikte, Motive, Effizienzen etc. auf. Bestätigt der Nutzer eine Hypothese der App tentativ, so präsentiert die App eine Auswahl typischer, bekannter Lösungsmöglichkeiten und Mechanismen für ähnliche Situationen. Detaillierte Erläuterungen und Exkurse verdeutlichen zugrundeliegende Modelle (z.B. mikroökonomische Erklärungen oder Erkenntnisse der Verhaltens- und Kognitionsforschung). Konkrete Empfehlungen auf Basis der anwendbaren Modelle komplettieren den unmittelbaren Nutzen von „JW in the cloud".

Über die Jahre trägt der Enthusiasmus des wissenschaftlichen Nachwuchses für „JW in the cloud" Früchte, die Vision wird umgesetzt und die Technik funktioniert im Jahr 2023 endlich. Der Veröffentlichung folgen enthusiastische Reaktionen der Alumni: Alles relevante Wissen für eine bestimmte controllingrelevante Situation ist griffbereit, intelligente Analysen zum jeweils bearbeiteten Thema werden automatisch bereitgestellt – es ist fast so, als hätte man tatsächlich Jürgen Weber höchstselbst stets als persönlichen Ratgeber für all die großen und kleinen Themen zur Stelle, denen man als Controller und Manager im Alltag begegnet. Das „Selberdenken" hat man zwar gelernt – aber wie ein Navigationsgerät auch dem Ortskundigen das Fahren erleichtert, zieht man „JW in the cloud" doch immer gern zu Rate.

Tolle Technik, brillante Inhalte – und dennoch holt die harte Realität unsere junge, enthusiastische Gruppe der Entwickler der App „JW in the cloud" schon bald nach Veröffentlichung wieder ein – unsere Utopie erweist sich, wie eingangs erwähnt, als Fehlinvestition. Doch wie kann das sein, noch dazu in einer fiktiven Geschichte zu Ehren Jürgen Webers?

Weitere Marktforschung bringt das Ergebnis: „JW in the cloud" ist vor allem für diejenigen voll nutzbar, die „ihn" auch persönlich erlebt haben. Anderen, die nur das eine oder andere Buch Jürgen Webers gelesen haben, fehlt der unmittelbare Zugang zu vielen dargestellten Inhalten – der fehlende Wiedererkennungseffekt macht die Nutzung dann anstrengend, im Alltag schläft die Nutzung rasch ein.

Und noch etwas wird den App-Entwicklern klar. Sie waren davon ausgegangen, dass man die Lehre von der Person trennen könne. Die Frage „Was würde Jürgen Weber zu meinem konkreten betriebswirtschaftlichen Thema sagen, wie würde er es in seiner konzeptionellen Welt lösen" war für sie – wie für die begeisterten Nutzer unter den Ehemaligen – keine rein inhaltliche, die sie mit den von der App präsentierten Verweisen, Erläuterungen und Modellen allein klären konnten. Letztlich waren Fragestellungen und Antworten gedanklich immer auch mit der Person Jürgen Webers verbunden. Das Lesen eines Modells oder einer Theorie im Rahmen der App „JW in the cloud" rief, so ergeben es weitere Befragungen, häufig auch das gedankliche Bild des dozierenden und erklärenden Jürgen Webers hervor – selbst wenn er gar nicht direkt zitiert wird. Der Funke der Begeisterung für das Thema, die Überzeugung, dass nichts so praktisch ist wie eine gute Theorie – all das lässt sich mit „JW in the cloud" erfolgreich in Erinnerung rufen – aber nur, wenn man auch Jürgen Weber persönlich kennen und schätzen gelernt hat.

„JW in the cloud" wurde so leider ein wirtschaftlicher Fehlschlag, aber ein voller menschlicher Erfolg: Eindrucksvoll zeigt sich, dass Jürgen Weber seine ganze Persönlichkeit und Begeisterung in seine Lehre einbringt. Seine „reine Lehre" ist schon gut. Sie wird aber wirkungsverstärkt vor allem für diejenigen nutzbar, die ihn auch persönlich schätzen und kennengelernt haben. Jürgen Weber wird auch in Zukunft persönlich und live benötigt. Eine App kann ihn nicht ersetzen, selbst in der Lehre nicht - und schon gar nicht in der Forschung. Ad multos annos!

Dr. Andreas Herzog
Vorstand | HyHelp AG
Promotion bei Prof. Dr. D. h.c. Jürgen Weber 1998
Titel: *Gestaltung der Controllership*

Allgemeine Betriebswirtschaftslehre

Bernhard Hirsch

Tempus fugit!

Kaum zu glauben, Jürgen Weber wird 60 Jahre! Seit 27 Jahren ist er inzwischen Inhaber des Lehrstuhls für Controlling an seiner WHU, von Beginn an gilt er als einer der deutschen ‚Controllingpäpste'. Er hat das Fach entscheidend geprägt, durch mehr als 1000 Veröffentlichungen, viele gemeinsam mit seinen zahlreichen Schülern und Doktoranden.

An runden Geburtstagen werden Wünsche formuliert. Auch ich möchte dies tun und dabei Jürgen Weber an eine Idee erinnern, die er bereits zu Beginn unseres gemeinsamen Arbeitens an der WHU (2001 bis 2006) formuliert hat: Ein Lehrbuch für Allgemeine Betriebswirtschaftslehre (ABWL) von Jürgen Weber. Ich will in diesem Beitrag gute Argumente finden, warum jetzt, zum 60. Geburtstag, der richtige Zeitpunkt für Jürgen Weber gekommen ist, das Projekt ABWL zu starten.

Tempora mutantur et nos in illis!

Die Zeiten ändern sich, auch in der Wissenschaft. Doch Jürgen Weber bleibt so, wie er ist. Er kann sich und andere für gute Ideen begeistern, er ist immer noch neugierig und will überzeugen. Vor allem eine ganz besondere Fähigkeit hat ihn in den letzten 30 Jahren seines Wirkens ‚groß' gemacht. Jürgen Weber gelingt es wie kaum einem anderen dort, wo es unübersichtlich ist, Strukturen zu erkennen und Unverbundenes innovativ zu ordnen: Er hat als einer der ersten eine eigene wissenschaftliche Controllingkonzeption formuliert, als das Fach noch im Entstehen war. Sein in dieser Zeit (1988) entstandenes Lehrbuch „Einführung in das Controlling" ist heute ein Standardwerk. Er hat in jungen Jahren als Rektor die Strategie der WHU geprägt und damit die Grundlage für die heutige Wahrnehmung der WHU als eine der führenden europäischen Business Schools geschaffen. Er hat als einer der ersten erkannt, dass sich Wünsche der Unternehmenspraxis nach Orientierung durch die Gründung von gemeinsamen Arbeitskreisen (u. a. das Center for Controlling & Management und den Arbeitskreis Steuerung & Controlling in öffentlichen Institutionen) und einer Unternehmensberatung erfüllen lassen. Nicht zuletzt hat er früh den Modernisierungsbedarf der öffentlichen Verwaltung erkannt und Konzepte zur Umsetzung einer modernen Steuerung vorgestellt.

Jürgen Weber hat sich den neuen Herausforderungen des Wissenschaftsbetriebes gestellt, der vor allem in den letzten zehn Jahren durch eine starke inhaltliche und methodische Spezialisierung der Forschung geprägt war. Auf diese Entwicklung hat er mit der Gründung des gemeinsamen Instituts für Management und Controlling (mit Utz Schäffer) an der WHU, mit der Veranstaltung und dem Besuch internationaler Tagungen und vor allem mit der Publikation von inhaltlich fokussierten Journalbeiträgen reagiert.

Umso mehr bleibt ein Orientierungsbedarf in Wissenschaft und Unternehmenspraxis. Studierende tun sich schwerer denn je damit, die vielfältigen und vielschichtigen Ausprägungen der Betriebswirtschaftslehre zu ordnen und zu begreifen. Wissenschaftler äußern Bedenken, dass Fachkollegen weiter in der Lage sind, ihr Fach in der Lehre vollständig und mit der nötigen Tiefe abzudecken. In der Unternehmenspraxis ist der Berater Jürgen Weber so gefragt wie nie zu vor. Immer mehr öffentliche Institutionen sind bereit, sich einer modernen Steuerung anzunehmen – und auch dort ist Jürgen Webers Expertise gefragt.

Ad multos annos!

Es ist also der richtige Zeitpunkt für eine neue ABWL. Und Jürgen Weber kann sie schreiben! Seine Auffassung von Controlling als ‚Rationalitätssicherung der Führung' weist einen starken Managementbezug auf, die meisten seiner mehr als 1000 Veröffentlichungen gehen über ein enges Controllingverständnis hinaus. Durch seine mehr als 30jährige wissenschaftliche Arbeit, seine unzähligen Projekte und Gespräche mit hochkarätigen Vertretern der Unternehmenspraxis und nicht zuletzt seine Begabung, Muster in ungeordneten Diskussionen zu erkennen, ist er geradezu prädestiniert dafür, ein ABWL-Buch zu schreiben, das Ordnung in die moderne, ausdifferenzierte Betriebswirtschaftslehre bringt. Ich wünsche mir ein Lehrbuch, das die losen Enden des Faches intelligent und intuitiv nachvollziehbar zusammenführt, und das durch leichte Verständlichkeit und praktische Anschaulichkeit besticht. So wie wir es von Jürgen Weber gewohnt sind.

Jürgen Weber hat den Bedarf für ein solches Buch vor mehr als zehn Jahren selbst erkannt. Jetzt, lieber Jürgen, ist der richtige Zeitpunkt da, mit dem Projekt zu starten. Ad multos annos!

Prof. Dr. Bernhard Hirsch
Institut für Controlling, Finanz- und Risikomanagement | Universität der Bundeswehr München
Habilitation bei Prof. Dr. D. h.c. Jürgen Weber 2006
Titel: *Behavioral Controlling – Skizze einer verhaltenswissenschaftlich fundierten Controlling-Konzeption*

Der Hase und der Igel

Andreas Hoffjan

Wer kennt es nicht, das Märchen vom Hasen und dem Igel? Der überhebliche Hase, der sich auf ein Wettrennen mit dem Igel einlässt und dabei den Kürzeren zieht. Für diese unbegreifliche Niederlage fordert er Revanche, aber immer mit dem gleichen Ergebnis: Zweiter Sieger. Dabei bemerkt er nicht, dass ihn faktisch jedes Mal die dem Igel zum Verwechseln ähnelnde Ehefrau besiegt.

Was hat nun die Geschichte der Gebrüder Grimm mit Jürgen Weber zu tun? Nehmen wir dazu die Perspektive des Hasen ein. Wofür steht der Hase? Er tritt immer wieder gegen denselben Konkurrenten an. Das Ergebnis ist jedes Mal ernüchternd. Der Igel ist schon längst da, egal wie man sich anstrengt.

Vielleicht geht es einigen der methodisch gut durchtrainierten Angehörigen der jungen Generation von Controlling-Forschern ebenso. Egal was man sich vornimmt, Jürgen Weber ist schon längst dort angekommen.

Zumindest kam es mir in meinem bisherigen akademischen Leben im Controlling immer so vor. Permanent war Jürgen Weber schon längst da, wohin man gerade aufbrechen wollte. Angefangen in den Neunzigern bei meiner ersten akademischen Liebe, dem „Controlling öffentlicher Verwaltungen". Jürgen Weber hatte Ende der Achtziger dieses Thema schon mit zahlreichen Tagungen und Büchern aufgegriffen und die Verwaltungspraxis schon mit modernen Steuerungsansätzen fit gemacht.

In den neunziger Jahren war es in Controlling-Doktorarbeiten noch sehr weit verbreitet, sich konzeptionell mit der Disziplin zu befassen. Ausgangspunkt war dazu sein ZfB-Aufsatz 1990 mit Hans-Ulrich Küpper und André Zünd „Zum Verständnis und Selbstverständnis des Controlling". Aber während man selber noch herumdokterte, hatte Jürgen Weber 1998 schon längst im Rahmen seiner siebten Auflage des Lehrbuchs mit dem rationalitätsorientierten Controllingverständnis den Grundstein für eine Identitätsstiftung im Controlling gelegt.

Während meiner Habilitationszeit hat sich dann auch im Controlling der Forschungsansatz langsam verändert. Statt weiterhin konzeptionell zu arbeiten, richtete man sich methodisch stärker an den angelsächsischen Zeitschriften aus. In dieser Zeit hat Jürgen Weber die empirische Forschung zum Controlling mit seinem großen Team an der WHU erfolgreich aufgebaut und mit einer Vielzahl von Studien das Forschungsfeld bestellt. Die Ergebnisse sind zentral in sein Lehrbuch „Einführung in das Controlling" eingegangen und bilden damit ein solides, empirisch gestütztes Fundament für die gesamte Disziplin.

Später hatte ich das Glück, eine kurze Zeit als professoraler Kollege am Lehrstuhl für Controlling und Regulierungsökonomik an der WHU arbeiten zu dürfen. In dieser Zeit habe ich erst richtig verstanden, mit welcher Gabe es Jürgen Weber schafft, die deutschsprachige managementorientierte Controlling Community und Praxis um sich zu scharen. Ob Controller-Panel, WHU Campus for Controlling oder Controlling-Competence Center, die wichtigen Plattformen im Controlling hat er aufgebaut. Man könnte auch anders sagen: Was für unsere Führungselite Davos ist, ist für die Controller in Forschung und Praxis Vallendar.

In der Zeit an der WHU habe ich dann auch über die Dissertationsprojekte im Bereich des Comparative Management Accounting und unseren gemeinsamen AC-Band zum Internationalen Controlling besser verstanden, was ihn persönlich so auszeichnet. Bei manchen Autoren, vielleicht auch zuweilen bei mir, rennt man trotz abgestimmter Deadlines den Manuskripten hinterher. Anders bei Jürgen Weber. Er liefert frühzeitig vor dem Termin ab, dies mit seiner gewohnten hervorragenden Qualität, und bittet noch um Verständnis für die vorzeitige Einreichung. Für jeden Schriftleiter oder Herausgeber ein solcher Glücksfall, dass man seinen Augen nicht trauen mag.

Augenblicklich schaue ich als Kollege an der Technischen Universität Dortmund bewundernd zu, wie Jürgen Weber konsequent gemeinsam mit Utz Schäffer die WHU auch international zu einer der führenden Institutionen der Controlling-Forschung weiterentwickelt. Ob sein Lehrbuch in englischer und chinesischer Sprache, die Internationalisierung der wissenschaftlichen Controllertagung zur ACMAR oder auch der Aufbau eines hochkarätigen Netzwerks international führender Controlling-Forscher – es ist faszinierend, wie konsequent er gemeinsam mit seinem Team die Forschung um das Controlling weiterentwickelt.

Für die Zukunft bin ich mir sicher, dass er jetzt schon weitere Pläne für die Controlling Community vorbereitet, auf die ich und möglicherweise auch andere erst kommen, wenn sie die groben Umrisse bereits am Horizont von Vallendar erkennen können. Das wird Jürgen Weber sicherlich auch mit großer Ausdauer und dem langen Atem betreiben, den man bei ihm schon seit vielen Jahren gewohnt ist.

Mit viel Ausdauer hat auch im Märchen der Igel den Hasen gegen sich antreten lassen. Bis dieser dann nach 73 Wettrennen vor lauter Erschöpfung tot zusammenbricht. Spätestens hier aber hören die Parallelen zu Jürgen Weber auf. Für ihn zählt das Miteinander, gemeinsam die Forschung im Controlling und Rechnungswesen voranzutreiben. Für ihn wäre die Beschreibung eines Team- oder Staffellaufes weitaus passender, bei dem man sich gemeinsam für einen guten Zweck und nicht wie im Märchen für eine Flasche Branntwein auf den Weg macht. So wie ich Jürgen Weber kennengelernt habe, würde er im Zweifelsfall gemeinsam mit seinem Team den Hasen tragen, damit dieser auch ans Ziel kommt.

Prof. Dr. Andreas Hoffjan
Lehrstuhl Unternehmensrechnung und Controlling | Technische Universität Dortmund

Erinnerungen an eine Promotion in der „neuen Welt“

Martin Holzhacker

Im Gegensatz zu den vermutlich meisten partizipierenden Autoren dieser Festschrift habe ich nur einen fast schon unbedeutend klein anmutenden Anteil der bisherigen Schaffenszeit von Prof. Weber aktiv miterleben dürfen. Dies ist wesentlich dem Umstand geschuldet, dass ich meine im Juni 2009 aufgenommene Promotion am Institut für Management und Controlling (IMC) an der WHU vor kurzem im November 2012 abgeschlossen habe. Ich habe einmal genauer nachgezählt, und demnach müsste ich – wenn ich richtig gerechnet habe – der hundertneununddreißigste „Weber-Schüler“ gewesen sein, den Prof. Weber in seiner universitären Laufbahn betreut und schließlich habilitiert bzw. promoviert hat. Vor dem Hintergrund dieser beeindruckenden Zahl scheint es nicht nur eine ehrenvolle, sondern auch eine herausfordernde Aufgabe zu sein, einen lesenswerten Beitrag zu dieser Festschrift beizusteuern, die vermutlich mit einer Großzahl lehrreicher, bemerkenswerter und unterhaltsamer Anekdoten aus mehreren Jahrzehnten der Weber-Schule gespickt ist. Nichtsdestotrotz möchte ich hier einen Versuch wagen. Schließlich war die Zeit, in der ich meine Promotion am IMC aufgenommen habe, ein aufregendes Kapitel des Umbruchs an dem von Prof. Weber und Prof. Schäffer gemeinsam geleiteten IMC. Es galt das Gebot der Stunde, sich zunehmend an der „neuen Welt“ der internationalen Management Accounting-Forschung zu orientieren.

Mit diesem neuen Gebot verbunden war auch eine gewisse positive Spannung, die durch die Ausrichtung auf Toppublikationen einerseits unter Beibehaltung von Transfertätigkeiten andererseits entstand. Unter der Leitung von Prof. Weber nahm ich im Rahmen meiner Institutstätigkeit als wissenschaftlicher Angestellter an verschiedenen Forschungsprojekten und Transfertätigkeiten teil, die „im Feld“ stattfanden, d. h. in Interaktion mit Controllern und Managern, etwa in dem dem IMC angegliederten Center für Controlling & Management (CCM). Als Universitätsabsolvent habe ich in dieser Zeit unglaublich viel darüber gelernt, wie die betriebliche Praxis in der Realität aussieht – oder auch eben nicht aussieht! Es ist für mich bis heute noch faszinierend, beobachten zu dürfen, wie gut Prof. Weber die Belange und Ansprüche, die Manager und Controller an die Wissenschaft stellen, erkennen kann. Ich vermute, dass dies auf seine bemerkenswert ausgeprägte Intuition dafür zurückzuführen ist, welche Forschungsfragen aus Praktikersicht spannend sind. Controllerrollen, Benchmarkinginformationen über den Controllerbereich, neue Aufgabengebiete des Controllers („Bindestrich-Controlling“) waren einige Beispiele der Forschungsinteressen, für die sich nicht nur Prof. Weber immer besonders interessierte, sondern die auch von Controllern in leitenden Positionen stark nachgefragt worden sind. Auch die Notwendigkeit, Praktikern eine Plattform zum Austausch zu bieten, schien mir stets eine seiner höchsten Prioritäten zu sein. Seine Tätigkeiten in diversen Arbeitskreisen sowohl im privatwirtschaftlichen und öffentlichen Bereich als auch in Controllerverbänden sind Ausdruck eines beeindruckenden „Impacts“. Wenngleich ich mir für meine eigene wissenschaftliche Karriere vermutlich wenig Hoffnung machen kann, auch nur annähernd einen so weitreichenden Beitrag zur Weiterentwicklung der Controllingpraxis zu leisten, so bleibt mir doch Prof. Webers Engagement und Anerkennung in der Praktiker-Community ein großes Leitbild für meine leider noch zu seltene Interaktion und Kooperation mit Praktikern in meiner eigenen Forschungstätigkeit.

Aus dieser Perspektive heraus erkläre ich mir auch, dass unter der Leitung von Prof. Weber am IMC, zumindest in meiner aktiven Zeit, viele Forschungsprojekte „im Feld“ betrieben worden sind, also etwa im Rahmen von qualitativen (aber auch quantitativen) Feldstudien oder Surveystudien. In diesen Forschungsmethoden kommen schließlich primär die tatsächlichen Entscheidungsträger „zu Wort“. Die Vielfalt der sich entwickelnden theoretischen Perspektiven in der „neuen Welt“ des Instituts bleibt mir hier in Erinnerung – von psychologischen über soziologische hin zu ökonomisch-basierten Arbeiten hat Prof. Weber allein in meiner aktiven Zeit am IMC eine Reihe betreut und promoviert. Aus meiner Sicht spricht das für eine ideologische Unvoreingenommenheit, die bei einer angewandten sozialwissenschaftlichen Disziplin wie der Controllingforschung wünschenswert, jedoch in der heutigen Forschungslandschaft so nicht unbedingt immer gegeben ist.

Meine Dissertation ist in diesem Zusammenhang ein passendes Beispiel. Auf der Suche nach einer spannenden Fragestellung für mein Promotionsvorhaben stieß ich damals in internationalen Accounting-Journalen auf das Phänomen der „Kostenremanenz“. Für ein solches Dissertationsvorhaben ließ sich Prof. Weber gerne überzeugen, schließlich war und ist er „Kostenrechner durch und durch“. In der Folge konnte ich im Rahmen meines ersten Forschungsprojektes empirisch die Auswirkungen der Vergütungsform der Krankenhausfinanzierung auf die Kostenstrukturen deutscher Krankenhäuser untersuchen. Der Idee mittels unternehmensinterner Archivdaten den Einfluss von Regulierung auf eine Controllingpraktik aus einer ökonomischen Perspektive zu beleuchten, erschien ein ungewöhnlicher Ansatz im damaligen Kontext des Instituts, aber auch in der Forschungslandschaft des deutschen Controllings. Nichtdestotrotz konnte ich mich in meiner Dissertationszeit immer auf Prof. Webers Unterstützung verlassen, wofür ich ihm noch heute sehr dankbar bin. Dieser Schaffensfreiheit habe ich es auch zu verdanken, dass ich meine persönlichen Forschungsinteressen und -neigungen erkennen konnte und diesen schließlich heute auch noch nachgehen kann.

Eine Festschrift ist eine willkommene Gelegenheit, um inne zu halten und über das Gewesene zu reflektieren. Das ist zwar gut so, aber viel spannender ist doch eigentlich der Blick in die Zukunft! An dieser Stelle bin ich sehr zuversichtlich, denn so wie ich ihn kennenlernen durfte, hat Prof. Weber noch zu viele spannende Projekte vor Augen, als dass er einen zweifelsohne wohlverdienten Ruhestand in Erwägung ziehen könnte. Stattdessen freue ich mich auf die vielen kommenden alljährlichen „Homecomings“ an der WHU und darauf, in vielen weiteren Jahren gemeinsamer Forschungsprojekte weiter von seiner Erfahrung lernen zu dürfen.

Dr. Martin Holzhacker
Assistant Professor | Rotterdam School of Management (RSM), Erasmus University, Rotterdam, Niederlande
Promotion bei Prof. Dr. Dr. h.c Weber 2012
Titel: *Yardstick Competition and Managerial Accounting Practice: Evidence from Social Security Service Providers"*

Drei Geschichten über Jürgen Weber

Jochen Holzwarth

An Lehrstühlen werden akademische Laufbahnen begründet; meine endete dort. Im Juni 1990 kam ich mit dem Ziel der Promotion an den Lehrstuhl von Jürgen Weber und hatte eine Habilitation fest im Blick. Doch als die Dissertation fertig war, entwickelte sich aus einzelnen Beratungs- und Trainingsprojekten rasch CTcon. Meine akademischen Interessen wichen den unternehmerischen. Immerhin war die WHU noch in Sichtweite – wir mieteten für CTcon ein Büro gegenüber am Burgplatz. Mein Lehr-Interesse konnte ich nun an Führungskräften ausüben und gelegentlich fielen mir auch Studenten in die Hände.

Vielen Dank, liebe Jennifer Kunz und lieber Stefan Linder, dass Ihr Euch in Eurem Beitrag zu diesem Buch immer noch an meine Schokoküsse zur Veranschaulichung der Kalkulationsverfahren erinnert. Und da ich mir schon denken konnte, dass Ihr nicht nur nach Wissen hungert, hatte ich die Anschauungsobjekte gleich mitgebracht.

Gerne möchte ich anhand dreier Lehrstuhl-Geschichten zeigen, warum Jürgen Weber neben seiner Fachkompetenz insbesondere aufgrund seiner menschlichen Eigenschaften sehr geschätzt wird.

Die erste Geschichte über Jürgen Weber spielt im Frühjahr 1991. In einem Doktorandenkolloquium präsentieren neben den Lehrstuhlmitarbeitern auch einige externe Doktoranden ihre Arbeiten. Jürgen Weber eröffnet den Lehrstuhlmitarbeitern in der Nachbesprechung, er wolle die Zahl der externen Doktoranden reduzieren und vor allem die Damen und Herren, die offensichtlich nicht richtig vorankommen, dazu bewegen, entweder mehr Zeit zu investieren oder das Vorhaben aufzugeben. Er setzt ihnen aber nicht einfach einen Termin, sondern bittet die Lehrstuhlmitarbeiter, denjenigen externen Doktoranden, deren bisherige Bemühungen er als erfolgsträchtig einschätzt, unter die Arme zu greifen: „Würden Sie bitte mithelfen, die Gedanken zu strukturieren, die wesentlichen Punkte zu entwickeln und die verzichtbaren wegzulassen?“ Nach wenigen Monaten sind einige Langzeitdissertationen glücklich vollendet. Den anderen Langzeitdoktoranden, die gar nicht richtig angefangen hatten, ermöglicht er in persönlichen Gesprächen, gesichtswahrend ihren Status zu ändern und Freunde des Lehrstuhls zu bleiben.

Für die zweite Geschichte sind wir im Januar 1992. Ich habe meine Dissertation nach eigener Einschätzung schon weit entwickelt. Der restliche zeitliche Ablauf ist eng geplant: Rasch alles im Doktoranden-Kolloquium absegnen lassen, dann fertig schreiben, abgeben, Zweitkorrektur, Rigorosum, fertig. Doch dann trifft mein Plan im Doktoranden-Kolloquium auf die Realität meiner Kollegen: „Was ist das denn für eine komische Methodik?“, „Wo sind eigentlich Deine Erkenntnisse?“, „Das soll eine Dissertation sein?“

Ziemlich zerknittert, in Erwartung einer schlaflosen Nacht anstelle einer baldigen Promotion, frage ich Jürgen Weber, wie es weitergehen kann. Dann kommt die Antwort, die ich immer in Erinnerung behalten werde: „Wir treffen uns morgen früh um 7:30 Uhr in meinem Büro, dann haben wir eine Stunde Zeit." In dieser Stunde sortiert Jürgen Weber in seiner optimistischen und lösungsorientierten Art den Trümmerhaufen, der eine Dissertation werden sollte, und zeigt, an welchen Punkten ich nachlegen muss. Acht Wochen später ist die Arbeit fertig, mein geschätzter Doktorvater liest sie über das Wochenende (!) und gibt sie montags mit wenigen Hinweisen zum Nacharbeiten zurück. Der Rest läuft nach Plan.

Die dritte Geschichte spielt im Frühjahr 1995. Jürgen Weber bietet mir die Vorlesung zur Einführung in die Kostenrechnung an. Voller Vertrauen in meine Fähigkeiten übergibt er mir seine Unterlagen. „Machen Sie mal, Sie werden es schon können." Da ich sein Beispiel zu den Kalkulationsverfahren im Lehrbuch erst bei dem dritten Lesen verstehe, ersetze ich es durch das eingangs erwähnte Beispiel mit den Schokoküssen. Und Jürgen Weber, stets offen für neue Ideen und für konstruktive Kritik, nimmt die Schokoküsse ab der nächsten Auflage in sein Lehrbuch auf. (So bleiben die Schokoküsse nicht nur an den Zähnen kleben, liebe Jennifer und lieber Stefan.)

Dr. Jochen Holzwarth
Partner und Geschäftsführer | CTcon GmbH
Promotion bei Prof. Dr. Dr. h.c. Jürgen Weber im Jahr 1992
Titel: *Strategische Kostenrechnung?*

Vom Grenzplankostenrechner zum Rationalitätssicherer

Péter Horváth

Jürgen Weber ist seit gut dreißig Jahren Anreger, Kritiker und Diskussionspartner für mich.

Mit Fug und Recht kann ich behaupten, dass er aus meinem wissenschaftlichen und beruflichen Leben nicht wegzudenken ist. Jürgen Weber ist der lebenslange Sparringspartner für mich! Warum? Weil ich direkt oder indirekt – trotz mancher Auffassungsunterschiede – immer wieder von seinem lebenslangen Lernprozess vom Grenzplankostenrechner zum Rationalitätssicherer partizipieren konnte. Seine hervorstechendste Eigenschaft für mich ist seine ständige Bereitschaft zu lernen und sich weiterzuentwickeln. Seine Kreativität dabei hat in den Jahren nicht abgenommen.

Meine erste Begegnung mit ihm war „literarisch". Ich besitze ein Exemplar der zweiten Ausgabe des Klassikers von Siegfried Hummel und Wolfgang Männel aus dem Jahr 1981. Im zweiten Band („Moderne Verfahren und Systeme") wird im Vorwort der Dank der Autoren u. a. auch für den wissenschaftlichen Mitarbeiter Jürgen Weber für die „sorgfältige Mitarbeit" ausgesprochen.

Leider kann ich es nicht genau datieren, wann ich Jürgen Weber persönlich kennengelernt habe. Es war wohl irgendwann Anfang der achtziger Jahre. Da gab es am Lehrstuhl von Wolfgang Männel in Nürnberg einen jungen Mitarbeiter, der in der damaligen Zeitschrift „Kostenrechnungspraxis" als absoluter Befürworter der Grenzplankostenrechnung feurige Beiträge gegen die Vollkostenrechnung verfasste. Als gelegentlicher Autor dieser Zeitschrift habe ich ihn dann später als strengen Redakteur wahrgenommen. Hart in der Sache, liebenswürdig und verbindlich im persönlichen Umgang.

Die Entwicklung der Zeitschrift „Kostenrechnungspraxis", deren Herausgeberschaft später Jürgen Weber übernahm, ist ein gutes Beispiel für die Weber'sche Dynamik. Aus einer Zeitschrift für Kostenrechnung ist eine angesehene Zeitschrift für Controller und Manager geworden. Wir erleben gerade ihre Wandlung zu einem Controlling & Management Review.

Im Laufe der Jahre – wir sind uns da immer wieder begegnet – hat sich für mich herausgestellt, dass wir verwandte Seelen sind. Wir beide haben den Quantensprung von der Kostenrechnung zum Controlling vollzogen. Wir sehen beide die Betriebswirtschaftslehre als anwendungsorientierte Wissenschaft. Wir sind beide auch in der Praxis beratend tätig. Im Internationalen Controllerverein sind wir beide aktiv. Gegenwärtig sind wir beide in der „Ideenwerkstatt" des Internationalen Controllervereins in direktem Kontakt. Ich als (Co-)Leiter, Weber als kritischer Rationalitätssicherer des Kernteams.

Ein weiteres „Highlight" der Parallelität: Wir haben gleichzeitig in 2006 die Ehrendoktorwürde der European Business School erhalten.

1986 übernahm Jürgen Weber den Controlling-Lehrstuhl an der WHU. Bereits 1988 erschien die 1. Auflage seiner „Einführung in das Controlling"; ähnlich wie mein Lehrbuch auf dem Koordinationsansatz des Controllings basierend. Mit der 7. Auflage (1997) kam die für mich überraschende Wende: „Controlling als Rationalitätssicherung der Führung". Weber scheut es nicht, den Koordinationsansatz nunmehr als eine Art jugendliche Verfehlung anzusehen. Ich will an dieser Stelle keine Grundsatzdiskussion mit dem Jubilar anzetteln, aber hier sehe ich die Dinge weiterhin etwas anders. Gerade dies ist das Reizvolle und Anregende bei Jürgen Weber. Er stößt zum Weiterdenken an. Ich bin schon sehr gespannt, was er noch im Köcher hat.

Ich wünsche dem lieben Kollegen noch viele innovative Ideen. Er soll mir noch lange als Sparringspartner erhalten bleiben – auch auf die Gefahr hin, dass ich zwischendurch mal wieder von ihm eins auf die Nase bekomme.

Prof. Dr. Dr. h.c. mult. Péter Horváth
Emeritierter Ordinarius für Allgemeine Betriebswirtschaftslehre und Controlling | Universität Stuttgart

Zum Zeitbezug wissenschaftlichen Arbeitens – Ein Rückblick auf den gemeinsamen akademischen Start

Werner Hug

Denkschulen – Ankommen im akademischen Betrieb: Als Jürgen Weber 1978 – aus Göttingen kommend – zum Lehrstuhl Männel stieß, traf er auf offene, diskussionsfreudige und wissbegierige Kollegen unterschiedlichster Denkschulen und Lerntraditionen: Frankfurt (Riebel, Hax), Bochum (Chmielewicz, Laßmann, Schneider), Dortmund (Männel, Reichmann). Wir verstanden uns sofort, denn Jürgen Weber bereicherte und inspirierte unser Team von Beginn an. Unter den Kollegen herrschte eine kooperative, vom gegenseitigen Respekt und Miteinander geprägte Atmosphäre und die vor Jahren geknüpften freundschaftlichen Bande halten bis heute.

Industriebetriebslehre – eine Basis wird gelegt: Übungen in den Grundlagenfächern Produktionstheorie und Fertigungswirtschaft waren für uns Assistenten täglich Brot. Im Hauptstudium betreute jeder von uns einen Schwerpunkt, Jürgen Weber die Veranstaltungen zur Kostenrechnung. Hinzu kam die Mitarbeit bei den Buchprojekten *Kostenrechnung* (Hummel/Männel) und *Eigenfertigung und Fremdbezug* (Männel). Jürgen Weber übernahm zudem schon bald die Schriftführung der Zeitschrift *krp: kostenrechnungspraxis*[1]. Der offene und kollegiale Gedankenaustausch zwischen uns allen sorgte für ein sehr facettenreiches ökonomisches Grundlagenwissen. Eine gute Basis für die – sich damals noch nicht abzeichnende – Controllingorientierung, die wir später beide einschlugen, Jürgen Weber in Forschung und Lehre, ich zunächst in der Industrie und später dann ebenfalls in der Lehre.

Kostenrechnung – Entwicklung einer akademischen Streitkultur: Beherrschendes Thema am Lehrstuhl Männel war die Auseinandersetzung um das „richtige“ Kostenrechnungssystem. Die einschlägigen Veröffentlichungen von Riebel und Kilger waren für uns Pflichtlektüre und wer die *Wirklichkeitsnahe Kostenerfassung* (Hummel) nicht gelesen hatte, konnte nicht mitreden. – In den gemeinsamen Doktoranden-Seminaren Männel/Reichmann trugen wir die Kontroversen um Vollkosten- und Deckungsbeitragsrechnung in all ihren Facetten sehr heftig aus. Oft ging es dabei allerdings nur um ein normatives „Richtig“ oder „Falsch“: Eine akademische Streitkultur sieht anders aus! In dieser Situation entstand unsere erste gemeinsame Veröffentlichung *Zum Zeitbezug der Grundrechnung im ent-*

1 Die krp war die Vorgängerin der Zeitschrift für Controlling & Management (oder: Controlling & Management Review), deren Herausgeber Jürgen Weber heute ist.

scheidungsorientierten Rechnungswesen[2], in deren Mittelpunkt die Frage des Erfassens und Ausweises bestimmter entscheidungsrelevanter Prädikatsmerkmale – z. B. Bindungsfristen kostenmächtiger Potentialfaktoren – in einer Grundrechnung stand. Jürgen Weber, schnell und hoch effizient, war die ständig treibende Kraft bei dieser Arbeit. Selbstverständlich atmete unser Beitrag den Geist Riebel/Männel. Noch waren wir nicht so weit, das Unbehagen des Schwarz-Weiß zu artikulieren. In den frühen 90er Jahren setzte sich Jürgen Weber dann intensiv mit der Weiterentwicklung der Kostenrechnung auseinander und ich lernte den pragmatisch sinnvollen Umgang mit Voll- und Teilkosteninformationen in der kurzfristigen Erfolgsrechnung sehr schnell in der Industrie. Immer wieder tauschten wir unsere Einsichten und Erfahrungen miteinander aus: Fruchtbare Diskussionen, die uns auch heute noch viel Vergnügen bereiten.

Forschungskonzeptionen und ihre Bedeutung für die akademischen Wegmarken: Die am Lehrstuhl Männel vorherrschende Forschungskonzeption war eher deskriptiv normativ denn empirisch forschend. Die Mehrzahl der Promotionsthemen entsprach diesem Konzept. Intuitiv verfolgten Jürgen Weber und ich einen ganz anderen Ansatz. Wir wollten raus aus dem Elfenbeinturm, wir wollten empirisch arbeiten. Dabei kam uns der Zufall zu Hilfe: Massive Mensapreiserhöhungen führten zu heftigen Protesten der Studierenden und eine Senatskommission „Mensaorganisation und -kalkulation" sollte der Sache auf den Grund gehen. Zunächst übernahm ich die wissenschaftliche Begleitung dieses Projektes. Doch ein attraktives Forschungsprojekt in der Stahlindustrie lockte mich viel mehr. Nun nahm sich Jürgen Weber des Themas an, packte es aber – ganz charakteristisch für den Wissenschaftler Weber – grundlegender an: Welche Ziele verfolgen öffentliche Unternehmen? Wie kann Rechnungswesen diese diversen Zielsetzungen unterstützen? Hartnäckig, akribisch, systematisch und engagiert – so wie ihn viele seiner Promovenden und Kollegen in all den Jahren seines Forschens kennen und schätzen gelernt haben – machte er sich an die Arbeit und legte nach kurzer Zeit (1983) seine Dissertation *Zielorientiertes Rechnungswesen öffentlicher Unternehmen – dargestellt am Beispiel von Studentenwerken* vor. Wirft man retrospektiv einen Blick in die Arbeit, erkennt man deutlich die Konturen eines zukunftweisenden Controllingkonzepts. Allerdings, das Stichwort *Controlling* sowie einschlägige Quellenverweise zum Controlling (z. B. Horváth und Deyhle[3]) sucht man in der Arbeit vergeblich. Controlling stand nicht im Fokus des Lehrstuhls Männel, doch Jürgen Weber spürte, dass man die Enge der „reinen" Kostenrechnungslehre sprengen musste.

Logistikkostenrechnung – Der Weg zur Habilitation: Als zu Beginn der 80er Jahre die Logistik in den Fokus der Forschung geriet, blieb das nicht ohne Konsequenzen für unsere Arbeit. Im Kontext des 1980 eingerichteten Sonderforschungsbereichs *Materialflusssysteme* kam es zu ersten Kontakten mit der Industrie, die die Frage stellte, ob und wie sich Logistikprojekte rechnen. Neue Wege mussten beschritten werden. Mit dem klassischen innerbe-

2 Hug, W. / Weber, J. (1980): Zum Zeitbezug der Grundrechnung im entscheidungsorientierten Rechnungswesen, in: krp – Kostenrechnungspraxis, S. 81-92.

3 A. Deyhle veröffentlichte sein ‚Controller-Handbuch' erstmals 1974, P. Horvàth das Standardwerk ‚Controlling' 1979.

trieblichen Rechnungswesen ließ sich die Frage nicht beantworten. Weg von der Erfassung von Kosten einzelner Kostenstellen, hin zur Zuordnung, Erfassung und Auswertung von Kosten unternehmensübergreifender Querschnittsfunktionen. Ein Industrieforschungsprojekt, das Jürgen Weber gerade recht kam, der – soeben promoviert – nach einem anspruchsvollen Habilitationsthema Ausschau hielt.

Die Anfänge dieses Projektes durfte ich noch miterleben. Das in der Automobilindustrie gesammelte und in vielen Expertengesprächen erhobene Material wurde hands-on gesichtet, ausgewertet, geordnet und strukturiert. Unser gemeinsames Büro wurde zur Controller-Werkstatt umfunktioniert – Albrecht Deyhle, den wir zu der Zeit noch gar nicht kannten, hätte seine wahre Freude daran gehabt: Flip-Chart um Flip-Chart wurde beschrieben, Ergebnisse festgehalten und diskutiert, neue Fragen aufgeworfen, das Projekt vorangetrieben. Mehr und mehr wurde im Rahmen dieser Forschungsarbeit deutlich, dass eine rein kostenrechnerische Herangehensweise der aufgeworfenen Fragestellung nicht gerecht werden konnte. Leistungs- und Performance-Informationen mussten zusätzlich bereitgestellt werden, um die Anforderungen eines *Logistik- und Supply Chain Controlling* zu erfüllen. Auch wenn die aus der Arbeit resultierende Habilitationsschrift *Logistikkostenrechnung. Kosten-, Leistungs- und Erlösinformationen zur erfolgreichen Steuerung der Logistik* heißt, legte Jürgen Weber hiermit den nächsten Markstein zum Controlling moderner Prägung.

Auch nach 35 Jahren Forschertätigkeit ist die unvoreingenommene Neugierde, der Wissensdurst Jürgen Webers ungebrochen. Die kooperative, vom gegenseitigen Respekt und Miteinander geprägte Atmosphäre prägt nach wie vor das Klima, in dem außerordentliche Leistungen abgerufen werden können. Dies schätzen Kollegen und Schüler in gleichem Maße.

Prof. Dr. Werner Hug
Lehrgebiet Einkauf/Controlling, Fachbereich Technische Betriebswirtschaft | FH Südwestfalen,

Gesicht der WHU

Thomas Hutzschenreuter

Mentor. Ich kenne Jürgen Weber persönlich seit dem 09. Februar 2002. Natürlich war mir sein Name schon lange zuvor geläufig. Für jemanden wie mich, der bei Dietger Hahn in Gießen als wissenschaftliche Hilfskraft gearbeitet und Controlling studiert hat, war Jürgen Weber selbstredend ein Begriff. An diesem Tag traf ich ihn als ein Mitglied der Kommission, die mich wenig später zur Berufung an die WHU vorgeschlagen hat. Er stellte nicht sehr viele Fragen, doch diejenigen, die er stellte, zeugten von sehr viel Verständnis und Scharfsinn. Bemerkenswert an Jürgens Frage- und Diskussionsstil war (und ist stets), dass er nie verletzend wirkt, mindestens einen eigenen Gedanken einflicht und sich offen für eine relativ hohe Variationsbreite möglicher Antworten zeigt. Die Berufung ging gut und Jürgen wurde so etwas wie ein Mentor für mich an der WHU. Wie nicht anders zu erwarten (das weiß man selbst oftmals erst hinterher) und von ihm tatsächlich nicht anders erwartet, konnte für mich als 31-jährigen Lehrstuhlinhaber nicht alles glatt gehen. Und so erinnere ich mindestens zwei Situationen, in denen mir Jürgen mit seinem Rat sehr weitergeholfen hat. Ich glaube sogar, dass diese Ratschläge in der betreffenden Lage entscheidend für den weiteren Weg waren. Jürgen war aber in den Anfangsjahren meiner Tätigkeit an der WHU auch so etwas wie ein Türwächter für Ideen. Ich erinnere mich noch sehr gut daran, wie ich die aus meiner Sicht bis heute wichtigste Idee realisieren wollte und wusste, dass ich hierfür die Fakultät und das Rektorat hinter diese Idee bringen musste. Mit wem in der Überzeugungsarbeit beginnen? Ganz klar: Jürgen Weber. Ich lud ihn also zu einem Kaffee ein und trug meine Idee vor. Jürgen stellte ganz harte Fragen. Mir fiel glücklicherweise jeweils eine Antwort ein. Ich bekam sein „go“ und war „on track“. Später wurde mir klar, dass dieses Gespräch entscheidend war, denn ihn überzeugt zu haben, war ein handfestes „asset“. Ich war für die weiteren Gespräche bestens vorbereitet und hatte zudem noch einen ganz starken Fürsprecher – was will man mehr?

Manager. In einer zweiten Rolle begegnete mir Jürgen Weber als langjähriger Prorektor der WHU. Er unterstützte in dieser Funktion drei WHU-Rektoren, die ich selbst erleben durfte. Von ihm sind legendäre Grundsätze wie: „ich stimme niemals gegen meinen Rektor“ formuliert worden. Dies zeigt schon an, dass Jürgen nicht nur Management erfolgreich erforscht und lehrt, sondern auch sehr einfache, aber eben doch grundlegende Prinzipien des Managements für das eigene Ausüben von Verantwortung verinnerlicht hat. Jürgen begegnete mir als idealtypischer Prorektor. Warum solch ein heroisches Prädikat? Ein Prorektor befindet sich typischerweise im Sandwich zwischen Fakultät und Rektor. Er kann seine

Rolle unterschiedlich interpretieren. Zwei Möglichkeiten wären, als Sprachrohr und General des Rektors oder als Anwalt der Fakultät zu agieren. Jürgen hat es immer verstanden, diese beiden Extreme miteinander zu verbinden und situativ eine der beiden Interpretationen in den Vordergrund zu rücken. Dabei geholfen hat ihm definitiv, dass er in der Lage ist, komplexe Sachverhalte ultraschnell zu durchdringen. Er hat ein ausgesprochen gutes Gefühl für Interessen, Emotionen und Situationen. Und er hat einen hocheffizienten Arbeitsstil, der zudem wenig Raum für Qualitätsdefizite und selbst kleinere Unzulänglichkeiten lässt. Dies ist natürlich meine Sicht als Fakultätsmitglied. Ich weiß nicht, wie es von der anderen Seite betrachtet aussieht. Ich habe nur jeweils wahrgenommen, wie dankbar sich seine Rektoren in der Öffentlichkeit über Jürgens Unterstützung gezeigt haben. Und dies schien mir ehrlich gemeint und nicht aufgesetzt gewesen zu sein.

Mitstreiter. Richtig eng zusammengearbeitet habe ich mit Jürgen Weber in unserem Projekt „WHU 2020“, das ich leiten durfte. Hierbei ging es darum, die WHU-Strategie weiterzuentwickeln und zu konkretisieren. So eine intensive Zeit gibt es nur ganz selten. Wir haben miteinander überlegt, diskutiert, gestritten, herzlichst gelacht, geschwiegen, geknetet, gerungen, Formulierungen abgewogen, geschimpft, entwickelt, verworfen und am Ende etwas gefunden, hinter dem wir als gesamtes Projektteam, aber insbesondere als gesamte Fakultät standen. Ich habe noch nie so viel gelernt, wie man inhaltliche Stringenz, klare Struktur, Kommunikationsqualität und emotionale Überzeugung verbinden kann. Einen großen Anteil daran hat Jürgen Weber, der dieses Projekt nicht nur mitinitiiert hat, sondern auch als das gemeinsame Baby angesehen und angenommen hat. Wir haben diesen Projektansatz dann noch drei weitere Male so aufgesetzt und befinden uns jetzt schon wieder in einem Projekt, das nicht einfach, aber für die WHU einigermaßen wichtig erscheint. Immer wieder hat sich gezeigt und zeigt sich, dass es ein echter Gewinn ist, Jürgen im Team und Jürgen als Mitstreiter zu haben.

Ich könnte noch einigermaßen lange fortfahren, da ich Jürgen Weber in einer Reihe weiterer Rollen erlebt habe. Dabei würden sich die Komplimente weiter aneinanderreihen. Jürgen wäre das peinlich; er ist von dem bisher Geschriebenen auch so schon peinlich berührt. Deswegen erspare ich ihm dies. Erlaubt sei mir aber noch ein letzter Satz, der die Antwort auf die Frage ist, was Jürgen Weber für mich ist: Das Gesicht der WHU, wenn man genau hinsieht.

Prof. Dr. Thomas Hutzschenreuter
Lehrstuhl für Betriebswirtschaftslehre, insbes. Unternehmensentwicklung und Corporate Governance
WHU – Otto Beisheim School of Management

Freundschaftlicher konstruktiv kritischer Wegbegleiter beim Aufbau des Fachgebietes Instandhaltungs-Controlling

Dimitrios Kalaitzis

Jürgen Weber lernte ich als studentische Hilfskraft 1981 am Lehrstuhl für Industriebetriebslehre an der Universität Dortmund (LS Prof. Dr. Wolfgang Männel) kennen. Zu dieser Zeit begann er dort seine Tätigkeit als wissenschaftlicher Mitarbeiter.

Dem Ruf von Prof. Männel zur Friedrich-Alexander-Universität Erlangen-Nürnberg folgten wir beide als wissenschaftliche Mitarbeiter von 1982 bis 1985.

Danach hatten wir mehrere Wiedersehen bei Fachtagungen und Seminaren und Gelegenheiten, uns sowohl freundschaftlich als auch fachlich auszutauschen.

Während unserer gemeinsamen Zeit habe ich Jürgen Weber stets freundlich und entgegenkommend erlebt. Immer mit Rat und Tat zur Seite. Es war ihm außerordentlich wichtig, seine Studenten fachlich fundiert zu betreuen, insbesondere in Logistik und Controlling.

Im Rahmen unserer wissenschaftlichen Tätigkeit in Nürnberg waren wir beide mit unterschiedlichen Themen im Lehrbetrieb eingebunden. Jürgen Weber mit dem Thema Controlling und ich mit dem Thema Anlagenwirtschaft, insbesondere Instandhaltung.

Bei mehreren Forschungsprojekten für Industrieunternehmen des Lehrstuhls wurden beide Themenbereiche gemeinsam von uns bearbeitet. Durch viele Analysen, Diskussionen und erarbeitete Konzeptlösungen haben wir ein gemeinsames Verständnis für die Ausgestaltung eines Instandhaltungs-Controllings entwickelt. So wurde u. a. das Grundgerüst eines Budgetierungs- und Planungsprozesses für die Ermittlung eines Instandhaltungsbudgets, die Tiefe der Erfassung von Instandhaltungskosten und die Bereitstellung entscheidungsrelevanter Anlagendaten für die Gestaltung von Instandhaltungsstrategien erarbeitet.

Im Rahmen dieser Forschungsprojekte war Jürgen Weber mir stets ein freundschaftlich verbundener, konstruktiv kritischer Wegbegleiter.

Hierfür und für die schöne Zeit mit ihm und seiner Familie möchte ich mich nochmals bei ihm bedanken und ihm zu seinem 60jährigen Geburtstag vor allen Dingen eine gute Gesundheit und alles Gute wünschen. Sowohl unsere gemeinsamen Familienumzüge als auch die gemeinsamen Abende mit den Familien in Dortmund und Nürnberg werden mir in guter Erinnerung bleiben.

Prof. Dr. Dimitrios Kalaitzis
Professor an der International School of Management in Dortmund
Lehrbeauftragter an der Otto-Friedrich-Universität Bamberg
Geschäftsführender Gesellschafter der Dr. Kalaitzis & Partner GmbH

Brückenbauer zwischen Theorie und Praxis

Karl-Ludwig Kley

Das Digitale Wörterbuch der Deutschen Sprache definiert eine Festschrift als „Sammelband, der aus einem festlichen Anlass zusammengestellt und herausgegeben wird". Die Tradition in der akademischen Welt, besondere Gelegenheiten mit einer besonderen Buchpublikation zu würdigen – und damit der Momentaufnahme des Anlasses Dauerhaftigkeit zu verleihen –, geht auf das 17. Jahrhundert zurück. Aber sind Festschriften heute, zu Beginn des 21. Jahrhunderts, noch zeitgemäß? Sind sie angesichts eines Zeitgeistes, der die Wissenschaft vielfach dazu anhält, keine Bücher, sondern nur noch A-Journalbeiträge zu schreiben, nicht ein Anachronismus? Und wenn ja: Was sollte an ihre Stelle treten? Ein Eintrag bei Wikipedia? Ein Post bei Facebook?

Natürlich haben beide ihren Platz, althergebrachte Publikationsformen ebenso wie neue Mittel der digitalen Welt. Entscheidend für die Wahl des Instruments sind freilich der Inhalt – und nicht zuletzt sein Adressat. Wer Jürgen Weber kennt und weiß, wie er Themen durchdringt, Problemen auf den Grund geht und ganz im Wortsinn nachhaltig arbeitet, vermutet deshalb, dass er sich über eine Festschrift „alter Machart" gefreut hätte. Eine Festschrift, die Raum gibt für die freie Entwicklung von Gedanken, für eine wissenschaftliche Debatte ganz ohne die Beschränkungen des immer stärker reglementierten und sich in Teildisziplinen partikularisierenden akademischen Betriebs. Gerade in einer Zeit, in der Bildung und Wissenschaft große Bedeutung für die ökonomische und damit auch die gesellschaftliche Entwicklung unseres rohstoffarmen Landes besitzen, wäre eine solche Festschrift ein Bekenntnis zur Wissenschaftsidee klassischer Prägung gewesen. Allein: Der Verfasser dieses Beitrages hat sich dem Diktum der Herausgeber zu beugen.

Dass sich Jürgen Weber wohl dagegen gestemmt hätte, die wissenschaftliche Tradition der Festschrift aufzugeben, würde jedenfalls dem Bild entsprechen, das ich in den Jahren unserer Zusammenarbeit von ihm gewonnen habe. Das Bild eines prinzipientreuen Überzeugungstäters, der sich nicht scheut, notfalls auch gegen den Strom zu schwimmen, wenn es der Sache dienlich ist. Zuverlässigkeit und Stringenz sind weitere Attribute, die ich mit seinem Namen verbinde.

Meine Einschätzung gründet auf zahlreichen Begegnungen seit Anfang der 1990er Jahre und unserer Zusammenarbeit sowohl im wissenschaftlichen als auch im praktischen Bereich. Der Praxisbezug ergab sich unter anderem während unserer gemeinsamen Zeit im Aufsichtsrat der Lufthansa Cargo AG von 1998 bis 2005. Bei der Lufthansa selbst – ich war zu jener Zeit dort Finanzvorstand – hat Jürgen Weber über sein Wirken im „Center for

Controlling & Management" der WHU maßgeblich dazu beigetragen, die Entwicklung des Konzerncontrollings voranzutreiben.

Das gleiche Ziel, allerdings für eine breitere Zielgruppe, verfolgte Jürgen Weber als Mitherausgeber der Fachzeitschriften „Kostenrechnungspraxis" und „Controlling & Management", für die auch ich die Gelegenheit hatte, Beiträge zu liefern. Die Titel der Publikationen deuten es an: Wissenschaftliche und unternehmerische Denkwelten sollten auch hier zusammengeführt werden.

Auf akademischem Gebiet schließlich sind wir regelmäßig an der WHU in Vallendar zusammengekommen. Besonders erinnere ich mich an einen Vortrag aus dem Jahr 2003, der mit dem Titel „Wissenschaft oder Fertigkeit? Gedanken über den akademischen Rang des Controlling" überschrieben war. Darin stellte ich die Frage, ob das Controlling eine „techné", eine Wissenschaft sei, die auf eigenen, sicheren Methoden und Theorien gründe, oder ob es sich bei ihr nicht doch nur um eine „emperia" handele, eine Fertigkeit, die auf Erfahrung und Übung basiere. Hatte der Satiriker Gabriel Laub Recht mit seiner Behauptung, dass die Theorie nie vergessen solle, dass sie nichts weiter sei als angewandte Praxis? Ich plädierte damals dafür, die Praxis als Untersuchungsgegenstand, Adressat und Abnehmer der Ergebnisse betriebswirtschaftlicher Forschung zu sehen. Es sei deshalb notwendig, dass die Controlling-Praxis in der Forschung richtig abgebildet werde. Es müsse sich also beim Controlling in der Tat um eine eigenständige wissenschaftliche Disziplin handeln.

Damit wusste ich mich, aus der Perspektive des Praktikers argumentierend, in guter Gesellschaft mit Jürgen Weber. Denn bei allen unseren Begegnungen konnte ich immer wieder erleben, wie er überzeugend die Brücke von der Theorie zur Praxis schlug. Dabei half es, dass sich Wirtschaftswissenschaft bei ihm nie in abstrakten Theorien eines akademischen Paralleluniversums konkretisierte, dessen Bezug zur Realität in den Unternehmen allerhöchstens virtuell ist. Es ging stattdessen immer darum, die Theorie für die Praxis fruchtbar zu machen – und umgekehrt. Beides für sich allein genommen ist wenig erfolgversprechend; wissenschaftlicher Anspruch ohne die Erdung unternehmerischer Realität ebenso wenig wie Unternehmertum ohne die Orientierung an der wirtschaftswissenschaftlichen Forschung.

Jürgen Weber ging dabei freilich nie so weit, seinen wissenschaftlichen Anspruch aufzuweichen oder gar aufzugeben. Das machte und macht den Diskurs mit ihm so reizvoll und intellektuell anregend. Einen Diskurs, auf dessen produktive Fortsetzung ich mich freue. Ich wünsche Jürgen Weber zum 60. Geburtstag alles Gute und hoffe, dass er als engagierter Brückenbauer weiterhin tatkräftig daran mitarbeiten wird, Theorie und Praxis einander näher zu bringen.

Dr. Karl-Ludwig Kley
Vorsitzender der Geschäftsleitung | Merck

Ein holistischer Controller in Wissenschaft & Praxis – Eine Würdigung

Carsten Knobel

Im März 2008 stellte Prof. Weber im Rahmen einer Veranstaltung vor Führungskräften des Finanzbereichs von Henkel seine Studie „Von Top-Controllern lernen – Controlling in den DAX 30-Unternehmen" vor. Hierbei zitierte er einen der Studienteilnehmer mit folgenden Worten: „Das Standing des Controllings [...] hängt davon ab, ob Sie einen sehr offenen Controller haben, der ein gewisses Händchen dafür hat, die Sorgen eines Managers zu verstehen und der ihm dann tatsächlich auch einen Mehrwert liefern kann". Diese Beschreibung illustriert in ihrer Einfachheit sehr gut die Anknüpfungspunkte und Erfahrungen, die ich über die vergangenen sieben Jahre mit Herrn Prof. Weber teilte.

Schon seit Mitte des neuen Jahrzehnts habe ich gemeinsam mit ihm am Center for Controlling & Management (CCM) zusammengearbeitet. So war Henkel schon frühzeitig auf dieser Plattform aktiv, der ich in meiner Funktion als Unternehmensbereichs- sowie als Konzerncontroller angehörte. Dabei hat das CCM durch viele Initiativen die Controlling-Arbeit bei Henkel beeinflusst. Beispielsweise boten die jährlichen Forschungsthemen immer wieder die Grundlage für den direkten Transfer von wissenschaftlichen Erkenntnissen in die Praxis. Hier waren die Themen stets von hoher Aktualität gekennzeichnet, wie beispielsweise das Thema des vergangenen Jahres „Controlling & IT".

Hierbei fand ich insbesondere die ständige Transferleistung, die Herr Prof. Weber erbringt, sehr beachtenswert. So hat sich das CCM nicht nur zum Ziel gesetzt, gemeinsam mit den Partnerunternehmen im jährlichen Turnus, die relevantesten Themen zu identifizieren und diese dann wissenschaftlich zu bearbeiten sowie die Ergebnisse für die Praxis umsetzbar zu machen. Gleichzeitig war es auch das Ziel, aktuelle Brennpunktthemen zeitnah aufzugreifen, um den intensiven Austausch zwischen Academia und Praxis, aber auch zwischen den Partnerunternehmen zu fördern.

Dieser intensive Austausch im Rahmen des CCM stellt einen wichtigen Einflussfaktor für die Weiterentwicklung und Modernisierung des Controllerprofils bei Henkel dar. So entwickelten wir auch aufgrund der Forschungserkenntnisse von Herrn Prof. Weber und unter der aktiven Begleitung durch persönliche Gespräche unser eigenes Controllerbild weiter. Bei Henkel definierten wir für unsere Controller im Jahr 2011 ein holistisches Rollenverständnis, das nicht nur die klassischen Tugenden des Informationslieferanten und ökonomischen Gewissens in sich vereint, sondern bewusst auch neuere Aspekte, wie der Sparringspartner für das Business oder der interne Berater, aufnimmt. Hier hat das sog. Controllers' Committee, das Vertreter aus allen Finanzbereichen vereint, drei wesentliche Charakteristiken für einen Controller herausgearbeitet, die nun auch als Leitbild für unsere Organisation dienen: Der Controller sollte sich als Strategischer Berater sehen, ein proaktives Vorgehen zeigen und den Wandel vorantreiben. Um diese erweiterte Rolle zum Business Partner in der Organisation zu verankern, kommunizieren wir unter anderem basierend auf den Erkenntnissen des CCM unser Profil sehr aktiv und erheben deren Umsetzung durch eine jährliche Studie.

Diesen Veränderungsprozess hat Herr Prof. Weber seit Beginn seiner wissenschaftlichen Laufbahn propagiert und dabei immer wieder die Grenzen des klassischen Controllings bewusst überschritten. Dieser Mut, eingetretene Pfade zu verlassen und Neues zu beginnen, war sicherlich die wesentliche Voraussetzung, um das bislang größte und erfolgreichste Projekt zwischen Henkel und der WHU zu gründen: Das Henkel Center for Consumer Goods (HCCG), das im Jahr 2010 gemeinsam mit Prof. Weber und Prof. Fassnacht auf Seiten der WHU sowie unserem Personalvorstand, Kathrin Menges, und mir als Vertreter von Henkel ins Leben gerufen wurde. Es ist in seiner Form einzigartig, da es sich zum Ziel setzt, über die gesamte Wertschöpfungskette einen Beitrag zum Funktionieren von Konsumgüterunternehmen zu generieren.

Im HCCG werden Themen des Einkaufs, des Marketings & Vertriebs, der Personalwirtschaft sowie des Controllings aktiv erforscht und deren Erkenntnisse aus einer holistischen Sicht zusammengeführt. Ziel ist es, auf diese Weise relevante Erkenntnisse für die Wissenschaft in Form von Publikationen, aber auch für die Unternehmenspraxis im Rahmen von gemeinsamen Projekten zu erlangen. Hier hat das HCCG in den ersten Jahren seines Bestehens unter tatkräftiger Unterstützung aller Beteiligten bereits einen wesentlichen Mehrwert erzielen können.

Entlang der wissenschaftlichen Wertschöpfungskette werden dabei sowohl Lehrveranstaltungen, Vorträge als auch umfassende Forschungsprojekte mit Henkel und anderen Unternehmen betrieben. Beispielsweise wird in 2013 bereits zum zweiten Mal die Controlling@Henkel Vortragsreihe durchgeführt. Ziel der Vortragsreihe ist es, die Veränderungen im und die steigenden Anforderungen an den Finanzbereich den Studierenden und Promovierenden aus unterschiedlichen Perspektiven aufzuzeigen. Hierbei kommen Vertreter aus verschiedenen Unternehmensbereichen (Finanzen, Laundry & Home Care, Beauty Care), verschiedenen Teil-Funktionen im Finanzbereich (Group Financial Controlling, Planung, Marketing-Controlling) über verschiedenste Hierarchieebenen hinweg zu Wort – bis hin zu einer gemeinsamen Präsentation von CEO und CFO.

Nach bereits sehr umfassenden Erfahrungen bei Forschungsprojekten in den Bereichen Human Resources und Einkauf intensivieren wir aktuell in einem Kooperationsprojekt zwischen CCM und HCCG unsere Forschungsbemühungen im Controlling. So untersuchen wir gemeinsam mit der WHU unsere Controlling-Organisation mit dem Ziel noch besser zu verstehen, inwieweit der Veränderungsprozess vom Informationslieferant zum Business Partner bereits fortgeschritten ist.

Insgesamt zeigen die gemeinsamen vergangenen sowie die bereits geplanten zukünftigen Aktivitäten die vielseitigen und befruchtenden Facetten von Prof. Weber, einem Wandler zwischen Theorie und Praxis. Ich hoffe, dass er auch in Zukunft mit diesem Elan und dieser Weitsicht Henkel und mich begleiten wird.

Carsten Knobel

Mitglied des Vorstands, zuständig für den Unternehmensbereich Finanzen (Chief Financial Officer), Einkauf & Integrated Business Solutions | Henkel AG & Co. KGaA

Controlling und Wertorientierung

Norbert Knorren

Jürgen Weber hat seit 27 Jahren einen Controlling-Lehrstuhl an der WHU inne. Seine wissenschaftlichen Beiträge zum Controlling sind zahlreich; das Controlling-Verständnis mehrerer Tausend Studenten wurde durch ihn geprägt; die Controlling-Wirklichkeit vieler deutscher Unternehmen wurde durch seine Ideen beeinflusst.

Eine stärkere Ausrichtung der Unternehmen an der Wertschaffung für die Eigentümer („Shareholder Value") hat seit den 90er Jahren an Bedeutung gewonnen. Diese als Wertorientierung bezeichnete Ausrichtung von Unternehmen hat Eingang in die Weber'sche Controlling-Konzeption gefunden.

Nachfolgend werden ausgewählte Entwicklungen der Weber'schen Controlling-Theorie sowie die Bedeutung der Wertorientierung für diese Controlling-Konzeption aufgezeigt.

1. Controlling

Jürgen Weber übernahm Mitte 1986 den erwähnten Lehrstuhl an der WHU. Die von ihm dort gehaltenen Controlling-Vorlesungen waren die Basis für das 1988 erstmals erschienene Buch „Einführung in das Controlling"[1]. Controlling wird in dieser 1. Auflage als ein führungstheoretisches Konzept definiert, welches aus der Übernahme bzw. Unterstützung von Planungs-, Steuerungs- und Kontrollprozessen des Unternehmens besteht. Das Ziel ist die (bessere) Koordination der Teilsysteme der Unternehmensführung.[2]

29 Seiten dieser 1. Auflage widmen sich der Herleitung und Erklärung des Controlling-Begriffs. In den nachfolgenden Kapiteln werden Aufgaben und Instrumente des operativen, strategischen und unternehmensbereichsbezogenen Controlling dargelegt.

23 Jahre später erscheint 2011 – mit Utz Schäffer als Co-Autor[3] – die 13. Auflage der „Einführung in das Controlling".[4] Controlling wird nunmehr in einer funktionalen Sicht definiert als Rationalitätssicherung der Führung von (dominant) plankoordinierten Unternehmen oder Institutionen.[5]

1 Weber, J.: „Einführung in das Controlling", 1. Auflage, Stuttgart, 1988.

2 Vgl. a. a. O., S. 24 u. S. 28.

3 Die Co-Autorenschaft beginnt in 2006 mit der 11. Auflage der Publikation.

4 Weber, J. / Schäffer, U.: „Einführung in das Controlling", 13. Auflage, Stuttgart, 2011.

5 Vgl. a. a. O., S. 43 f. Der Wechsel der Definition des (funktionalen) Controlling von der koordinationsorientierten zur rationalitätssicherungsbezogenen Sichtweise hat allerdings schon weit vorher stattgefunden,

52 Seiten dieser 13. Auflage widmen sich der Herleitung und Erklärung des Controlling- und Rationalitätsbegriffs (diese „Aufgabe" scheint also schwieriger geworden zu sein...). In den nachfolgenden Kapiteln werden Probleme und Instrumente der Informationsversorgung sowie der Planung und Kontrolle erörtert.

Im Vergleich zeigt sich:

- Der Umfang ist von 268 Seiten auf 522 Seiten (+254 Seiten; +95%) gestiegen,[6] bei zugleich vergrößertem Buchformat. Das Literaturverzeichnis wurde von 165 Quellen auf 593 Quellen (+428; +259%) erweitert.
- Die Definition des Controlling veränderte sich deutlich. Die Controller-Instrumente und –Methoden stammen aber nach wie vor aus den Bereichen Planung, Kontrolle und Informationsversorgung.
- Vielfältige neue Controlling-Instrumente bzw. –Aspekte (bspw. Biltroning, Value Reporting, Balanced Scorecard und Risikomanagement) haben Eingang in das (neue) Controlling-Konzept gefunden. Ein weiteres Beispiel für die Erweiterung der Controlling-Konzeption um neue Instrumente bzw. Aspekte ist auch die Wertorientierung.

2. Wertorientierung

Die verstärkte Ausrichtung der Unternehmensführung an der Eigentümer-Wertsteigerung („Shareholder Value") wurde erstmals durch US-amerikanische Autoren initiiert und fand ab Anfang der 90er Jahre Eingang in die deutsche Managementliteratur.[7] Deutschsprachige betriebswirtschaftliche Forschungsarbeiten entstehen ab Mitte der 90er Jahre.[8]

Erstmals haben Instrumente der wertorientierten Unternehmensführung Eingang in die 7. Auflage des Buches „Einführung in das Controlling" (1998) gefunden.[9]

Parallel dazu wurde die Verbindung von Controlling und Wertorientierung in der von Jürgen Weber herausgegebenen Schriftenreihe Advanced Controlling thematisiert sowie in zahlreichen Projekten zwischen Unternehmen und seinem Lehrstuhl vertieft. Die dabei gewonnenen Erkenntnisse wurden durch Überlegungen zur Implementierung von wertorientierten Konzepten ergänzt und in einer umfangreichen Publikation zusammengefasst.[10]

---

nämlich von der 6. zur 7. Auflage (1998) der „Einführung in das Controlling".

6 Betrachtet wurden nur die arabisch nummerierten Seiten, zudem nicht das Literaturverzeichnis. In der 13. Auflage finden sich 21 Gastbeiträge, die v. a. konkrete Unternehmensbeispiele darstellen (derartige Beiträge finden sich in der 1. Auflage nicht). Diese Beiträge nehmen in Summe ca. 64 Seiten ein. Selbst wenn diese Seiten herausgerechnet werden, ergibt sich (noch immer) eine signifikante Steigerung der Seitenzahl (+190 Seiten; +71%).

7 Vgl. Knorren, N.: „Wertorientierte Gestaltung der Unternehmensführung", Wiesbaden, 1998. S. 1.

8 Die ersten beiden deutschsprachigen Dissertationen wurden in 1993 eingereicht und in 1994 bzw. 1995 publiziert (Lehmann, S. und Klien, W., vgl. zu den Literaturangaben a. a. O., S. 268 ff.).

9 Vgl. Weber, J.: „Einführung in das Controlling", 7. Auflage, Stuttgart, 1998. S. 55 ff.

10 Weber, J. / Bramsemann, U. / Heineke, C. / Hirsch, B.: „Wertorientierte Unternehmenssteuerung", Wiesbaden, 2004.

Schon früh wurde darauf hingewiesen, dass *eine* der Funktionen wertorientierter Instrumente die Rationalitätssicherung der Führung ist.[11] Konsequent ist daher, dass wertorientierte Kennzahlen auch nach dem Wechsel von der koordinationsorientierten zur rationalitätssicherungsbezogenen Sichtweise des Controlling in der Weber'schen Controlling-Konzeption einen wichtigen Platz einnehmen.[12]

Dieser Platz besteht darin, dass eine an wertorientierten Kennzahlen wie DCF, EVA oder CVA orientierte Planung, die daraus abgeleiteten Kennzahlen wie bspw. ein periodischer EVA, REFA, CVA oder CFROI sowie die Integration dieser Kennzahlen in das interne und externe Berichtswesen wichtige Instrumente für das Controlling sind, um eine Wertorientierung der Unternehmensführung sicherzustellen.

Festzuhalten ist demnach, dass Jürgen Weber neu erarbeitete Methoden und Instrumente einer wertorientierten Unternehmensführung bereits sehr früh aufgriff und in seine Controlling-Konzeption integrierte. Zudem erarbeitete er – zusammen mit Lehrstuhlkollegen – signifikante Beiträge zur wichtigen Frage der Implementierung der Wertorientierung.

3. Fazit

„Unser Wissen bildet ein großes System.
Und nur in diesem System hat das Einzelne
den Wert, den wir ihm beilegen."
Ludwig Wittgenstein[13]

Jürgen Weber hat ein Controlling-Konzept (mit-)entwickelt, welches als Subsystem der Betriebswirtschaftslehre begriffen werden kann. In dieses Subsystem wurden von ihm wertorientierte Instrumente und Konzepte eingeordnet, die durch ihre Rolle in diesem Gesamtgefüge einen bedeutenden Wert für die betriebswirtschaftliche Praxis erlangen.

4. Über die Wissenschaft hinaus

Die vorangegangenen Bemerkungen bezogen sich auf Controlling und Wertorientierung; darüber hinaus einige persönliche Anmerkungen zu Jürgen Weber, quasi „über die Wissenschaft hinaus"...

Jürgen Weber hat sich seit Beginn seiner Lehrtätigkeit an der WHU für diese Hochschule in zahlreichen Ämtern engagiert. Es gibt kaum ein Amt der WHU, welches er noch nicht bekleidet hat – so war er als Rektor, Prorektor, Vorsitzender der Prüfungs- und Promotionsausschüsse etc. tätig. Er ist heute der Lehrstuhlinhaber der WHU mit der längsten

11 Vgl. Weber, J. / Knorren, N.: „Sicherung der Rationalität durch wertorientierte Planung", In: Die Unternehmung, 4/1998, S. 209 – 221.

12 Vgl. Weber, J. / Schäffer, U.: „Einführung in das Controlling", 13. Auflage, Stuttgart, 2011. S. 116 f., S. 129 f., S. 176 ff. sowie 245 ff.

13 Wittgenstein, L.: „Über Gewißheit", Herausgegeben von Anscombe, G.E.M. / von Wright, G.H., Frankfurt a.M., 1970. S. 105.

Amtszeit. Die Erfolgsgeschichte der WHU seit ihrer Gründung 1984 ist daher maßgeblich auch auf Jürgen Weber zurückzuführen.

Unzählige Diplom- und Praxisarbeiten wurden seit 1986 an seinem Lehrstuhl betreut; ca. 150 Promotionen und fast ein Dutzend Habilitationen wurden seitdem von ihm als Doktor- bzw. Habilitationsvater begleitet. Die Atmosphäre am Lehrstuhl war und ist geprägt durch eine offene und konstruktive Diskussionskultur, wissenschaftliche Neugierde und einen großen Teamgeist.

Zu wünschen ist, dass das aufgezeigte Engagement des Jubilars für das Controlling, die WHU und seinen Lehrstuhl erfolgreich von ihm fortgesetzt wird!

Dr. Norbert Knorren
Geschäftsführer | Emmerling GmbH
Promotion bei Prof. Dr. Dr. h.c. Jürgen Weber 1998
Titel: *Wertorientierte Gestaltung der Unternehmensführung*

Der Mensch im Mittelpunkt (Teil 1)

Stephan Kramer

Ich habe meine Promotion bei Herrn Weber im Jahr 2007, damals noch an seinem Lehrstuhl für Controlling und Telekommunikation, begonnen. Zu dieser Zeit hatte ich gerade mein Wirtschaftsinformatik-Studium an der Universität Münster abgeschlossen. Als Wirtschaftsinformatiker hatte ich zwar viel über die praktische Gestaltung, Modellierung und Implementierung von Reporting- und Kennzahlensystemen gelernt. Mein theoretisches Verständnis von Controlling war jedoch eher technikzentriert und stark von der Perspektive der Informationsversorgung geprägt. Oft wird die Wirtschaftsinformatik als „Brückendisziplin" zwischen Informatik und Betriebswirtschaft bezeichnet – ich orientierte mich damals wohl eher in Richtung der Informatik. Im Mittelpunkt meiner Arbeiten standen eher *technische* Fragestellungen, während ich die *menschlichen* Aspekte im Controlling vernachlässigte. Jedoch verwendete ich einige Zeit darauf, die Effekte von Controllingsystemen auf computermodellierte Entscheidungsträger zu simulieren.

Mein Interesse an „echten" Menschen erwachte wenig später im Rahmen meiner Tätigkeit am Center for Controlling & Management (CCM) in Vallendar. Zu dieser Zeit war die operative Planung und Budgetierung Kernthema der Arbeiten am CCM, und in Kooperation mit der Industrie erfuhr ich aus erster Hand, dass Manager und Controller – entgegen des ökonomischen Standardmodells – nicht etwa ausschließlich rational agierende *Agenten* sind. Nein, Manager sind eben auch nur *Menschen*, deren Entscheidungen durch kognitive, emotionale und sozial-psychologische Prozesse beeinflusst werden. Schon nach kurzer Zeit beschloss ich daher, die Simulation ad acta zu legen und stattdessen die sozialpsychologischen Konsequenzen des Budgetierungsprozesses empirisch zu analysieren.

Zu dieser Zeit war ich mir nicht sicher, was mein Chef zu meiner Idee sagen würde. Herr Weber war jedoch schnell für das neue Thema zu begeistern. Warum? Zum einen lag ihm die Verknüpfung von Theorie und Praxis schon immer am Herzen („Nichts ist so gut für die Praxis wie eine gute Theorie"). Zum anderen hat ihm vielleicht die nun sehr viel „menschlichere" Ausrichtung meiner Arbeit gefallen, schließlich war ihm auch ein persönlicher, respektvoller und professioneller – *menschlicher* – Umgang mit seinen Mitarbeitern und Kollegen stets sehr wichtig. Trotz des großen Lehrstuhls und des vollen Terminkalenders hatte er immer ein offenes Ohr und einen guten Ratschlag parat – per E-Mail auch mal um 5.00 Uhr morgens. Auch die folgende Anekdote zeigt vielleicht, wie sehr sich Herr Weber für seine Doktoranden engagiert hat.

Die Fragebögen für meine Dissertation habe ich kurz vor Weihnachten versendet – einer relativ ungünstigen Zeit, da Führungskräfte innerhalb der Unternehmen häufig in den

Jahresabschluss eingebunden sind. Um die mehr als sechshundert Manager zur Teilnahme an unserer Studie zu bewegen, verfasste ich einen persönlichen Brief samt Einladung. Diesen Brief, so hoffte ich, würden mehr Respondenten positiv beantworten, wenn er auch von Herrn Weber unterschrieben wäre. Es war aber bereits sehr spät am Nachmittag, der Brief musste am folgenden Morgen versendet werden und Herrn Webers Terminkalender war rappelvoll. Ich fürchtete bereits, viel zu wenige Rückmeldungen für eine quantitative Auswertung zu erhalten, doch Herr Weber setzte sich noch am selben Abend an seinen Schreibtisch und unterschrieb alle Briefe.

Vielen Dank und Happy Birthday! Ich hoffe, Sie bleiben Wissenschaft und Praxis noch viele Jahre eng verbunden.

Dr. Stephan Kramer
Assistant Professor | Rotterdam School of Management (RSM), Erasmus University, Rotterdam, Niederlande
Promotion bei Prof. Dr. Dr. h.c. Weber 2011
Titel: *Social and Economic Exchange in Budgeting: An Empirical Analysis*

Eine prägende Zeit

Christian Krügerke

Am 13.04.2012 habe ich bei Herrn Professor Dr. Dr. h.c. Jürgen Weber zum Thema „Vertriebscontrollership: Eine empirische Studie“ promoviert. Gern schaue ich auf die Zeit als wissenschaftlicher Mitarbeiter am Institut für Management und Controlling (IMC) zurück.

Im Rahmen meiner Tätigkeit am IMC habe ich schwerpunktmäßig das empirische Längsschnittprojekt „WHU-Controllerpanel“ mit aufgebaut und betreut und konnte den am IMC von Herrn Professor Weber geprägten, einzigartigen Dreiklang aus Forschung, Lehre und Zusammenarbeit mit Unternehmen erleben. Besondere Höhepunkte waren die jährlich stattfindenden Veranstaltungen „Campus for Controlling“ an der WHU, die ich immer als außerordentlich interessant und spannend empfunden habe. Es hat mich sehr beeindruckt, wie anschaulich Herr Professor Weber der Praxis tief greifende Forschungsergebnisse und komplexe Zusammenhänge vermittelt hat. Die Forschungs- und Arbeitsbedingungen am IMC waren erstklassig. Ich habe am Institut eine offene und herzliche, ja familiäre Atmosphäre erlebt, die maßgeblich durch Herrn Professor Webers Führungsstil geprägt wurde. Die Übertragung von Verantwortung wurde von ihm stets begleitet durch Motivation, Unterstützung und den Ansporn zu Höchstleistungen. Hohe individuelle Freiheit und ein ausgezeichneter Teamgeist waren kennzeichnend für die Projektarbeit.

„Wirkliche Großzügigkeit gegenüber der Zukunft bedeutet, alles dem Jetzt zu geben“, sagte einst Albert Camus. Die rasante Entwicklung des IMC als Alumni zu verfolgen, begeistert mich. Das Institut ist zunehmend international aufgestellt und publiziert eine stetig wachsende Anzahl hochrangiger Artikel, es ist weltweit auf Konferenzen vertreten, die Maßstäbe setzen. Von einer fruchtbaren länderübergreifenden Zusammenarbeit zeugt eine chinesische Version des wichtigsten und meistverkauften deutschen Controllinglehrbuchs „Einführung in das Controlling“. Das Erscheinen der „App“ zum empirischen Längsschnittprojekt „WHU-Controllerpanel“, zu dem ich einen kleinen Beitrag leisten durfte, erfüllt mich mit Stolz. Dem Controlling kommt in Unternehmen eine immer wichtigere Bedeutung zu und das Bild des Controllers erfährt eine maßgebliche Wandlung. Wesentlich zum Erfolg dieser Veränderung trägt das unermüdliche Streben von Herrn Professor Weber bei, durch wissenschaftlich fundierte Studien die Rolle des Controllings in Unternehmen und das Zusammenwirken von Unternehmensbereichen zu analysieren und daraus Empfehlungen für die Praxis abzuleiten.

Sachverhalte fundiert und methodisch sorgfältig zu analysieren, aber gleichzeitig Ergebnisse auch zielgerichtet auf den Punkt zu bringen und zu kommunizieren, sind wichtige Eigenschaften, die Herr Professor Weber mir während der Zeit an der WHU mit auf den

Weg gegeben hat und die mir in meiner Tätigkeit als Controller bei VW täglich helfen. Ich bin glücklich darüber, einen der führenden Controllingforscher zum Doktorvater zu haben und dankbar, dass ich als Doktorand von Herrn Professor Weber am IMC Wissen und Erfahrungen habe sammeln können. Mein Doktorvater hat mir sowohl fachlich als auch persönlich Werte vermittelt, die mich nicht nur für das berufliche Leben gerüstet, sondern auch menschlich sehr geprägt haben. Ich bedanke mich sehr herzlich für seine exzellente Betreuung, die freundschaftliche Zusammenarbeit, die spannenden Diskussionen, seine fachliche Anregung und das kritische Hinterfragen. Ihren Leitspruch, lieber Professor Weber, „Nichts ist so gut für die Praxis wie eine gute Theorie", habe ich mir zu eigen gemacht.

Zu Ihrem 60. Geburtstag gratuliere ich Ihnen auf das Herzlichste, verbunden mit den besten Wünschen für die Erfüllung Ihrer beruflichen und privaten Ziele, Gesundheit, Glück, Zufriedenheit und Wohlergehen, aber auch Augenblicke der Ruhe und der Muße. Alles Gute für Sie, alles Gute dem IMC. Es ist schön, ein Teil der IMC-Familie zu sein.

Dr. Christian Krügerke
Controller Produktkosten und Investitionen Marke VW PKW | Volkswagen Aktiengesellschaft
Promotion bei Prof. Dr. Dr. h.c. Jürgen Weber 2012
Titel: *Vertriebscontrollership: Eine empirische Studie*

Jürgen Weber und ...!

Ulrich Krystek

Die Nachricht kam ebenso geheim wie überraschend: „Jürgen Weber wird 60!" Zunächst hielt ich sie lediglich für ein „Weak Signal", das auf ein noch in weiter Ferne liegendes Ereignis hindeutet. Die Seriosität der Quelle sowie einfache Nachforschungen ließen allerdings keinen Zweifel an der Richtigkeit dieser Nachricht, obwohl sie überhaupt nicht zu dem in mir gespeicherten Bild vom – nunmehr amtlichen – Jubilar mit seiner auf mich noch immer jugendlich wirkenden Erscheinung und seiner keinesfalls nachlassenden Präsenz in Wort und Schrift passt. Große Freude über die ehrenhafte Einladung zur Mitwirkung an dieser Festschrift und spontane Zusage!

Danach allerdings die Phase des Nachdenkens. Wie kann ich die vielfältigen Eindrücke und Anregungen von Jürgen Weber auf nur zwei zugestandenen Seiten zusammenfassen? Die hier gewählte Überschrift drückt diese Ratlosigkeit aus. Vor dem Hintergrund der ungeheuren Menge von Aktivitäten, die Jürgen Weber auszeichnen, kann sich eine umfassende Würdigung der von ihm ausgehenden Wirkungen ohnehin bestenfalls erst aus der vollständigen Lektüre dieser ganz persönlichen Festschrift ergeben. Deshalb nachfolgend – ohne jeden Anspruch auf Bedeutung und Vollständigkeit – einige der Erinnerungen und Impulse, die sich für mich – bis jetzt (!) – ganz individuell mit dem Jubilar verbinden.

1. Jürgen Weber und die Kraft der persönlichen Überzeugung

Die erste Begegnung mit ihm fand telefonisch 1988 statt und sollte – auf Vermittlung des damaligen Verlagsleiters von Poeschel – lediglich der Verabredung zu einem persönlichen Gespräch dienen. Daraus wurde dann gleich das Gespräch selbst, allerdings mit einer gefühlten Dauer von zwei Stunden. Es entwickelte sich – nach einer nur knappen Einleitung – eine ungeheure Dynamik und wir streiften unterschiedlichste Themen. Dieses Gespräch hinterließ bei mir einen bis heute bleibenden Eindruck von der persönlichen Überzeugungskraft Jürgen Webers, die seinem Überzeugtsein von den Dingen entspricht, die er vertritt. Er hat in diesem Gespräch ein spannendes, visionäres Bild von Controlling und Controllership entworfen, das mich beeindruckte und meine damals noch junge Tätigkeit als Hochschullehrer stark beeinflusste.

2. Jürgen Weber und der „grüne Hügel von Vallendar"

Gerade im Wagner-Jahr 2013 kamen wieder eine Vielzahl von überzeugten Wagnerianern auf den grünen Hügel von Bayreuth, um dort – auf höchstem Niveau dargeboten – der sie verbindenden Musik zu lauschen. Vallendar dagegen hat gar keinen „grünen Hügel", vielmehr liegt die als Projektionsfläche dieser Assoziation genutzte WHU in einem Tal. Die hier 2002 von Jürgen Weber ins Leben gerufenen Controller-Tagungen (jetzt ACMAR) haben auch nicht den Anspruch von „Festspielen", die Eintrittspreise sind um ein Vielfaches günstiger und das Durchschnittsalter der Teilnehmer wird – zunehmend – geringer; dafür aber das Programm vielfältiger. Trotz so viel Unvergleichbarkeit: Das Bild vom „grünen Hügel" hat sich in mir festgesetzt. Für mich hat Jürgen Weber mit diesen Tagungen eine einzigartige Arena des persönlichen Austauschs, der hochkarätigen Information und Diskussion unter „Controllianern" geschaffen. Dies zunehmend verbunden mit der spannenden Möglichkeit, den wissenschaftlichen Nachwuchs mit seinen Ideen und Impulsen kennenzulernen. Sein ambitioniertes Ziel, eine deutsche – wenn auch nicht mehr deutsch sprechende – Controlling Community zu schaffen, hat er erreicht; seine Anfangserwartungen sind übertroffen worden.

3. Jürgen Weber und der Weg vom Erbsenzähler zum Business Partner

Wenn es so etwas wie einen Generalnenner in dem kaum noch zu überblickenden Schrifttum des Jubilars gibt, so ist es – in meiner subjektiven Wahrnehmung – die Weiterentwicklung des traditionellen Controllerbildes. Mit der Darstellung der vielfältigen Möglichkeiten (wohl auch Grenzen) des Controllings als Führungsunterstützungsfunktion und -institution hat Jürgen Weber schon früh ein modernes und zukunftsweisendes Bild vom Controller gezeichnet. Er hat maßgeblich dazu beigetragen, ihm ein Gesicht zu geben und ihn auf Augenhöhe zum (Top-) Management zu rücken. Die Akzentuierung z. B. des Strategischen Controllings sowie des Behavioral Controllings und nicht zuletzt die Wiedergabe zahlreicher empirischer Studien geben jeweils wichtige Impulse für Lehre und Forschung, halten mein Interesse als überzeugter „Controllianer" wach und weisen mich – als eine Art Früherkennungssystem – rechtzeitig auf noch offene Zukunftsfragen hin.

4. Und überhaupt: Jürgen Weber

Es ist eine ungeteilte Freude, dem Jubilar zu begegnen, mit ihm zu diskutieren und ihm – der selbst zuhören kann – zuzuhören. Die (zu) wenigen Gespräche, meist kurz und oft nur am Rande anderer Ereignisse (z. B. Tagungen) geführt, kommen – nach bester Controller-Art – schnell auf den Punkt, verdeutlichen Übereinstimmung gelegentlich nur mit einem Kopfnicken und führen unterschiedliche Auffassungen schnell zu einem diskussionsfähigen Kern.

Dem Jubilar herzlich zu gratulieren und ihm weiterhin unerschütterliche Gesundheit als Basis für ungebrochene Schaffenskraft zu wünschen ist mir – auch – an dieser Stelle ein besonderes Bedürfnis.

Symbolisch halte ich von der mir zugestandenen Seitenzahl noch etwas Raum frei für neue, inspirierende Ideen und Impulse von Jürgen Weber.

Lieber Herr Kollege Weber: Von Herzen – weiter so!

Prof. Dr. Ulrich Krystek
Lehrgebiet Strategisches Controlling | Technische Universität Berlin

Die Kunst der Kostenrechnung oder warum Bauteile auch ein Anrecht auf Gerechtigkeit haben

Jennifer Kunz und Stefan Linder

Es war im Jahr 1998, als wir beide als noch junge WHU-Studierende die Grundlagenveranstaltung zum Thema Kostenrechnung besuchten. Damals war HS 11/12 der beste Hörsaal an der WHU, der Zugang zum Internet lag unter der Kapelle, ein Mobiltelefon war zum Telefonieren da, Bücher kaufte man nicht bei Amazon, sondern bei Eva Bauer und ein Eipott war die Vallendarer Bezeichnung für einen Topf, in dem man Eier kocht.

Wir beide hatten herzlich wenig Erfahrung mit Kostenrechnung und so gingen wir auch unbefangen an die Sache heran. Leider stellte sich sehr bald heraus, dass sich die Angelegenheit schwieriger gestaltete als zunächst gedacht.

Zum einen kämpften wir gegen ein andauerndes Hungergefühl, da uns die diversen Kalkulationsverfahren ausgerechnet am Beispiel der Schokokussproduktion erläutert wurden. Hier hatte der Dozent aber bald ein Einsehen und versorgte uns mit praktischem Anschauungsmaterial, das wir sogleich verspeisen durften. Das war aber auch nur möglich, da es sich um einen vorlesungsrelevanten Essvorgang handelte, andernfalls wäre das Essen in den Hörsälen nicht erlaubt gewesen.

Zum anderen mussten wir damit klarkommen, dass auch Bauteile und Schokoküsse im Hinblick auf die Kostenberechnung ein Gerechtigkeitsempfinden entwickeln können.

Aus dieser Veranstaltung haben wir zwei Dinge mitnehmen können:

1. Kalkulationsverfahren erläutert man am besten anhand von Schokoküssen. Die Frankfurter Bachelorstudenten können dies bestätigen, müssen aber leider auf Grund ihrer im Vergleich zu den damaligen WHU-Verhältnissen schier unglaublichen Anzahl auf Anschauungsmaterial verzichten.
2. Es ist sehr wichtig, dass man Kosten nicht nur richtig berechnen kann, sondern dass man sich auch immer fragt, was mit den so entstandenen Zahlen in einer Organisation passiert.

Obwohl dem ersten Aspekt eine nicht zu unterschätzende Bedeutung für unser weiteres Schaffen zukommt, muss darauf verwiesen werden, dass insbesondere der zweite Aspekt unser weiteres universitäres Leben geprägt hat, weil er auf eine ganze Reihe weiterer Controlling-Aspekte angewendet werden kann.

So unterscheidet man im Controlling auch grob zwischen Entscheidungsorientierung und Verhaltensorientierung. Wir haben uns beide im Rahmen unserer Forschungen eher mit dem zweiten Bereich beschäftigt und konnten einige Projekte gemeinsam durchführen. Dass uns dies relativ reibungsfrei gelungen ist, lag sicher auch an der gemeinsamen Sozialisierung im Rahmen des WHU-Studiums und später am Controlling-Lehrstuhl. So sehen wir beide die Welt eher durch eine verhaltensorientierte/verhaltenswissenschaftliche Brille. Anders als diese Metapher es erscheinen lässt, ist dieser Sachverhalt aber alles andere als trivial. So handelt es sich hierbei um keine Brille, die man einfach auf- und bei Bedarf auch wieder absetzen kann. Es stellt vielmehr eine Art des Denkens dar, in die wir am Controlling-Lehrstuhl eingeführt wurden.

Und wir müssen feststellen, dass es gar nicht so leicht ist, dieses Denken an unsere Studierenden weiterzugeben. So hat die entscheidungsorientierte Sicht den Charme, dass es immer eine richtige Antwort gibt. Eine berechnete Zahl ist entweder richtig, oder man hat sich verrechnet und sie ist dann eben falsch. Im Rahmen der Verhaltensorientierung verhaltenswissenschaftlicher Ausprägung stellt sich die Sache schon etwas komplizierter dar. Hier gilt es zu berücksichtigen, dass die an betrieblichen Entscheidungs- und Ausführungsprozessen beteiligten Personen nicht nur eigene Interessen verfolgen, sondern auch unterschiedliche Fähigkeiten, Werte und affektive Zustände haben, die ihre Weltwahrnehmung und ihr Handeln prägen, das zusätzlich noch von sozialen Prozessen beeinflusst wird. Entsprechend treffen zwei Personen auf Basis der gleichen (korrekt berechneten Zahlen) durchaus auch schon mal gegenläufige Entscheidungen. Und beide sind im Zweifel nicht falsch!

Genau dies ist aber einem Anfänger in Sachen Betriebswirtschaftslehre nur sehr schwer vermittelbar.

Und damit sind wir wieder bei den Bauteilen und ihrem Gerechtigkeitssinn. Die Tatsache, dass wir uns nach doch nun immerhin schon fast 15 Jahren immer noch an diesen Inhalt der Grundlagenveranstaltung erinnern können, zeigt, dass die damalige Vermittlungsform sehr effektiv war. Offenbar kann man mit relativ einfachen und unspektakulären Lehrformen Menschen nachhaltiger prägen, als dies die aktuelle Debatte über diverse technische Möglichkeiten Lehrveranstaltungen „aufzupeppen" glauben machen möchte.

PD Dr. Jennifer Kunz
Lehrstuhl für Controlling und Auditing | Goethe Universität Frankfurt/Main
Promotion bei Prof. Dr. Dr. h.c. Jürgen Weber 2005
Titel: *Wissensmanagement und organisationales Lernen*

Dr. Stefan Linder
Assistant Professor, Department of Accounting & Management Control | ESSEC Business School, Paris, Frankreich
Promotion bei Prof. Dr. Dr. h.c. Jürgen Weber 2006
Titel: *Investitionskontrolle*

Der Mensch im Mittelpunkt (Teil 2)

Matthias D. Mahlendorf

Der Mensch im Mittelpunkt lautet der Untertitel der Publikation von Jürgen Weber, die mich wohl am meisten inspiriert hat. Es handelt sich dabei um den Band 34 der Reihe Advanced Controlling (AC), der sich dem verhaltensorientierten Controlling widmet. Zwei der drei Koautoren, nämlich Bernhard Hirsch und Stefan Linder, verfolgen erfolgreich die akademische Laufbahn. Sie gehören damit zu den fast 30 Weber-Schülern, die sich für Wissenschaft und Lehre entschieden haben und somit als Multiplikatoren des Impacts von Jürgen Weber tätig sind. Momentan wird gerade der Band 87 der Reihe Advanced Controlling geschrieben, der sich mit Controlling und IT beschäftigt. Die Zahl 100 möchte Jürgen Weber nach eigener Aussage mindestens noch erreichen. Somit sind die Advanced-Controlling-Bände ein gutes Beispiel für die beeindruckende Produktivität, Themenvielfalt und den langen Atem, mit dem Jürgen Weber Einfluss auf die Controlling-Praxis ausübt.

Doch zurück zum verhaltensorientierten Controlling. Während ich aus dem Studium vor allem vielfältige Kenntnisse von Controlling-Instrumenten mitgenommen habe, hat Jürgen Weber mir den Blick auf eine ganz neue Welt eröffnet, nämlich auf das Behavioral Accounting. Diese Perspektive nimmt auch der AC-Band 34 ein, der im Jahr 2003 erschien und damit als einer der ersten Beiträge im deutschsprachigen Controlling die Verhaltensorientierung aufgegriffen hat. Heute, zehn Jahre später, ist das Thema kognitive Begrenzungen sogar in der populärwissenschaftlichen Literatur angekommen. So landete beispielsweise Kahneman kürzlich mit „Schnelles Denken, langsames Denken" einen Bestseller und Rolf Diobelli bereitet die Ergebnisse der verhaltensorientierten Forschung in einer wöchentlichen Kolumne „Klarer Denken" in *Die Zeit* unterhaltsam auf. Dementsprechend haben Begriffe wie Overconfidence, Framing oder Ankereffekt mittlerweile weite Verbreitung gefunden. Jürgen Weber jedoch hat die Implikationen der menschlichen Begrenztheit für das Controlling schon untersucht, als Kahneman mit der Vergabe des Nobelpreises 2002 gerade erst einer breiteren Öffentlichkeit bekannt wurde.

Anstelle von Instrumenten stellt Jürgen Weber den Menschen in den Mittelpunkt seiner gemeinsam mit Utz Schäffer entwickelten Controllingkonzeption, der Rationalitätssicherung der Führung. Jürgen Weber fasst dies in seiner Dankesrede anlässlich des Erhalts der Ehrendoktorwürde der EBS Business School im Jahr 2006 wie folgt zusammen:

> „Vergleichbar dem Qualitätsmanagement in der Produktion macht es Sinn, sich intensiv über ein Qualitätsmanagement in der Führung Gedanken zu machen, und das ist genau der Ansatz, den wir mit Rationalitätssicherung der Führung formuliert haben. Wir unterstellen Manager, die erstens eine mehr oder weniger stark ausgeprägte Individualität besitzen, zweitens kognitiv begrenzt sind und drittens nicht a

priori diejenigen Ziele verfolgen, die ihnen qua Stellenanforderung vom Unternehmen vorgegeben sind. In diesem Umfeld beinhaltet Rationalitätssicherung zwei grundsätzliche Zielrichtungen: den Ausgleich kognitiver Defizite auf der einen Seite und die Vermeidung oder zumindest Begrenzung opportunistischen Handelns auf der anderen Seite."

Der Mensch im Mittelpunkt gilt aber nicht nur für die fachlichen Aspekte, sondern auch im Arbeitsklima, das Jürgen Weber geschaffen hat. In meinen mittlerweile fast acht Jahren zunächst am Lehrstuhl Weber und jetzt am Institut für Management und Controlling (IMC) habe ich immer die menschliche Ausstrahlung von Jürgen Weber bewundert. Er findet für jeden Zeit zum persönlichen Gespräch und nimmt jedes Anliegen und jede Forschungsidee nicht nur ernst, sondern greift Gedanken stets auf und entwickelt sie weiter.

Dem amerikanischen Management Accounting hat Ken Merchant unlängst in einer Rede auf der MAS-Konferenz in New Orleans eine düstere Zukunft prophezeit. Der Begriff „Management Accounting" sei in der Praxis auf dem Rückzug und Management Accounting-Kurse würden an vielen Business Schools von Management-Professoren übernommen (Preisgestaltung vom Marketing, Incentives und Performance Measurement vom Personalmanagement etc.). Merchant konstatierte, dass sich die renommierten Größen des Feldes (so wie er selbst) nicht (erfolgreich) dafür eingesetzt hätten, das Feld zu verteidigen. Jürgen Weber hat sich diesbezüglich nichts vorzuwerfen – im Gegenteil. Er interessiert sich nicht nur für Controlling, sondern auch für Controllership – also die Berufsgruppe. Mehr noch: Er setzt sich stets für die Bedeutung des Controllings ein. Immer ist es ihm ein Anliegen, das Controlling zu verbessern und die Wertschätzung des Controllings in der Praxis zu erhöhen. Als Beispiele seien sein Engagement im ICV genannt sowie die Entwicklung des „Controller-Index", der regelmäßig im WHU-Controllerpanel abgefragt wird und – in Analogie zum Wirtschaftsklima-Index – das „Standing" des Controllings misst. Wenn das Controlling als Disziplin sich in Deutschland gut entwickelt, so trägt das Engagement von Jürgen Weber sicherlich ganz wesentlich dazu bei. Es ist also hochverdient, dass der *Mensch im Mittelpunkt* dieser Festschrift Jürgen Weber ist.

Dr. Matthias D. Mahlendorf
Juniorprofessor, Institut für Management und Controlling | WHU – Otto Beisheim School of Management
Promotion bei Prof. Dr. Dr. h.c. Jürgen Weber 2008
Titel: *Eskalation des Commitments bei scheiternden Projekten*

Behavioral Controlling und Simulation – Ein subjektiver Versuch über den Impact von Jürgen Weber

Matthias Meyer

Ein Blick in Google Scholar zeigt nicht nur einen beeindruckenden wissenschaftlichen Output, sondern auch Impact von Jürgen Weber. Einerseits schmückt sein Veröffentlichungsverzeichnis eine vierstellige Zahl von Veröffentlichungen, andererseits findet sich auch eine außerordentlich hohe Zahl von Zitationen, die einzelne dieser, aber auch insgesamt akkumulieren (Waldkirch et al. (2013)). Ganz oben in dieser inzwischen weitverbreiteten Messung des Impacts steht das Lehrbuch „Einführung in das Controlling", welches in Google Scholar die meistzitierte Publikation eines deutschsprachigen Rechnungswesenforschers überhaupt ist (Meyer et al. (2012)). Danach folgen bei Jürgen Weber das Buch „Balanced Scorecard & Controlling" sowie der Aufsatz „Sicherstellung der Rationalität von Führung als Aufgabe des Controlling" (Weber und Schäffer (1999); Weber und Schäffer (2000); Weber und Schäffer (2011)).[1]

Es gibt jedoch auch Formen des Impacts, die deutlich schwerer messbar, aber deshalb keineswegs von geringerer Bedeutung sind. Dies ist seine Wirkung auf und über seine Schüler, sein persönlicher Einfluss und der besondere Rahmen, den er an der WHU für die Controllingforschung geschaffen hat. Der runde Geburtstag ist ein guter Anlass für einen notwendigerweise subjektiven Versuch diesen Impact zu würdigen. Oder als Frage formuliert: Wie sehe ich rückblickend den Einfluss von Jürgen Weber auf meine eigene Arbeit und was könnte allgemeiner auch noch sein Impact auf die Controllingforschung sein? Mit dem Abstand von etwa fünf Jahren kristallisieren sich mindestens die folgenden zwei Punkte[2] heraus, die ich im Folgenden bzgl. meiner Erfahrungen mit Jürgen Weber von 2003 bis 2008 hervorheben möchte: (1) Verhaltenswissenschaftliche Perspektive auf das Controlling und (2) Simulation als Methode in der Controllingforschung.

Zunächst ist mir zu Beginn meiner Tätigkeit im April 2003 die dezidiert verhaltenswissenschaftliche Perspektive auf das Controlling bei Jürgen Weber aufgefallen. Da ich mich zuvor intensiv mit F.A. Hayek und dessen Blick auf die zweckmäßige Modellierung ökonomischer Akteure beschäftigt habe („methodologischer Subjektivismus"), konnte ich

1 Abruf Google Scholar am 2.04.2013.

2 Erwähnt sei als weiterer Punkt noch die Controllingpraxis, unmittelbar sichtbar in vielen AC-Bänden und am Center for Controlling & Management (CCM). Insbesondere in meiner Zeit als Geschäftsführer des Zentrums konnte ich unmittelbar erleben, wie ein fruchtbarer Austausch zwischen Wissenschaft und Praxis aussehen kann.

hier für mich sehr viele Anknüpfungspunkte finden. Persönlich für mich sehr prägend war auch seine Betonung der unterschiedlichen Informationsnutzungsarten und deren empirische Erforschung. Mit Blick auf das zur damaligen Zeit in der ökonomischen Forschung vieldiskutierte Konzept der mentalen Modelle (Denzau und North (1994)), fand ich insbesondere die starke Betonung der konzeptionellen Informationsnutzung sehr bedeutsam. Es gab damals auch eine Reihe von Vorarbeiten, die sich unter dem Titel „Akteursmodell" mit der Modellierung ökonomischer Akteure auseinandergesetzt haben. Auf Jürgen Webers Veranlassung haben wir eine Forschergruppe am Institut gebildet („Akteursmodellgruppe") mit dem Ziel, diese Arbeiten zu konsolidieren und auf eine solide methodologische Basis zu stellen. Als konkreter Output wurde eine Reihe von Forschungspapieren verfasst. Zudem sind eine Reihe von Dissertationen und zwei Habilitationen im Sinne der dort skizzierten Vorgehensweise zur Integration verhaltenswissenschaftlicher Erkenntnisse entstanden (mit weiteren Verweisen siehe Meyer und Weber (2011)).

Zudem hat Jürgen Weber wichtige Impulse gegeben, Simulation als Methode in der Controllingforschung einzuführen. Im Vordergrund der Arbeit stand dabei zunächst die Prüfung der Frage, inwieweit sich die Methode zur modellbasierten Umsetzung der oben skizzierten verhaltensorientierten Perspektive nutzen lässt. Sehr intensiv wurde zu Beginn vor allem mit Learning-Classifier-Systemen experimentiert, da diese einen Weg bieten, Lernen und Informationsnutzung zu modellieren. Später sind dann auch weitere Themen hinzugekommen, wie etwa auch die simulationsbasierte Untersuchung des Groves-Mechanismus zur Investitionsbudgetierung. Als Nebenprodukt in der Lehre ist auch die Beschäftigung mit der simulationsbasierten Untersuchung von Kostenrechnungssystemen entstanden. Basierend auf einer Fallstudie zur Vollkostenrechnung in Weber (1993) nahm ein WHU-Studententeam die Aufgabenstellung „Simulieren Sie die Gestaltungsoptionen der Vollkostenrechnung" wörtlich und hat diese mittels des Monte-Carlo-Simulationsprogramms Crystal Ball untersucht.

Während sich die verhaltenswissenschaftliche Perspektive inzwischen fest in der Controllingforschung etabliert hat – genannt sei nur die Bezeichnung „Behavioral Controlling" –, gewinnt inzwischen auch die simulationsbasierte Controllingforschung zunehmend an Bedeutung. Erwähnt sei hier der programmatische Keynote-Vortrag von Ramji Balakrishnan zum Potential von Simulationen auf der New Directions in Management Accounting Konferenz (Balakrishnan (2012)). Dies zeigen aber auch bereits in Top-Accounting-Zeitschriften veröffentlichte Studien, die agentenbasierte Simulationsmodelle als Grundlage haben (Davis und Pesch (2012)) oder die Arbeiten von Eva Labro zur Kostenrechnung (Labro und Vanhoucke (2007)); Labro und Vanhoucke (2008)). Wie bereits angedeutet scheint jedoch ein besonderes Potential in der Verbindung der beiden hier hervorgehobenen Aspekte zu liegen. Hervorheben möchte ich in diesem Zusammenhang insbesondere das Potential der Kombination von Laborexperimenten und agentenbasierter Simulation. Erstere etabliert sich inzwischen fest als Methode im Controlling, insbesondere wenn es um verhaltenswissenschaftliche Aspekte geht. Agentenbasierte Simulation kann hierzu komplementär eingesetzt werden, indem sie die Effizienz und Effektivität der zumeist sehr aufwendigen experimentellen Studien beträchtlich erhöht (Klingert und Meyer (2012)).

Gleicht man abschließend die beiden von mir hervorgehobenen Aspekte mit den eingangs erwähnten zitationsbasierten Kennzahlen ab, so spiegeln sich meine hier vorgestellten subjektiven Einschätzungen bislang nur zum Teil darin wider. Aber auch das konnte ich bei Jürgen Weber anschaulich lernen: Wie er immer gerne am Beispiel des NPV-Verfahrens im Rahmen der Investitionsrechnung zeigte, kann es oft erstaunlich lange dauern bis eigentlich schlüssige und zweckmäßige Konzepte sich etablieren.

Literatur

Balakrishnan, Ramji (2012), The Role for Numerical Experiments in Research: Implications for Management Accounting, New Directions in Management Accounting Brüssel.

Davis, Jon S. and Heather L. Pesch (2012), Fraud dynamics and controls in organizations, *Accounting, Organizations and Society.*

Denzau, Arthur T. and Douglass C. North (1994), Shared mental models: ideologies and institutions, *Kyklos* 47, 3-31.

Klingert, Frank M. A. and Matthias Meyer (2012), Effectively combining experimental economics and multi-agent simulation: suggestions for a procedural integration with an example from prediction markets research, *Computational and Mathematical Organization Theory* 18, 63-90.

Labro, Eva and Mario Vanhoucke (2007), A simulation analysis of interactions among errors in costing systems, *The Accounting Review* 82, 939-962.

Labro, Eva and Mario Vanhoucke (2008), Diversity in resource consumption patterns and robustness of costing systems to errors, *Management Science* 54, 1715-1730.

Meyer, Matthias, Rüdiger Waldkirch and Michal Zaggl (2012), Relative Performance Measurement of Researchers: The Impact of Data Source Selection, *Schmalenbach Business Review* 64, 308-330.

Meyer, Matthias and Jürgen Weber (2011), Controlling und begrenzte kognitive Fähigkeiten: Ausgangspunkte und Grundfragen, Gabler.

Waldkirch, Rüdiger W., Matthias Meyer and Michael A. Zaggl (2013), Beyond publication counts – the impact of citations and combined metrics on the performance measurement of German business researchers, *Zeitschrift für Betriebswirtschaft*, Special Issue 3/2013, 61-86.

Weber, Jürgen (1993), Zur Neuausrichtung der Kostenrechnung: Entwicklungsperspektiven für die 90er Jahre, Schäffer-Poeschel Verlag.

Weber, Jürgen and U. Schäffer (1999), Sicherstellung der Rationalitat von Fuhrung als Aufgabe des Controlling, *Die Betriebswirtschaft* 59, 731-747.

Weber, Jürgen and Utz Schäffer (2000), Balanced Scorecard & Controlling: Implementierung-Nutzen für Manager und Controller-Erfahrungen in deutschen Unternehmen, Gabler Verlag.

Weber, Jürgen and Utz Schäffer (2011), Einführung in das Controlling, 13., überarbeitete und aktualisierte Auflage, Schäffer-Poeschel Verlag.

Prof. Dr. Matthias Meyer, MSc (LSE)

Institut für Controlling und Rechnungswesen | Technische Universität Hamburg-Harburg

Habilitation bei Prof. Dr. Dr. h.c. Jürger Weber 2008

Titel: *Integration von Kognition und Anreizen in die Rechnungswesenforschung*

Von Gewöhnlichem und Außergewöhnlichem

Pascal Nevries

Jürgen Weber. Was für ein gewöhnlicher Name.[1] In Deutschland leben eine viertel Million Menschen mit dem fünfthäufigsten Nachnamen Weber.[2] Der Vorname Jürgen war vor genau sechzig Jahren deutschlandweit mitten in den Top Ten aller Vornamen.[3] Bei den Webers rangiert der Vorname Jürgen bis heute zusammengerechnet solide in den Top Ten.

Es ist also relativ gesehen sehr wahrscheinlich, dass man es mal mit einem Jürgen Weber zu tun bekommt. Der Wortgenese entsprechend taucht der Nachname auch heute noch am häufigsten in der Nähe des größten deutschen Flusses Rhein auf und erreicht Spitzenwerte bei der absoluten und relativen Häufigkeit im mittleren und südlichen Rheintal, insbesondere auch im Kreis Mayen-Koblenz.[4] Onomatologisch betrachtet gibt es somit kaum eine höhere relative Wahrscheinlichkeit und damit nichts Gewöhnlicheres, als einen Herrn Weber mit dem Vornamen Jürgen in Vallendar zu treffen.

Ob jedoch alle Personen namens Jürgen Weber zur Beurteilung einer qualitativ unterdurchschnittlichen beruflichen Leistung das Wort „niedlich" verwenden? Mir ist dies bei meiner ersten internen Präsentation widerfahren, allerdings kam es eher leise über seine Lippen. Doch obacht, wurde mir mitgeteilt, Hunde, die bellen, beißen nicht. Immerhin, er hatte der Situation seine volle Aufmerksamkeit geschenkt, und das ist keine Selbstverständlichkeit bei über vierzig Mitarbeitern am Lehrstuhl[5], über tausend verschiedenartigen Publikationen für die Praxis und internationale A-Journals, herausgegeben u. a. in Deutschland, China und den USA, einer eigenen sehr erfolgreichen Beratungsunternehmung CTcon, Gremienarbeit und Lehre an der WHU, sowie vielen weiteren Tätigkeiten. Vorbildhaft ist Jürgen Webers Fleiß, er arbeitet gefühlt rund um die Uhr. Oft kommen E-Mails morgens zwischen fünf und acht Uhr. Das erfreute sowohl im positiven wie im negativen Sinne besonders, wenn man es tags zuvor beispielsweise geschafft hatte, in aufopferungsvoller Teamarbeit bis nachts um zwei Uhr die letzte Perfektion an die Präsentation zu legen mit dem nachfolgenden Drang und der Hoffnung auf Schlaf und Erholung, nur um am nächsten Morgen zu einem relativ frühen

1 Charakterisierung als „gewöhnlich" übernommen von onomastik.com. 01/2013

2 vgl. www.verwandt.de

3 vgl. www.beliebte-vornamen.de

4 vgl. www.verwandt.de

5 Die Verwendung der Bezeichnung „Lehrstuhl" sowie „Institut" erfolgt chronologisch korrekt.

Arbeitsbeginn eine bereits zwei Stunden alte Email mit detaillierten Kommentaren vorzufinden (meist jedoch zum Glück sehr positiv). Frappierend war zu beobachten, dass jeder Mitarbeiter jeweils für sich den Eindruck zu haben schien, dass Jürgen Weber seine volle Konzentration dem jeweils eigenen Thema widmet. Das dachten vermutlich zig Mitarbeiter gleichzeitig. Zu Recht. Heute sind am Institut deutlich weniger Mitarbeiter tätig, was jedoch eher einer wohlüberlegten strategischen Planung geschuldet ist. Bereits weit vor der Umsetzung der Bologna-Reform hin zu Bachelor- und Masterstudiengängen und bevor andere diese Thematik überhaupt erfasst hatten, prophezeite Jürgen Weber in Strategiemeetings, dass die große Zahl von damals über vierzig Doktoranden in den letzten Jahren des Lehrstuhls nicht dauerhaft zu halten sei. Einige Jahre später hatte sich deren Anzahl tatsächlich mehr als halbiert.

Oft ist die Frage aufgetreten, warum so viele DAX 30-Chefcontroller im Rahmen des Center for Controlling & Management (CCM) ausgerechnet mit Jürgen Weber zusammenarbeiten, und das seit sehr langer Zeit regelmäßig und intensiv. Trotz der herausfordernden Tätigkeit als Verantwortliche für das Controlling in milliardenschweren Konzernen wenden sie viel Zeit für die gemeinsame Zusammenarbeit auf und nehmen persönlich an Vorabgesprächen und den Treffen zur Ergebnispräsentation teil. Mir hat mal jemand aus diesem Kreise bei einem gemütlichen Bier nach dem obligatorischen gemeinsamen Abendessen am Vorabend des besagten Treffens gesagt, dass er beeindruckt sei, dass stets so viele Controllingleiter tatsächlich volle anderthalb Tage anwesend wären. Um halb im Spaß fortzufahren: „Das würde bei uns noch nicht mal der Konzernvorstand hinbekommen."

Da muss doch ein Geheimnis dahinter zu finden sein, irgendeine wissenschaftliche Wunderleistung? Auch nach jahrelanger intensiver Suche (oft gemeinsam mit Jürgen Weber!) war nichts Einzelnes zu finden. Teilnehmer wertschätzen, dass er ein sehr scharf und strategisch denkender Wissenschaftler mit einem großen Wissensschatz ist (darüber verfügen nicht alle Praktiker). Wesentlich hinzu kommt sein unternehmerisches Verständnis, sodass die Unternehmensvertreter immer das Gefühl haben, dass Jürgen Weber genau ihre Herausforderungen in der konkreten Arbeit des jeweiligen Unternehmens präzise erkannt hat (das kann nicht jeder Wissenschaftler). Und Jürgen Weber schafft strategisch um sich herum Strukturen, die absolut professionelles Arbeiten ermöglichen, z. B. durch ein großes Team im CCM und die CTcon. Heraus kommen Ergebnisse, die Widerhall finden bei Unternehmen. Ich kann mich an eine Präsentation im CCM-Kreis erinnern, nach der die Lufthansa uns bat, diese erneut vor einem ausgewählten Führungskreis des Konzerns zu halten, im Aufsichtsratsraum der neuen Lufthansa-Konzernzentrale auf dem Frankfurter Flughafen mit Blick herab auf heranrollende 747. An diesem Beispiel lässt sich erkennen, welche ganz reale Relevanz Jürgen Weber dem Controlling geschafft hat zu verleihen. Und das nach der Diskussion über den Niedergang des Controlling, welche vor gut zwanzig Jahren in den USA und Deutschland tobte.[6]

Jürgen Weber. Außergewöhnlich.

Prof. Dr. Pascal Nevries
Lehrstuhl für Betriebswirtschaftslehre, insb. Controlling | Universität Kassel
Habilitation bei Prof. Dr. Dr. h.c. Jürger Weber 2010
Titel: *Advances in empirical controllership research*

6 Vgl. u.a. Johnson/Kaplan (1987): Relevance Lost – Rise and Fall of Management Accounting; Schneider (1991).

Wissenschaftliche
Hochschule für
Unternehmensführung
Koblenz

Wissenschaftliche Hochschule
für Unternehmensführung
Otto-Beisheim-Hochschule

WHU

Controllers Zukunft:
Controlling-Praxis

DEUTSCHES
VERKEHRSFORUM
KÜHNE-STIFTUNG
DAIMLERCHRYSLE

Verantwortung im Akteursmodell

Clemens Pelster

Die Entfernungen im Dreieck Münster – Vallendar – Oestrich-Winkel lassen sich auf die dort vorherrschenden Denkmodelle übertragen. Während die Entfernung Münster-Oestrich-Winkel 318 km und Münster-Vallendar 248 km beträgt, ist die Entfernung zwischen Oestrich-Winkel und Vallendar mit 80 km eher zu vernachlässigen. Aus meiner Studienzeit kenne ich Münster, während meiner Promotion habe ich Oestrich-Winkel kennengelernt und in Gesprächen mit sehr guten Freunden haben wir festgestellt, dass der in zahlreichen Studentenvideos aufgezeigte Unterschied zwischen WHU und ebs nicht für die dort ansässigen Controllinglehrstühle gilt: Die Erfolge des einen Lehrstuhls sind auch die des anderen; und wenn es an dem einen etwas zu feiern gibt, feiert auch der andere. Heute gratulieren wir Prof. Dr. Dr. h.c. Jürgen Weber. Ich gratuliere mit ein paar Erinnerungen und erinnere an das, was ich aus Oestrich-Winkel und Vallendar mitgenommen habe.

Die alles entscheidende Frage der in den Wirtschaftswissenschaften vorherrschenden Denkmodelle zielt auf den unter den verschiedenen Bedingungen und Möglichkeiten zu erreichenden Erfolg. Der homo oeconomicus ist erfolgsorientiert. Das lernte man schon in Münster. Als Voraussetzung gilt, dass der Akteur – ein in Vallendar geprägter Begriff – individuelles Wollen und Können einbringt, wenn er vor konkrete Aufgaben gestellt wird. Die so vorausgesetzten Fähigkeiten lassen sich in Wahrnehmungs-, Prognose- und Bewertungsfähigkeiten unterteilen. Das Zusammenspiel dieser Fähigkeiten soll und muss sich im Handeln bewähren. Als erfolgreich gilt dieses Handeln, wenn der individuell gesetzte und (oder) der von einer höheren Instanz verordnete Zweck erreicht ist.

Nach der Realisierung einer Handlung wird der Akteur, vorläufig noch ganz allgemein und theoretisch gesprochen, zur „Verantwortung gezogen". Konkret mag das heißen, dass er von höheren Instanzen zur Rechenschaft gezogen wird. Es kann jedoch auch bedeuten, dass er sich selbst Vorwürfe über sein Tun und Lassen macht. Überdeutlich wird, dass eine Kategorie ins Spiel kommt, die mit „Verantwortung" überschrieben werden kann, die sich jedoch nicht eindeutig, kurz und allgemeinverbindlich definieren lässt. Dagegen lässt sich aus den unterschiedlichen Erklärungsversuchen ein Strukturprinzip ableiten. Dies lässt sich folgendermaßen verbalisieren: Das Verantwortungssubjekt (1) hat gemäß verpflichtenden Regeln (2) in einer individuell-konkreten Situation (3) vor einer äußeren oder inneren Instanz (4) für sein Tun (5) gemäß den verpflichtenden Regeln (siehe 2) einzustehen (6).[1]

1 Maring: Kollektive und korporative Verantwortung. Begriffs- und Fallstudien aus Wirtschaft, Technik und Alltag. Münster 2001, S. 14.

Deutlich wird, dass „Verantwortung" nicht nur eine Reflexionskategorie ist, die nach Abschluss einer Handlung angelegt wird, sondern auch eine Anlage, die das Planen und Durchführen einer Aktion beeinflusst. Des Weiteren wird deutlich, dass weder die Beziehung von Verantwortung zu den „verpflichtenden Regeln" noch die Beziehung zu einer „individuell-konkreten Situation" eindeutig bestimmbar ist.

In der Zeit, in der dringende Aufrufe zu „verantwortungsvollem Handeln" an Politik und Wirtschaft, an Wissenschaft und Technik ergingen, wurde der Blick auf einen Vortrag gelenkt, der am 28. Januar 1919, also in der Krisenzeit nach dem Ersten Weltkrieg, in München gehalten worden war. Titel: „Politik als Beruf." In dem auf der Grundlage von Merkzetteln gehaltenen, später vom Redner selbst ausformulierten und herausgegebenen Vortrag trifft Max Weber eine wegweisende Unterscheidung: „Wir müssen uns klarmachen, dass alles ethisch orientierte Handeln unter zwei voneinander grundverschiedenen, unaustragbar gegensätzlichen Maximen stehen kann: es kann „gesinnungsethisch" oder „verantwortungsethisch" orientiert sein. Nicht dass Gesinnungsethik mit Verantwortungslosigkeit und Verantwortungsethik mit Gesinnungslosigkeit identisch wäre. Davon ist natürlich keine Rede. Aber es ist ein abgrundtiefer Gegensatz, ob man unter der gesinnungsethischen Maxime handelt – religiös geredet -: „der Christ tut recht und stellt den Erfolg Gott anheim", oder unter der verantwortungsethischen: dass man für die (voraussehbaren) Folgen seines Handelns aufzukommen hat."[2]

Mit der Unterscheidung der zunächst als gegensätzlich zu verstehenden Maximen gesinnungsethischer und verantwortungsethischer Orientierung ist die Aufforderung verbunden, die Kategorie des Zwecks von neuem und umfassend ins Kalkül zu ziehen. Max Weber spricht die Politiker an und hält ihnen vor Augen, dass mit reiner Gesinnungsethik den Widrigkeiten dieser Welt nicht beizukommen ist, dass aber eine Verantwortungsethik, die lediglich am kurzzeitigen Erfolg orientiert ist, auch zu kurz greift. Er folgert daraus: „Ob man aber als Gesinnungsethiker oder als Verantwortungsethiker handeln soll, und wann das eine und das andere, darüber kann man niemandem Vorschriften machen."[3]

Die Wirtschaftswissenschaften haben die Fragestellung aufgenommen, diskutiert und Konzepte zur Übertragung auf die Praxis entwickelt. Eine verbindliche Lösung ist bisher nicht entstanden und ist wohl auch nicht zu erwarten. So bleibt es bei einem Diskursmodell, das seine Tauglichkeit nicht nur in Politik und Wirtschaft unter Beweis stellen kann, sondern auch in ganz alltäglichen Entscheidungsprozessen. Mit Max Webers Unterscheidung wird Wissenschaft konkret.

Dr. Clemens Pelster
Head of Finance Region West | Vaillant Group
Promotion bei Prof. Dr. Utz Schäffer 2006
Titel: *„Das Controllability-Prinzip im Spannungsfeld von Theorie und Praxis"*

2 Max Weber: Politik als Beruf (28.01.1919) in: Politische Reden III (1914-1945). Herausgegeben von Peter Wende unter Mitarbeit von Andreas Fahrmeir. In: Bibliothek der Geschichte und Politik. Herausgegeben von Reinhart Koselleck. Frankfurt a. M. 1994, S. 232f.

3 Max Weber: Politik als Beruf. A.a.O. S. 241.

Die gemeinsame Liebe zur Kostenrechnung

Dieter Pfaff

Jürgen Weber habe ich Anfang der neunziger Jahre kennen und schätzen gelernt, als Assistent von Dieter Ordelheide, der damals mit der WHU Koblenz eng verbunden gewesen war und dem 1999 auch der Ehrendoktor der WHU verliehen wurde. Nach erfolgreicher Habilitation erhielt ich Ende 1992 einen Ruf an die WHU auf einen Lehrstuhl für externe Unternehmensrechnung. Obwohl ich den Ruf ablehnte, blieben Jürgen Weber und ich in engem Kontakt. Lehraufträge, die ich an der WHU wahrnahm, nutzten wir zu einem regen Gedankenaustausch. Ihm verdanke ich die jahrelange Anbindung an die CTcon als Dozent für finanzielle Berichterstattung.

Unsere ausführlichen Gespräche an der WHU oder am Telefon nutzten wir aber weniger zum Philosophieren über die externe Unternehmensrechnung, sondern zur Diskussion über den (vermeintlichen) Bedeutungsverfall der Kostenrechnung. Zu Beginn des Jahres 1994 war gerade der Aufsatz von Hasso Ziegler zur Neuorientierung des internen Rechnungswesens im Hause Siemens erschienen. Danach sollte die Bedeutung der Kostenrechnung sehr stark eingeschränkt werden; die Geschäftsbereiche, aber auch untergeordnete Verantwortlichkeitseinheiten bis hin zu Kostenstellen sollten mit Hilfe des externen Rechnungswesens gesteuert und kontrolliert werden. Ziegler löste mit seinem Beitrag eine grundlegende Diskussion über die Notwendigkeit einer eigenständigen Kostenrechnung aus, eine Frage, die bis heute kontrovers gesehen wird (zu einer Replik Pfaff 1994; siehe ebenfalls Schweitzer/Ziolkowski 1999; Franz/Hieronimus 2003).

Auch wenn festzuhalten ist, dass externes Rechnungswesen und Kostenrechnung als wesentliche Führungsinstrumente komplementär wirken (vgl. grundlegend bereits Schmalenbach 1899), so saß der Stachel doch tief im Fleisch der Kostenrechnung und auch im Fleisch von Jürgen Weber und mir. Der Kostenrechnung gilt unsere gemeinsame Liebe und nach wie vor sind wir der Ansicht, dass die Kostenrechnung – trotz anhaltend schlechter Kritiken – aus Unternehmen nicht wegzudenken ist und dass es eher die falsche Anspruchshaltung ist, welche die laufende Kostenrechnung „bedroht". Basierend auf unseren Fachgesprächen haben wir daher Ende der neunziger Jahre einen gemeinsamen Beitrag zum Zweck der Kostenrechnung geschrieben, dessen Botschaft noch heute aktuell ist.

Unsere These damals war, dass die Kostenrechnung in ihrer Entwicklung bestimmten, dominanten Zwecken (Kostenrechnung als Instrument zur Preiskalkulation im Sinne einer Preisrechtfertigung, zur Kontrolle und zur Koordination dezentraler Entscheidungsträger) folgte (vgl. zu Einzelheiten Pfaff/Weber 1998). Entscheidungsfundierung, so wie sie in den meisten Lehrbüchern zur Kostenrechnung beschrieben ist, zählt nicht zu diesen dominanten

Zwecken (ähnlich auch Zimmerman 1995, S. 160 f.: „Accounting numbers are most useful in decision monitoring and often least useful in decision initiation and implementation").

Erstens lässt sich die Kostenrechnung als ein Instrument kennzeichnen, das darauf gerichtet ist, einen angemessenen Preis zu kalkulieren (Preisrechtfertigung). Dies ist durchaus im Sinne des Produzenten: „Wer einem Kunden einen hohen Preis schlüssig aus eigenen hohen Kosten ableiten kann, hat die besten Voraussetzungen geschaffen, dass der Kunde den hohen Preis auch tatsächlich akzeptiert" (Pfaff/Weber 1998, S. 153, Endnote [9]). Die grundsätzlichen Merkmale der laufenden Kostenrechnung stimmen mit dieser Interpretation überein: So bedeutet der Periodenbezug Unabhängigkeit der Kostenzuordnung von unterschiedlichen Zeithorizonten der Faktordispositionen. Die Einflüsse von Investitionsentscheidungen auf den Erfolg z. B. werden durch Abschreibungsbildung mit denen von Entscheidungen über den Einsatz von Repetierfaktoren gleichgestellt. Das Verursachungsprinzip wiederum rechnet Kosten gemäß der anteiligen Inanspruchnahme von Leistungserstellungskapazitäten zu.

Zweitens wird mit der Kostenrechnung ein Kontrollbedürfnis befriedigt: „Der Kontrollmaßstab wird durch detaillierte Sollkostenfunktionen geliefert, die auf Produktionsfunktionen aufbauen" (Pfaff/Weber 1998, S. 154). So ist z. B. die Grenzplankostenrechnung von ihrer Intention her ausschließlich auf unternehmensinterne Adressaten ausgerichtet und konstituiert „damit nicht die Informationsbeziehung zwischen Unternehmen und Markt, sondern eine Weisungsbeziehung zwischen Unternehmensleitung und Kostenstellenleitungen" (Pfaff/Weber 1998, S. 155).

Drittens ist die Kostenrechnung in den Planungsprozess integriert: „Produktbezogene Kostenwerte liefern in Deckungsbeitragsform Hinweise für anstehende, in gesonderten Strukturplanungen zu vollziehende Veränderungen des Produktprogramms. Kostenstellenbezogene Kostenwerte dienen dazu, die Realisierbarkeit der von der Unternehmensleitung gewünschten Ziele zu belegen bzw. notwendige Anpassungsbedarfe aufzuzeigen. Geringe Differenzen signalisieren die Realisierbarkeit innerhalb der gegebenen Strukturen (Kostenfunktionen); große Differenzen erfordern Umstrukturierungen. Für solche bedarf es wiederum gesonderter Planungen" (Pfaff/Weber 1998, S. 156).

Vergleicht man diese drei dominanten Zwecke mit dem häufig postulierten Entscheidungsbezug der Kostenrechnung, ist die Abweichung offensichtlich. Es ist kennzeichnend für die Arbeit von Jürgen Weber, auf gravierende Theorie-Praxis-Lücken dieser Art immer wieder hingewiesen und Brückenschläge gewagt zu haben. Dass wir alle es leichter haben, den Graben zwischen Praxis und Theorie in den Gebieten Kostenrechnung, Controlling und Logistik zu überspringen, gehört zu den Verdiensten von Jürgen Weber.

Literatur

Franz, Klaus-Peter/Hieronimus, Albert (Hrsg.) (2003): Kostenrechnung im international vernetzten Konzern, Sonderheft Nr. 49 der ZfbF, Düsseldorf und Frankfurt/Main.

Pfaff, Dieter (1994): Zur Notwendigkeit einer eigenständigen Kostenrechnung – Anmerkungen zur Neuorientierung des internen Rechnungswesens im Hause Siemens, in: Zeitschrift für betriebswirtschaftliche Forschung, 46. Jg., S. 1065-1084.

Pfaff, Dieter/Weber, Jürgen (1998): Zweck der Kostenrechnung? Eine neue Sicht auf ein altes Problem, in: Die Betriebswirtschaft, 58. Jg., S. 151-165.

Schmalenbach, Eugen (1899): Buchführung und Kalkulation im Fabrikgeschäft, unveränderter Nachdruck aus der Deutschen Metallindustrie-Zeitung, 15. Jg., 1899, Leipzig 1928.

Schweitzer, Marcell/Ziolkowski, Ulrich (Hrsg.)(1999): Interne Unternehmungsrechnung: aufwandsorientiert oder kalkulatorisch? Sonderheft Nr. 42 der ZfbF, Düsseldorf und Frankfurt/Main.

Ziegler, Hasso (1994): Neuorientierung des internen Rechnungswesens für das Unternehmens-Controlling im Hause Siemens, in: Zeitschrift für betriebswirtschaftliche Forschung, 46. Jg., S. 175-188.

Zimmerman, Jerold L. (1995): Accounting for Decision Making and Control, Chicago etc.

Prof. Dr. Dieter Pfaff
Institutsdirektor Institut für Betriebswirtschaftslehre
Lehrstuhl für Unternehmensrechnung und Controlling
Universität Zürich, Schweiz

Controller on Tour

Christian Pfennig

Mit Rückenwind Fahrt aufnehmen...

Schon in den ersten Wochen meiner Promotionszeit hat mich die Atmosphäre am Institut für Controlling und Management (IMC) an der WHU – Otto Beisheim School of Management bei Prof. Weber mitgerissen. Die „Weber"-Kultur ist offen, kreativ und teamorientiert. Widerspruch ist gewünscht, wenn es der Sache dienlich ist, und nach harter Arbeit wird genauso hart gefeiert. Für mich ein Grund, diese Zeit als außerordentlich wertvoll zu empfinden, nachfolgend meine Eindrücke dieser lehrreichen Zeit gerne zu teilen und Prof. Weber zum 60. herzlichst zu gratulieren.

Unbekannte Wege einschlagen...

Spannende Themen gibt es bei Prof. Weber viele. Zu Beginn hat mich das Thema strategische Planung besonders beschäftigt. CFOs und Controller wollen und sollen sich stärker in den strategischen Themen engagieren. Wo liegen die Herausforderungen in den großen deutschen Konzernen? Die intensive projektorientierte Arbeit in den Forschungsprojekten am Center for Controlling & Management ermöglichte eine interessante monatelange Reise durch die Controlling- und Strategieabteilungen der DAX 30-Konzerne.

Abbiegen...

Mit verhaltenswissenschaftlichen Ansätzen beschäftigt sich Prof. Weber seit vielen Jahren. Für meine wissenschaftliche Arbeit hat sein Hinweis „denken Sie doch einmal über Anreize für Controller nach" eine entscheidende Wendung genommen. Durch die Lehrtätigkeit bei den Controllerentwicklungsseminaren hatte ich vielfältige Möglichkeiten, das Thema mit der Praxis zu diskutieren. In der Tat, hier gab es nicht nur von wissenschaftlicher Seite eine Lücke, sondern die Praxis war ebenfalls interessiert. Typisch für Prof. Weber. Forschung und Praxis befruchten sich gegenseitig – unbenommen gilt: „Nichts ist so gut für die Praxis wie eine gute Theorie".

Geistige Rast machen....

Prof. Weber wandert gerne. Meine Zeit am Institut für Controlling und Management war von einigen längeren Exkursionen geprägt. Das Ahrtal kennen viele akademische Schüler von Prof. Weber sehr gut. Er selbst bezeichnet diese Wanderungen häufig nur als einen

„längeren Spaziergang". Weitere Abwechslung und wissenschaftliche Nahrung boten Besuche in Museen oder Ausflüge an unseren zu meiner Zeit eng befreundeten und heute fest miteinander verbundenen und örtlich zusammengeführten Lehrstuhl von Prof. Schäffer.

Wieder abbiegen…

Wissenschaftliche Diskussion wird aktiv gefördert und geforscht wird im Team. An den regelmäßigen Institutstagen bot sich immer wieder die Gelegenheit, die Zwischenergebnisse der akademischen Arbeit mit dem Team zu diskutieren. Qualitätssteigernd war auch die multidisziplinäre Teamkonstellation. Physiker haben zuweilen eine andere Einschätzung der Sachlage als Betriebswirte. Zusätzlich förderlich für meinen Forschungsprozess war, dass Prof. Weber empirisch sehr beschlagen ist. So wurden neue wissenschaftliche Wege angeregt und es gab bestärkende Diskussionen zu reflektiven und formativen Messmodellen.

Endspurt einlegen…

Lesen und schreiben können nur wenige so schnell wie Prof. Weber. Mit der Abgabe eines vorläufigen Dissertationsstands für ein erstes Feedback kann nicht gleichzeitig Urlaub eingeplant werden, um die Wartezeit zu überbrücken, bis Prof. Weber sich einmal durchgearbeitet hat. Häufig dauert es nur wenige Tage. Mein Feedback fiel interessant aus: Zum einen wurde gefordert, bis Ende des Monats einen finalen Stand einzureichen und zum anderen der Hinweis gegeben: „dann haben Sie ja noch Zeit für andere Artikel…" Das Motto fördern und fordern wurde auch hier vorbildhaft gelebt.

In den Rückspiegel schauen…

Insgesamt kann ich rückblickend auf eine spannende und sehr lehrreiche Zeit mit vielen wertvollen Erfahrungen blicken. Ich möchte hiermit auch noch einmal die Gelegenheit nutzen, Prof. Weber meinen Dank auszudrücken und herzlichst zum 60. Geburtstag zu gratulieren. Herr Weber, denken Sie an Ihrem Geburtstag daran: „Arbeit und Feier vollenden einander" (Ludwig Strauß, 1892-1953).

Dr. Christian Pfennig
Manager | Deloitte Consulting GmbH
Promotion bei Prof. Dr. Dr. h.c. Jürgen Weber 2009
Titel: *Controllerzufriedenheit: Messung – Wirkungen – Determinanten*

Eine Sache der Persönlichkeit

Martin Plag

Mein erstes prägendes Erlebnis am Lehrstuhl war die Erarbeitung des WHU-Forschungspapiers Nr. 89. Im Sommer des Jahres 2001 hatte es sich eine kleine Gruppe des Lehrstuhls, bestehend aus Malte Brettel, John Endres und mir, Martin Plag, zur Aufgabe gemacht, dieses WHU-Forschungspapier zum Thema Change Management zu erstellen. Eine Aufgabe, bei der wir themenübergreifend sehr viel lernen sollten – nur wussten wir das zu diesem Zeitpunkt noch nicht. Ohne enge Vorgaben von Seiten Herrn Webers haben wir uns dieser Herausforderung zugewandt und frisch von der Leber einen Entwurf verfasst, dem wir den Titel „Gedanken zu einer Theorie des Veränderungsmanagements" verpassten. Der Titel war, so fanden wir, hinreichend vage, damit man uns nicht vorwerfen könne, wir hätten keinen eigenständigen, fundierten Ansatz entwickelt. Gedanken zu einer Theorie hatten wir uns ja schließlich gemacht. So reichten wir diesen ersten Entwurf bei Herrn Weber ein und ließen uns einen Termin für eine Besprechung geben, dem wir erwartungsvoll entgegen sahen. Unsere Hoffnungen auf eine schnelle Veröffentlichung wurden von Herrn Weber allerdings binnen weniger Minuten wie dürres Geäst zerbrochen: Logische Inkonsistenz hier, unzureichend hergeleitete Erkenntnisse dort und Fundamentalkritik an (gefühlt) mindestens zehn Stellen. Das Schlimmste an der Sache war die Nachvollziehbarkeit der Kritik, die er uns freundlich, aber klar erläuterte. Und so begann ein hartes Jahr für uns. Zwischen den ebenso regelmäßigen wie unerbittlichen Qualitätsschleifen mit Herrn Weber unterzogen wir uns innerhalb unserer Forschungsgruppe selbst solchen Reflexionsrunden. Am Ende des Prozesses, d. h. im August 2002, hatten wir 18 Versionen des Papiers auf unseren Rechnern, die sich alle erheblich voneinander unterschieden. Im Nachhinein muss ich feststellen, dass es allein Herrn Webers freundlicher, aber beharrlich-konsequenter Kritik zu verdanken war, dass das Papier ein akzeptables Niveau erreichen konnte (wenn auch Wissenschaftspreise gewiss in weiter Ferne blieben).

Besonders ist mir der Begutachtungsprozess meiner Dissertation im Gedächtnis geblieben. Freudestrahlend kündigte ich Herrn Weber im Januar 2006 an, dass ich im April den ersten Entwurf meiner Doktorarbeit abgeben würde. Im Vorbeigehen entgegnete er: „Wie schön! Welches Jahr?" Ich hielt Wort und gab die Arbeit im April (des gleichen Jahres) ab. Da ich mich an der Dualen Hochschule Baden-Württemberg in einem ablaufenden Zeitvertrag befand und mein weiterer beruflicher Weg vom nachweisbaren Erfolg der Arbeit maßgeblich abhing, fragte ich Herrn Weber, ob es nicht möglich sei, meine Arbeit recht zügig zu lesen und mir baldigst eine Rückmeldung zu geben. Ich hatte dabei an zwei bis drei Monate gedacht. Nach zwei Wochen hatte ich ein korrigiertes Exemplar meiner Arbeit in der

Post, mit umfangreichen Kommentaren, selbst in den Fußnoten. Dies ist für mich bis heute das herausragende Beispiel für die Unterstützung, die ein Lehrstuhlinhaber einem Doktoranden angedeihen lassen kann. Ohne diese Unterstützung hätte ich meine heutige Stelle wohl kaum bekommen. Hierfür werde ich Herrn Weber immer dankbar sein!

Die dritte einschneidende Erfahrung am Lehrstuhl war meine Probedisputation im Rahmen eines Lehrstuhltages. Ich hielt mich für gut präpariert, erntete aber zu Recht sowohl von meinen Lehrstuhlkollegen als auch von Herrn Weber, im Stile freundliche, in der Sache aber vernichtende Kritik. Diese Rückmeldungen führten nicht nur zu einigen Wochen Schlaflosigkeit, sondern auch zu exzeptionellen Anstrengungen um den „scharfen Durchgang" der Disputation besser vorzubereiten. Als nach erfolgter Prüfung auch der Zweitkorrektor Peter-J. Jost anmerkte: „Sie waren sehr ordentlich vorbereitet", war mir klar, dass dies vor allem dem offenen Feedback in der Probedisputation zu verdanken war.

In wenigen Schlagworten kann ich meine Wahrnehmung von Herrn Weber so umreißen: Fachlich brillant, inhaltlich konsequent, persönlich engagiert, die Bewertungen unserer Arbeitsergebnisse nachvollziehbar, das Feedback ehrlich und klar, wenn notwendig auch hart und im Umgang stets freundlich. Herr Weber hat immer für ein ganz besonderes Klima an seinem Lehrstuhl gesorgt. Die inspirierende und professionelle Atmosphäre waren der Humus, auf dem wissenschaftliche Arbeiten wachsen konnten. Dies war das Wichtigste, was ich in meiner Zeit am Lehrstuhl Jürgen Webers für meine heutige Profession gelernt habe. Der Erfolg einer Hochschule hängt nicht nur vom intellektuellen Potenzial seiner Mitarbeiter ab, sondern vor allem von einer besonderen Kultur, die einerseits geprägt ist von engagierter, konzentrierter Arbeit und andererseits von geistiger Freiheit, Offenheit, Kreativität und Menschlichkeit. Eine solche Kultur wird nur erzeugt und getragen von herausragenden Persönlichkeiten, die von den Mitarbeitern als Vorbilder akzeptiert werden – Persönlichkeiten wie Jürgen Weber.

Prof. Dr. Martin Plag
Leiter des Studiengangs Controlling & Consulting | Duale Hochschule Baden-Württemberg
Promotion bei Prof. Dr. Dr. h.c. Jürgen Weber 2007
Titel: *Veränderungsmanagement in Bundesministerien – Eine empirische Untersuchung auf Basis multipler Fallstudien*

Herzblut und sympathische Selbstreflexion

Björn Radtke

Jürgen Weber habe ich Mitte der neunziger Jahre persönlich kennengelernt. Bis dahin, so muss ich zugeben, durchaus offen für die volle Breite der Sichtweisen auf das Controlling durch die gängigen „BWL- und Controlling-Päpste" jener Zeit. Die erste wirklich intensive Zusammenarbeit hatten wir gemeinsam im Rahmen eines General Management-Trainingsprogramms für hochrangige Führungskräfte eines großen Konzerns. Für mich galt es, gemeinsam mit Jürgen Weber einen Trainingstag (den im Kern er halten sollte) vorzubereiten und zu begleiten. Der Anspruch war hoch, sowohl was die hochrangige Manager-Zielgruppe anging als auch im Hinblick auf die spezifische Gestaltung entlang der Herausforderungen im Transformationsprozess des Unternehmens. Jürgen Weber in der Zusammenarbeit kaum kennend, ging ich mit eher gemischten Gefühlen in das Vorhaben: „Was wird sich so ein erfolgsverwöhnter und bestimmt „unfehlbar" fühlender Controlling-Prof bei der Gestaltung eines Trainings zu Themen der Unternehmenssteuerung wohl sagen lassen? Wahrscheinlich wird er doch seinen Stiefel mit dem üblichen Vorlesungsmaterial durchziehen", so meine gesunden Vorurteile.

Nach den ersten gemeinsamen Vorbereitungsterminen war ich umso erstaunter, dass mir ein Gesprächspartner gegenübersaß, der nicht nur zuhörte, sondern sich mit viel Reflexion und intensiver Auseinandersetzung auf meine Vorschläge einließ. Zu spüren war tiefes Interesse an den Besonderheiten der Praxis in besagtem Unternehmen und der spezifischen Situation der im Mittelpunkt stehenden Führungskräfte-Zielgruppe. Die Pilot-Veranstaltung war ein voller Erfolg und angeschlossen haben sich viele gemeinsame Auftritte, die schon bald kein Drehbuch mehr brauchten, sondern durch hohes gegenseitiges Vertrauen wie von selbst liefen. Auch im eingespielten Zustand war weiter der selbstgestellte Anspruch höchster Professionalität handlungsleitend für ihn. „Fast schon ein wenig preußisch diese Disziplin", dachte ich das ein oder andere Mal.

In den Folgejahren haben wir an einigen Konzepten zur Verbesserung der Steuerung mit viel Spaß gemeinsam gearbeitet, immer in dem Versuch, Praxiserfahrung in der Implementierung und die Forschersicht von Jürgen Weber sinnvoll zusammen zu bringen. Ein solches Beispiel war die Balanced Scorecard, in den späten neunziger Jahren und viele Jahre darüber hinaus, dem ersten Anschein nach als das „Allheilmittel" für Strategieimplementierung, Unternehmenssteuerung, Controlling, Zielvereinbarungen und vieles mehr „gehypt". Oft haben wir diskutiert, was an der BSC gerade in der deutschen Unternehmenswelt eigentlich wirklich neu ist. Ausgesprochen gerne erinnere ich mich an Jürgen Webers gespielten Ärger, mit dem Konzept der selektiven Logistik-Kennzahlen eigentlich ein BSCähnliches Prinzip schon vor der großen BSC-Welle erfunden zu haben. Leider fehlte es am knackigen Namen und dem passenden „Marketing". Besonders bewegte ihn, wie sich das an sich absolut plausible Konzept der BSC in der Implementierung und dem langjährigen Steuerungseinsatz in der Unternehmenspraxis bewähren würde. So wurde auch die BSC zu einem Beispiel dafür, dass Verhaltens- und Führungsänderungen durch die Implementierung oft wichtiger sind als das schlauste Konzept. Unvergessen auch eine Veranstaltung an der WHU, in der Erfolgsfaktoren der Implementierung von Managementkonzepten im Mittelpunkt standen. Ich hatte das Vergnügen, zur BSC und deren Erfolgsfaktoren zu berichten, anschließend stellte Jürgen Weber das Konzept des Benchmarkings, ebenfalls einschließlich Erfolgsfaktoren vor. Abgestimmt hatten wir uns zuvor nicht. Zum Erstaunen der anwesenden Studentenschaft waren die Erfolgsfaktoren zur Implementierung der zuvor als so unterschiedlich dargestellten Ansätze bis auf einen Aufzählungspunkt für beide Konzepte quasi deckungsgleich. Mit einem Schmunzeln und einem sehr sympathischen Schuss Selbstironie in dem Tenor „da sehen Sie mal, welch differenzierte Ergebnisse jahrelange Forschung und Praxiserfahrung hervorbringen" leitete Jürgen Weber elegant in eine anschließend sehr angeregte Diskussion über. Mit voller Überzeugung für die eigene Theorie zu stehen und gerade diese Konzepte gleichzeitig selbstkritisch und mit gesunder Ironie zu hinterfragen, ist zweifellos eine besondere Stärke.

Einflussnahme und Meinungsführerschaft auch bei den „Praktikern" zu gewinnen, zeigt sich nicht nur in der Welt der großen privatwirtschaftlichen Konzerne, sondern in den letzten Jahren parallel auch wieder stärker im öffentlichen Sektor. Mit viel Herzblut und Überzeugung kämpft er auch dort auf dem oft mühsamen Pfad davon zu überzeugen, dass Unternehmenssteuerung weit mehr ist als die Einführung von immer neuen Instrumenten und Prozessen, sondern nur mit Führungswillen und vielen „weichen Faktoren" erfolgreich sein kann. Ein wesentlicher Entwicklungssprung gegenüber den um die Jahrtausendwende oftmals verpufften Ansätzen im „New Public Management" wäre der Lohn dieses Einsatzes. Drücken wir die Daumen, dass Jürgen Weber nicht nachlassen wird, sich auch weiterhin als Galionsfigur für „rationale Steuerung" auch in diesem Sektor einzusetzen. Ganz ähnlich mühsam und „ehrenvoll" ist sein Werben um den Einzug des verhaltensorientierten Controllings in die Praxis. Kein neues Konzept, aber eins, bei dem er seit Jahren mit dem Sprung über viele Disziplinen Ernst macht. Den Controllerberuf auch in die Sphäre von Verhalten und allen Führungsdimensionen (jenseits der Kosten- und Ergebnisfoci) zu bringen, wird ihm auch in den nächsten Jahren einen langen Atem abverlangen.

Abseits aller Fachlichkeit gibt es glücklicherweise auch ein paar Themen, in denen Jürgen Weber die für die Controller proklamierte Rationalitätssicherung erfrischend weit selbst verlässt. Das Lenken der Diskussion auf die Vorteile der Nutzung von Produkten eines Anbieters von Computern, Unterhaltungselektronik und Betriebssystemen mit Sitz in Cupertino (Kalifornien) oder auch ein vertiefendes Gespräch im Feld Automobile kann nach meiner Erfahrung solche „irrationalen Momente" zielsicher herbeiführen. Einfach mal testen.

Was bleibt noch zu wünschen? Den Controllern dieser Welt ein noch möglichst langes Wirken von Jürgen Weber, liegt ihm doch die Entwicklung dieser „pflegewürdigen Spezies" im rauen Umfeld von Internationalisierung (der das deutsche Controlling oft wenig sagt), zunehmender Effizienz und immer mehr konkurrierenden Spezialistenfunktionen besonders am Herzen. Jürgen selbst vor allem ein endloser Vorrat an „Herzblut" für seine Themen und Spaß in möglichst vielen „irrationalen" Momenten des Lebens.

Björn Radtke
Partner und Geschäftsführer | CTcon GmbH

Von Top-Controllern lernen

Marko Reimer

Von den weit über 1.000 Publikationen, die Jürgen Weber in seiner bisherigen akademischen Karriere verfasst hat, haben unzählige die Diskussionen im Controlling maßgeblich vorangebracht oder überhaupt erst angestoßen. Eine Auswahl aus diesem reichhaltigen Schatz der Controllingliteratur kann demzufolge den Makel der Selektivität nicht abstreifen. Dennoch möchte ich gern zwei seiner Veröffentlichungen hervorheben, die mich in meinem Denken über das Controlling und über Controller sehr stark beeinflusst haben. Beide Veröffentlichungen stehen für zwei durchaus miteinander verwobene Facetten: gemeint ist einerseits die verhaltensorientierte Dimension im Controlling und andererseits die Interaktion des Controllers mit den obersten Führungskräften in Unternehmen.

Zum ersten Themenkreis zählen einige AC-Bände – allen voran das Heft mit dem Titel „Controlling und Psychologie", das in Kooperation mit Maximilian Riesenhuber bereits vor mehr als 10 Jahren erschienen ist. Zu einer Zeit als Controlling noch immer sehr technisch betrachtet wurde, brachte Jürgen Weber die Psychologie in das Controlling. Das verhaltensorientierte Controlling erschien nicht nur neuartig, sondern auch dringend notwendig. Spricht man mit Praktikern, wird immer wieder die unzureichende Berücksichtigung menschlicher Verhaltensweisen bemängelt. In dem angesprochenen AC-Band stellen die beiden Autoren beispielsweise die Rolle von Emotionen heraus, indem sie darauf hinweisen: „Das beste Argument hilft nichts, wenn sich der Manager durch die Aussage der Zahlen angegriffen fühlt oder in seiner Ehre gekränkt wird". Wo hatte man bisher schon über Gefühle im Controlling nachgedacht?

Neben der Mitbegründung der verhaltensorientierten Controllingforschung im deutschsprachigen Raum hat mich seine Arbeit im Umfeld der Top-Controller sehr inspiriert. In dem Buch „Von Top-Controllern lernen" zeichnet Jürgen Weber ein ungewöhnlich detailliertes Bild über die Chefcontroller der größten deutschen Publikumsgesellschaften. Imposant ist das Werk aber nicht nur aufgrund der intimen Einblicke in die Denk- und Arbeitswelt der Konzerncontroller sowie die Zusammenstellung sehr einprägsamer Zitate, sondern auch und gerade aufgrund der Tatsache, dass Jürgen Weber mit fast allen Controllingleitern der 30 größten Unternehmen Deutschlands sprechen konnte. Hier offenbart sich ein Feldzugang, von dem die meisten Wissenschaftler nur träumen können. Dieser exklusive Zugang ist ein unstrittiges Zeugnis der hohen Anerkennung, die Jürgen Weber nicht nur unter Kollegen, Mitarbeitern und Studenten, sondern eben auch in weiten Teilen der Unternehmenspraxis genießt. Auch in diesem Beitrag stellt Jürgen Weber einmal mehr die Bedeutung der verhaltensorientierten Dimension des Controllings heraus.

Für mich folgte nach dem Kennenlernen seiner Publikationen auch bald die Möglichkeit, den Menschen Jürgen Weber kennenzulernen. Der erste persönliche Kontakt ergab sich 2008 im Rahmen einer Festschrift, die ich für Ulrich Krystek vorbereitete. Jürgen Weber hat mir mit seiner freundlichen und unprätentiösen Art sehr imponiert. Er hat nicht nur spontan zugesagt, sondern war auch der erste Autor der Festschrift, der – noch weit vor Ablauf der Deadline – seinen Beitrag ablieferte. Später ergaben sich noch weitere Kontakte auf verschiedenen Controllertagungen in Vallendar. Seit fast zwei Jahren habe ich nun als Fakultätsmitglied am IMC die große Ehre, direkt mit ihm zusammenzuarbeiten. Das ist immer sehr angenehm und stets lehrreich (von Top-Controllern lernen!).

Jürgen Weber beglückwünsche ich an dieser Stelle sehr herzlich – sowohl zum Geburtstag als auch zu seinen höchst relevanten und einflussreichen Beiträgen zur Controllingwissenschaft und -praxis. Ich freue mich schon jetzt auf weitere geniale Ideen von und spannende Diskussionen mit ihm.

Dr. Marko Reimer
Juniorprofessor, Institut für Management und Controlling | WHU – Otto Beisheim School of Management
Promotion bei Prof. Dr. Ulrich Krystek 2012
Titel: *Top Management-Beratung durch Controller*

Hahnenschrei

Solveig Reißig-Thust

„Er steht jeden Morgen um 5:30 Uhr auf und geht dann meist erst einmal eine Runde Joggen" – So mancher, der mit dieser Personenbeschreibung von Jürgen Weber konfrontiert wird, fragt sich doch, ob es im Umfeld eines solch zielstrebigen, hochdisziplinierten Frühaufstehers auch wirklich Spaß machen könnte zu arbeiten oder gar noch zu forschen. Dass dies dennoch möglich ist, möchte ich mit einigen Erfahrungswerten untermauern.

Da wäre als Erstes die breite Themenaufstellung des Lehrstuhls zu nennen, die wir Doktoranden als außergewöhnlich positiv empfunden haben. Jürgen Weber ließ uns sehr großen Spielraum bei der Wahl unserer Dissertationsthemen und Forschungsschwerpunkte. Anknüpfungspunkt für die Themenvielfalt lieferte die breit aufgestellte Controlling-Definition des Lehrstuhls – mit Sicherheit ein Pluspunkt für die Attraktivität des Themas.

Genauso vielfältig wie die Themen waren auch die Akteure am Lehrstuhl, die ein einzigartiges, hochmotiviertes und vielseitiges Team bildeten. Dazu trug nicht nur der regelmäßige Austausch an den Lehrstuhltagen bei, sondern auch ganz besonders die zusätzlichen Lehrstuhl-Events. Natürlich musste sich jeder Doktorand bei Lehrstuhlausflügen im Wandern durch die umliegenden Wälder beweisen, denn es war allgemein bekannt, dass man hierbei Pluspunkte beim Doktorvater sammeln konnte. Auch die Weihnachtsfeiern oder Grillabende in Weitersburg waren Highlights des Lehrstuhllebens. Es muss dankbar betont werden, dass Jürgen Weber ein sehr toleranter Doktorvater war, der uns viele Freiheiten ließ und auch unsere abwechslungsreichen Aktivitäten neben der Forschungstätigkeit erduldete. Er warf sogar eigenhändig Pfeile an die Dartscheibe im alten Eckbüro und nahm – wenn auch selten – an unseren Kicker-Turnieren teil. Eine solche von Vertrauen und Teamgeist geprägte Atmosphäre zu schaffen, ist eine ganz außergewöhnliche Leistung.

Den hohen Praxisbezug an einer Hochschule habe ich in der Zeit am Lehrstuhl von Jürgen Weber zu schätzen gelernt. Ganz besonders in Erinnerung geblieben ist mir natürlich die Schriftenreihe „Advanced Controlling", deren komplette Value Chain während der Lehrstuhlzeit in meinen Händen lag: Themen- und Autorensuche, Produktionsbegleitung inklusive Grafiken und die anschließende Vermarktung. Das war gelebte Praxis! Spaß gemacht hat natürlich auch, den Aufbau des CCM zu erleben, das uns Mitarbeitern einen engen Austausch mit den Vertretern der Unternehmenspraxis ermöglichte. Der Praxisbezug hat bei mir einen maßgeblichen Einfluss hinterlassen. Die wertvollen Impulse, die sich aus der Vernetzung von Hochschule und Praxis ergeben, versuche ich nun auch selbst bei meiner Tätigkeit an der Hochschule zu nutzen.

Der erste Hahnenschrei lockt mich noch immer nicht aus dem Bett – so weit ging der Einfluss dann doch nicht. Dafür hat die Zeit am Lehrstuhl von Jürgen Weber viele andere Einflüsse hinterlassen. Noch heute ist das lebendige Netzwerk zu den ehemaligen Lehrstuhlkollegen und -kolleginnen von unschätzbarem Wert. Viele Freundschaften sind aus dieser Zeit geblieben. Dass die Tätigkeit als Professor an einer Hochschule sehr attraktiv ist und viel Spaß machen kann, kann ich inzwischen selbst bestätigen. Und daran hatte Jürgen Weber einen ganz erheblichen „Impact". Vielen Dank dafür!

Prof. Dr. Solveig Reißig-Thust
Lehrstuhl für Betriebliches Rechnungswesen | Hochschule für Wirtschaft und Recht Berlin
Promotion bei Prof. Dr. Dr. h.c. Jürgen Weber 2003
Titel: *Die Gestaltung der Beziehung zwischen Venture-Capital-Gesellschaften und Gründungsunternehmen – eine empirische Untersuchung*

Schlau und schnell

Thorsten Reitmeyer

„...wenn Sie, liebe Studenten, wissen wollen was exponentiell bedeutet, müssen Sie sich mal den Verschleiß meiner Reifen anschauen. Bin gerade mit 270 km/h ins Dernbacher Dreieck eingebogen, also dieses schnelle Fahren, das frisst wirklich Reifen.“[1] Ob nun damals intersubjektiv nachprüfbar oder nicht: diese historische Äußerung begründete eine neue Epoche der Zusammenarbeit zwischen Jürgen Weber und mir. Bislang hatte ich ihn eher für jemanden gehalten, der Verrechnungsschlüssel tatsächlich für eine spannende Sache hält – und dann sowas. Die Folgen waren dramatisch: Praxisarbeit bei Porsche an seinem Lehrstuhl und bis heute die ungeklärte Frage, ob ich meine Note eigentlich für die spannenden Erkenntnisse der Arbeit (u. a. Konzeption des Operational Hedging) oder für die Organisation von Fahrten für ihn auf der Weissacher Hausrennstrecke der Porsche AG erhalten habe.

Nach der weiteren Zusammenarbeit in Logistik-Projekten und bei der Diplomarbeit war irgendwann klar: ich darf bei ihm promovieren, obwohl ich McKinsey-Berater war („Sie Berater, Sie!“[2]). Auf verschlungenen Wegen war uns beiden in den zwischenzeitlich vergangenen Jahren klar geworden, dass Prozesse realer Unternehmensentscheidungen mangels Datengrundlage und hinreichender statistischer Methoden nicht wirklich erforscht waren. Und schon wenige tausend Items und hunderte Analysen später standen sie dann, die zentralen Erkenntnisse: „Die Unternehmer sollten einen für die beteiligten Mitarbeiter und/ oder Externen transparenten Entscheidungsprozess etablieren.“[3] und weiter „Der mit dem beschriebenen Verfahren gesicherte regelmäßige Kontakt zwischen Unternehmensleitung und den verschiedenen „Informationsquellen“ sorgt für gegenseitige Transparenz über die bevorstehende Entscheidung und ihren Entstehungsweg.“[4] sowie schließlich „Als Konsequenz des beschriebenen Prozesses sollte die endgültige Entscheidung optimalerweise nicht durch die Geschäftsführung allein gefällt, sondern vor allem mit Kunden und (Vertriebs-) Mitarbeitern abgestimmt werden.

Nach erfolgter Entscheidung sollte der Unternehmer schließlich deren Umsetzung vorzugsweise mittels Plänen und Zielvereinbarungen koordinieren, um eigene Ressourcen für zukünftige Entscheidungen bereitstellen zu können...“[5].

---

1 Weber, Jürgen: Grundstudium, Vallendar, WS 1993

2 Weber, Jürgen: Promotions-Jour-Fixe, Vallendar, JWs Büro, 1998

3 Reitmeyer, Thorsten: Qualität von Entscheidungsprozessen der Geschäftsleitung, Wiesbaden, 2000, S. 186f.

4 Ebenda

5 Ebenda

Gut 15 Jahre später als CEO eines börsennotierten Unternehmens habe ich dem nicht viel hinzuzufügen. Außer, dass ich mich freue, dass Sie damals den Mut zu einer empirischen Dissertation hatten und wir dabei so signifikante und relevante Erkenntnisse erzielten. In den verschiedenen Firmen, die ich bislang kennenlernen durfte, fanden sich die o. g. Zusammenhänge deutlichst wieder: wer die zur Problemkomplexität passenden Methoden wählt, transparent und berechenbar entscheidet und delegiert, der ist erfolgreich. Wer „mal so, mal so" entscheidet, der verschwindet vom Markt.

Professor Weber, danke, dass Sie mir gezeigt haben, wie praxisrelevant Forschung sein kann. Ihnen weiterhin alles Gute, spannende Erkenntnisse und allzeit schnelle Wagen…

Dr. Thorsten Reitmeyer
Vorstandsvorsitzender | comdirect bank AG
Honorarprofessor Institut für Unternehmensführung | Karlsruher Institut für Technologie
Promotion bei Prof. Dr. Dr. h.c. Weber 1999
Titel: *Qualität von Entscheidungsprozessen der Geschäftsleitung: eine empirische Untersuchung mittelständischer Unternehmen*

Rationalität und Charme vereinigt in einer Person

Markus Rudolf

Anlässlich des 60. Geburtstages meines freundschaftlich geschätzten Kollegen Jürgen Weber wurde ich von Utz Schäffer gebeten, einige Gedanken zu einer Festschrift beizusteuern. So ist es üblich, bei sehr verdienten Kollegen. Diese Festschrift allerdings soll anders sein als die üblichen Festschriften. Die Autoren sollen keine akademischen Gedanken beisteuern, sondern persönliche. Dazu muss erwähnt werden, dass es einem quantitativ ausgerichteten Finanzökonomen wie mir selbst auch sehr schwer fallen würde, einen akademischen Text zu verfassen, der sich das Interesse von Jürgen Weber verdienen könnte. Deshalb ist es eine viel größere Freude, einige persönliche Gedanken zu Jürgen Weber, seinem akademischen Leben und seinen Beiträgen zur WHU – Otto Beisheim School of Management zu Papier zu bringen. Und weil es auch ein kurzer Text sein soll bleibt die Hoffnung bestehen, dass diese Zeilen das Interesse des Jubilars gewinnen können. Jürgen Weber ist in mindestens zweierlei Hinsicht eine außergewöhnliche Persönlichkeit.

Erstens, Jürgen Weber ist einer der einflussreichsten Controlling-Professoren in Deutschland. Nicht nur sind seine wissenschaftlichen Publikationen extrem zahlreich. Es ist auch äußerst bewundernswert, ein akademisches Buch geschrieben zu haben, welches sich wie ein Bestseller verkauft. Sein Buch „Einführung in das Controlling" gibt es nun in der dreizehnten Auflage – mittlerweile mit seinem Koautor Utz Schäffer. Es ist das einflussreichste Lehrbuch auf dem Gebiet des Controllings in deutscher Sprache. Die Sicherung der Rationalität betriebswirtschaftlicher Entscheidungen ist das Leitthema seiner Forschung. In vielen Diskussionen zum Thema Rationalität mit Jürgen Weber selbst oder seinen Doktorandinnen und Doktoranden konnte ich meinen Horizont erweitern. Denn Rationalitätssicherung ist ja nicht nur ein Controlling-Thema. Es ist auch ein klassisches Thema der Finanzmarkttheorie. Nur die Ansatzpunkte für Rationalität in den beiden Disziplinen sind gänzlich verschieden. Nie lernt man mehr als wenn das gleiche Phänomen aus zwei verschiedenen Blickwinkeln betrachtet wird. Insofern gehöre ich zweifelsfrei zu den vielen Personen, auf die Jürgen Weber akademischen Einfluss ausgeübt hat. Jürgen Weber versteht es vorbildlich, vermeintlich trockene Inhalte aufzuarbeiten und Studierende und Kollegen für seine Themen zu interessieren.

Zweitens gehört er aber auch zu denjenigen Personen, die unsere Hochschule, die WHU – Otto Beisheim School of Management am nachhaltigsten geprägt haben. Der Grund dafür ist nicht darin zu suchen, dass er als der erste, festangestellte Professor der WHU am meisten Zeit hatte, die Institution zu prägen. Auch seine langjährigen Beiträge als Rektor und Prorektor der Hochschule sind nicht alleine die Erklärung dafür, dass er die WHU so nachhaltig geprägt hat. Es ist vielmehr so, dass viele der WHU-Werte Werte sind, für die

Jürgen Weber steht. Mit diesen Werten verkörpert er den Geist unserer Hochschule. Leistungsorientierung und unternehmerisches Engagement sind zwei dieser Werte. Wie kaum ein Zweiter verstand es Jürgen Weber immer, unternehmerisches Engagement und akademischen Fortschritt in Einklang zu bringen. Davon zeugen seine vielen Forschungszentren, die er an der WHU im Laufe der Zeit gegründet hat. Mit diesen Zentren wurden immer wieder Aktivitäten jenseits des Controllings angestoßen, die heute zur Kern-Expertise der WHU gehören. Sie haben immer viele Doktorandinnen und Doktoranden gebunden und haben dadurch den Ruf der WHU nach außen getragen. Aber auch Jürgen Webers Rolle als Unternehmer außerhalb der Hochschule ist so erfolgreich, wie es nur wenigen Hochschullehrern gelingt. Es steht einer unternehmerisch orientierten Hochschule wie der WHU gut zu Gesicht, wenn ihre Professoren nicht nur theoretisch stark sind in der Betriebswirtschaftslehre, sondern wenn sie sich auch um die Umsetzung in die Praxis kümmern. Viele wurden durch Jürgen Webers Entwurf eines unternehmerischen Hochschullehrers inspiriert. Wenn Rationalitätssicherung der akademische Leitgedanke Jürgen Webers ist, dann ist die feste Überzeugung, dass Praxis und Unternehmertum ihren Platz in der Lehre und in der Ausrichtung einer Hochschule verdienen, ein zweiter Leitgedanke. Und auch in diesem Gedanken hat er viele Kollegen und Angehörige der Hochschule unermüdlich sensibilisiert und durch Diskussionen inspiriert.

Auch wenn eine Jubiläumsschrift zum 60. Geburtstag nur ein Zwischenbericht über das bisherige Wirken seiner Persönlichkeit sein kann, summieren sich die akademischen und unternehmerischen Leistungen Jürgen Webers schon jetzt zu einem beeindruckenden Lebenswerk. Viele fragen sich, wie man so viel in so kurzer Zeit erreichen kann. Und das bringt mich zu einem dritten Punkt meines kleinen Besinnungsaufsatzes zur Person Jürgen Weber. Das sind einige außergewöhnliche, persönliche Eigenschaften. Er ist zweifellos einer der erfolgreichsten Betriebswirtschaftslehre-Professoren in Deutschland. Und dennoch ist er ausgesprochen locker und sehr sympathisch. Er ist jemand, der die Bodenhaftung niemals verloren hat. Man sucht gerne seine Expertise und seine Gesellschaft. Er ist jemand, der Rationalitätssicherung im Controlling betreibt, aber ohne erbsenzählerische Analytik. Vielmehr ist er ein glänzender Stratege, dessen Rat innerhalb und außerhalb der Hochschule geschätzt und gesucht wird. Sein Zugang zu seiner Arbeit, zu seinen Kollegen und seinem Umfeld wirkt immer leicht und selbstverständlich. Und doch ist Jürgen Weber jemand, der extrem diszipliniert arbeitet, viel früher aufsteht als die meisten anderen. Er ist sicherlich auch eine Art positiver Workaholic. Und dennoch ist er der einzige Hochschullehrer für Betriebswirtschaftslehre, der einem das Fach Controlling mit Charme in akademischer und in praktischer Hinsicht vermitteln kann. Meine allerherzlichsten Glückwünsche zum Geburtstag.

Prof. Dr. Markus Rudolf
Prorektor | WHU – Otto Beisheim School of Management
Lehrstuhl für Finanzwirtschaft

Die gemeinsame Liebe zum Controlling

Utz Schäffer

Jürgen Weber und ich kennen uns schon seit über 20 Jahren: ich habe ihn im Jahre 1990 zunächst als Hörer seiner Kostenrechnungsvorlesung im zweiten Semester und als Adressat eines Fackelzugs der WHU-Studenten kennengelernt, andersherum hat er mich als vergleichsweise ruhigen Studenten (sic!) vermutlich erst später, im Rahmen der Controlling-Vertiefung im Hauptstudium oder im Rahmen meiner Diplomarbeit an seinem Lehrstuhl bewusst wahrgenommen. Seit vielen Jahren arbeiten wir nun eng zusammen. Bereits meine Promotionszeit war von vielen und intensiven Diskussionen mit Jürgen Weber geprägt, danach riss der Faden auch in den Jahren, die ich in München und im Rheingau zubrachte, nie mehr wirklich ab. Entsprechend fällt es schwer, auf zwei Seiten das Spezifische der Persönlichkeit eines einfach nur netten Menschen und die Absonderlichkeiten eines erfolgreichen Hochschullehrers auf den Punkt zu bringen. Aber vielleicht ist diese Festschrift ja auch ein schöner Anlass, um einen neuen Versuch zu starten. Was mir die Arbeit dabei etwas einfacher macht, ist die Tatsache, dass ich anlässlich meiner Ansprache zur Ehrenpromotion von Jürgen Weber im Jahr 2006 bereits drei sogenannte Leitmotive seines Handels herausgearbeitet hatte.

„Nichts ist so gut für die Praxis wie eine gute Theorie" lautet das erste seinerzeit identifizierte Motiv – das in ganz ähnlicher Form übrigens auf Immanuel Kant (und möglicherweise viele Denker vor ihm) zurückgeht. Der Anspruch, Praxis und Wissenschaft zu verzahnen, die Idee, betriebswirtschaftliche Theoriebildung als letztlich der Unternehmenspraxis und der Gesellschaft dienende Funktion zu sehen, sind in der aktuellen Diskussion um Handelsblattpunkte sowie die Alternativen Untergang und Veröffentlichung („publish or perish") gelegentlich untergegangen. Für Jürgen Weber stand die Verpflichtung, betriebswirtschaftliches Denken und Theoriebildung so zu betreiben und im Bedarfsfall zu übersetzen, dass die Unternehmenspraxis davon profitieren kann, immer außer Frage. Die Praxisrelevanz seiner Forschung und die zentrale Stellung des Dialogs mit der Controllingpraxis in seinem Aktivitätenspektrum – man denke beispielhaft nur an das Center for Controlling & Management oder an den Campus for Controlling – sind die unmittelbare Konsequenz davon.

„In Dir muss brennen, was Du in anderen entzünden willst" ist das zweite Leitmotiv, das ich seinerzeit Jürgen Weber zugeordnet habe. Seine Reputation in der Praxis, sein Einfluss auf die Entwicklung von Controlling und WHU, die große Zahl seiner Schüler, von denen sich nicht wenige für eine akademische Karriere entschieden haben, und die über 60 Beiträge in diesem Band zeigen auch sieben Jahre nach der Ehrenpromotion, dass die innere Betriebstemperatur von Jürgen Weber in Sachen Controlling und WHU in der Tat weit über das ohne Rücksprache mit der Feuerwehr erlaubte Maß hinausgehen muss.

Das dritte Motiv hat einen anderen Charakter als die zwei bereits genannten. Steht dort der Gedanke, betriebswirtschaftliche Theorie und innere Flamme gewissermaßen missionierend nach außen zu tragen, im Vordergrund, hat das dritte Motiv – „Jede Gabe ist auch Verpflichtung" – einen nachdenklicheren Charakter. Es verdeutlicht, was Jürgen Weber neben der Liebe zum Controlling und seinem missionarischen Eifer noch getrieben hat: Ein tief verwurzeltes Pflichtgefühl, das ihn einfach sympathisch macht und vielleicht dem einen oder anderen auch zum Vorbild geraten lässt.

Natürlich möchte ich die Gelegenheit dieser Festschrift nutzen, um einen Schritt über die früheren Gedanken hinaus zu tun. Dabei ist zunächst festzuhalten, was Jürgen Weber ganz sicherlich nicht ist: ein Dogmatiker. Nein, er war stets offen für Neues und hat sich innovativen Strömungen oder Gedanken seiner Schüler gegenüber nie verschlossen.

Lange Jahre stand Jürgen Weber neben Péter Horváth und Hans-Ulrich Küpper für eine koordinationsorientierte Sicht des Controllings. Wie alle seine Schüler aus der damaligen Zeit wissen, hat er immer wieder an diesem Controllingverständnis gefeilt – die verschiedenen Auflagen der „Einführung in das Controlling" dokumentieren das aufs Beste. Das hat ihn aber nicht davon abgehalten, auch grundlegende Zweifel seiner Schüler an eben dieser koordinationsorientierten Sicht des Controllings ernst- und aufzunehmen. Wie wenig selbstverständlich das ist, wurde mir in einem Gespräch mit Herrn Kollegen Ewald Scherm von der Fernuniversität in Hagen deutlich, der sich vor einigen Jahren rückblickend sehr verwundert zeigte, dass ein junger Doktorand, der bei seinem Doktorvater auch habilitieren wollte, im Rahmen seiner Dissertationsschrift so kritisch mit dessen Sicht des Controllings ins Gericht ging. Nein, Denk- und Schreibverbote gab es im Umfeld von Jürgen Weber nie. Ganz im Gegenteil:

Eine ganze Generation von Doktoranden an Jürgen Webers Lehrstuhl hatte Mitte der neunziger Jahre unbelastet von „publish or perish" ganz grundlegend über Führungshandlungen (und deren Führung) nachgedacht, darunter auch heutige Hochschullehrer wie Malte Brettel, Martin Grothe, Barbara Weißenberger und ich. Sorgen gemacht haben wir uns dabei nie, das angestrebte Forschungspapier war Wert in sich. Getrieben hat uns die schiere Neugier – die Jürgen Weber geschickt zu kultivieren wusste – und gelegentlich wohl auch die Aussicht auf eine am Abend von Malte gemixte Caipirinha. Die erforderliche Sicherheit ergab sich neben der gegenseitigen Bestärkung im Team vor allem aus dem von Jürgen Weber geschaffenen Umfeld. Ich erinnere mich auch noch gut an unser erstes fachliches Gespräch nach meiner Zeit bei McKinsey, also wohl im Oktober 1997. Als Berater in einigen Strategie- und Umsetzungsprojekten war ich zu der Überzeugung gelangt, dass Controlling letztlich als Rationalitätssicherung der Unternehmensführung zu verstehen sei und hatte die zugehörigen Gedanken auf ein paar Seiten skizziert. In unserem Gespräch stellte ich Jürgen Weber den Gedankengang vor und was folgte, war wie schon so oft nicht etwa eine dogmatische Verteidigung alter Lehrmeinungen, sondern eine sehr weitgehende Offenheit für den neuen Gedanken und eine ganze Reihe spannender Diskussionen, in denen wir das Konzept gemeinsam schärften und weiterentwickelten.

Abschließend möchte ich noch einen Aspekt vertiefen, der eben bereits anklang. Jürgen Weber ist es stets gelungen, ein Klima der Harmonie zu erzeugen und seinen Doktoranden, Habilitanden und Mitarbeitern Sicherheit zu vermitteln. Er hat es also geschafft, nicht nur das Feuer, sondern auch die Ruhe und Souveränität, die in ihm ruhen, nach außen zu geben und sein Umfeld damit anzustecken. Eigentlich lustig (oder wie Jürgen Weber sagen würde: posierlich), dass jemand, für den Harmonie und Konsens im täglichen Leben eine so wichtige Rolle spielen, im Controlling überzeugend und mit Erfolg für die Idee des kritischen Counterparts kämpft. Aber wer Jürgen Weber kennt, weiß, dass er sicherlich auch das gut erklären könnte.

Lieber Jürgen, es macht einfach Spaß, mit Dir zusammen zu arbeiten. In diesem Sinne: They ain't seen nothing yet!

Prof. Dr. Utz Schäffer

Direktor, Institut für Management und Controlling | WHU – Otto Beisheim School of Management

Promotion bei Prof. Dr. Dr. h.c. Jürgen Weber 1996
Titel: *Controlling für selbstabstimmende Gruppen?*

Habilitation bei Prof. Dr. Dr. h.c. Jürgen Weber 2001
Titel: *Kontrolle als Lernprozess*

Hart aber herzlich

Thorsten Sellhorn

Meine erste persönliche Begegnung mit Jürgen Weber ergab sich im Frühjahr 2008 an der WHU – Otto Beisheim School of Management. Ich hatte mich als Habilitand an der Ruhr-Universität Bochum dafür interessiert, die Nachfolge meines langjährigen Weggefährten und guten Freundes Rolf Uwe Fülbier auf dem WHU-Lehrstuhl für Externes Rechnungswesen anzutreten. Jürgen Weber war so freundlich, mich noch vor dem Berufungsverfahren zu einem Kennenlernen nach Vallendar einzuladen. Natürlich war ich angespannt, wollte ich doch gern an die WHU und daher unbedingt einen guten ersten Eindruck hinterlassen bei der „grauen Eminenz" der noch jungen Hochschule, dem als Controlling-Papst und frisch gebackenem Dr. h.c. ein gewisser Ruf vorauseilte. Erwartete mich ein Assessment Center?

In dem Gespräch (in dem sich schnell zeigte, dass Jürgen alles andere als „grau" ist) fühlte ich mich zwar durchaus professionell als möglicher Kandidat auf den Prüfstand gestellt, aber gleichzeitig auf sehr angenehme Weise als Person wahrgenommen und wertgeschätzt. Jürgen Weber ist ein faszinierender Gesprächspartner, der trotz seiner beeindruckenden Erfolge eine große Bescheidenheit ausstrahlt, der mehr zuhört als redet und dem sein alles überlagerndes Interesse an dem langfristigen Wohlergehen seiner Hochschule aus jeder Pore strömt. Dabei wirkt er geerdet und in sich ruhend; man fühlt sich in seiner Gegenwart wohl.

Seit meinem Start an der WHU im Herbst 2008 habe ich Jürgen bei einigen Gelegenheiten auch privat erlebt. Einem schönen und anregenden Abend mit ihm und seiner netten Frau Andrea verdanke ich eine neue Wertschätzung für gute italienische Rotweine. Als Kind des Ruhrgebiets von Haus aus Biertrinker, hatte ich mich bis dato (von Moselrieslingen einmal abgesehen) nicht intensiv mit Önologie beschäftigt. Der von Jürgen kredenzte Primitivo aus Apulien zeigte mir deutlich, dass dies ein Fehler gewesen war. Einmal verabredeten wir uns am Lago d'Orta im oberitalienischen Piemont, wo wir 2011 unabhängig voneinander unsere Sommerurlaube verbrachten. Andrea und Jürgen legten eine bewundernswerte Langmut (oder hohe Schauspielkunst) an den Tag, während unser Sohn Bela (damals ein Jahr alt) in einem Souvenirladen randalierte und unsere Tochter Mina (damals fünf) im Halbstundentakt nach *gelato* verlangte. Zur Tradition geworden ist der jährliche Besuch des großartigen Weihnachts-Varieté im Koblenzer Café Hahn im Kreise einiger Fakultätskollegen und ihrer Partnerinnen. Es gibt kaum einen besseren Ausgleich zu anstrengendem Forschen und Lehren als – in der ständigen Angst, jeden Moment als „Freiwilliger" auf die Bühne gebeten zu werden – jungen Künstlerinnen und Künstlern dabei zuzuschauen, wie sie mit ihren Füßen Puppentheater spielen oder mit fünf Gymnastikbällen auf enger Bühne lebensgefährliche Verrenkungen vollführen.

Obwohl wir seit Herbst 2008 an derselben Hochschule und in derselben Group (Accounting & Control) wirken, haben sich bisher nur wenige fachliche Berührungspunkte oder gar gemeinsame Forschungsaktivitäten ergeben. Dies dürfte sich kurzfristig kaum ändern: Der Wandel des Controllerberufs vom „Zahlenknecht" zum Sparringspartner des Vorstandsvorsitzenden bedingt auch bei Jürgen Weber eine Orientierung hin zu strategischen Fragestellungen und damit weg von den Niederungen des Rechnungswesens, die ich als regulierungsgetriebener Rechnungsleger bevölkere. Dieses fachliche Auseinanderleben empfinde ich als bedauerlich – es ist aber nur folgerichtig und zeigt, dass Jürgen Weber sein Fachgebiet als Vordenker zeitgemäß und praxisnah führt und gestaltet.

Gerade die Praxisnähe ist Jürgen Weber wichtig. Die Liste der Erfolge, die er auf diesem Gebiet für das Institut für Management und Controlling (IMC) und damit auch für die WHU insgesamt errungen hat, ist ebenso lang wie imposant (und würde meine Platzrestriktionen sprengen). Damit grenzt Jürgen sich ab von einer alleinigen Ausrichtung auf Veröffentlichungen in internationalen, doppelt-blind begutachteten Zeitschriften, die in Journal-Rankings möglichst hoch eingestuft werden. (Dass er dies nicht aus Selbstschutz tut, zeigen seine Veröffentlichungen in ebendiesen Journalen.) Stattdessen vertritt er die Auffassung, gute Hochschullehrer/innen sollten sich auf vier Leistungsfeldern engagieren: Lehre, Forschung, Praxistransfer und Hochschulmanagement. (Da die meisten seiner Kolleginnen und Kollegen als Normalsterbliche gewissen Restriktionen unterworfen sind, werden *simultane* Spitzenleistungen in allen diesen Bereichen nur von Kollektiven erwartet.) Mit dieser Auffassung wirkt Jürgen an der WHU kulturprägend.

Die Schaffung des IMC ist typisch für Jürgens Wirken an seiner Hochschule. Er nimmt sich als Person zu Gunsten seiner langfristigen Vision für das große Ganze zurück. Im IMC gehen die Controlling-Lehrstühle von Utz Schäffer und Jürgen Weber auf – die beiden Kollegen sehen sich nicht als Herrscher über zwei separate „Lehrstuhl-Kaiserreiche", sondern als paritätische Leiter einer größeren Einheit, zu der des Weiteren zahlreiche Doktoranden, Postgraduierte, Juniorprofessoren und Servicekräfte gehören. Gemeinsamkeit macht stark.

Für mich ist Jürgen Weber in Vielem ein Vorbild. Als Wissenschaftler fasziniert mich seine konzeptionelle Klarheit und Konsequenz. Jürgen Weber denkt, argumentiert und handelt stets auf einer konsistenten theoretischen Grundlage – zuweilen hart in der Sache, aber stets menschlich im Umgang. An der WHU spielt er im besten Sinne die Rolle des modernen Controllers: Als gefragter Ansprechpartner für seine Kollegen und die Hochschulleitung gibt er auf strategische Fragen aus einer klaren Vision für die Hochschule heraus kompetente Antworten. Dabei stellt er sich stets in den Dienst der Institution und übernimmt Verantwortung, wo er gebraucht wird, während er, seinem unprätentiösen Naturell entsprechend, das Rampenlicht gern anderen überlässt. Während die Rationalitätssicherung bei Entscheidungsprozessen ihm wichtig ist, verliert er niemals den Blick für die handelnden Personen und ihre menschlichen Züge – und damit für die Organisation als soziales System. Sein Wirken zeigt mir, welche Dynamik die konsequente Umsetzung einer langfristigen Vision entfalten kann, vor allem wenn der Handelnde egoistischer Motive unverdächtig ist und sowohl fachlich als insbesondere auch menschlich allenthalben geschätzt wird. Ich wünsche seiner Familie, seinen Studierenden, seinen Kolleginnen und Kollegen, seinem Team und seiner Hochschule, dass Jürgens Schaffens- und Strahlkraft ihnen noch lange erhalten bleiben möge!

Prof. Dr. Thorsten Sellhorn
Lehrstuhl für Externes Rechnungswesen – Otto Beisheim Stiftungslehrstuhl
WHU – Otto Beisheim School of Management

Eine wunderbare Reise

Carsten Sieber

„Eine Promotion ist eine Reise" – Mit diesen Worten begann Jürgen Weber im Herbst 2004 das Vorstellungsgespräch, das meiner Bewerbung auf eine Doktorandenstelle an seinem Lehrstuhl folgte. Oft wisse man zu Beginn der Promotion nicht, in welche Richtung der Weg (des Forschungsvorhabens) verlaufen würde, auf welche Weggabelungen man treffe, auf welch unerwartete Entdeckungen man stoße, welch undurchdringbar erscheinender Dschungel sich plötzlich vor einem auftun könne, wie man den Ausgang aus einem dunklen, unterirdischen Labyrinth finde und schließlich an welchem Ort (bzw. mit welchem Forschungsergebnis) der Weg genau ende. Hatte ich für mich bereits vor dem Vorstellungsgespräch entschieden, dass eine Promotion für mich aufgrund der dortigen Rahmenbedingungen nur am Lehrstuhl von Jürgen Weber infrage kommt, so hat mich das Vorstellungsgespräch – und die Aussicht auf eine spannende Reise – in diesem Wunsch eindeutig bestärkt. Umso glücklicher war ich, als Jürgen Weber mich einige Tage später anrief und mir eine Zusage gab. Ein knappes halbes Jahr später begann für mich am Lehrstuhl eine wunderbare Reise, an die ich mich stets sehr gerne erinnere.

Die von Jürgen Weber geschaffenen Rahmenbedingungen waren für meine Reise hervorragend:

- Mit seinem sicheren Gespür für die noch unerforschten weißen Flecken auf der Forschungslandkarte war Jürgen Weber ein erstklassiger „Expeditionsleiter" (bzw. Doktorvater), wie man ihn sich in jeder Hinsicht nur wünschen kann. Er hat mein Reise(- bzw. Dissertations)vorhaben von Beginn an sehr engagiert, äußerst konstruktiv und aktiv unterstützt. Seine warmherzige und offene Art sowie sein vorbildlicher Umgangs- und Führungsstil haben maßgeblich dazu beigetragen, dass meine Promotion eine wunderbare Reise wurde.
- Unser „Expeditionsteam", das von Jürgen Weber zusammengestellt worden war, war eine kleine, aber schlagkräftige (Forschungs-)Gruppe. Der fachliche Austausch, die vielen fruchtbaren Diskussionen und die freundschaftliche Zusammenarbeit innerhalb der Forschungsgruppe waren von unermesslichem Wert. Auf diese Weise konnte so manch großer Felsblock, der den vor einem liegenden Weg versperrte, zur Seite geräumt werden.
- Unser „Basislager" (bzw. der Lehrstuhl von Jürgen Weber) war nicht nur der ideale Startpunkt für die Expedition, sondern leistete auch während der Reise sehr wertvolle Unterstützung: einerseits zur Bewältigung des Reise- bzw. Forscheralltags in organisa-

torischer und administrativer Hinsicht; andererseits bot der Lehrstuhl ein ideales und anregendes Forschungsumfeld – über die Forschungsgruppe hinaus waren das Arbeiten und Forschen gemeinsam mit anderen interessanten Menschen unterschiedlichen Hintergrunds eine große Bereicherung. Der von Jürgen Weber gewährte Freiraum war zusätzlich sehr motivierend.

Auf diese Weise bestens ausgerüstet startete die Reiseexpedition. Das grobe Reise(- bzw. Forschungs)ziel wurde abgesteckt und ich begab mich auf den Weg. Mit vielen kleinen Schritten (bzw. dem Lesen unzähliger Quellen zum Forschungsgebiet) ging es Stückchen für Stückchen voran. Abseits des rechten Weges, der nicht immer klar vor mir erkennbar war, taten sich ebenfalls noch nicht erforschte, reizvolle Landschaften (andere Forschungslücken), Dickicht, in dem man (in den Tiefen der Literatur und Wissenschaft) die Orientierung verloren, sich im Kreise gedreht und aus dem man nur schwer wieder herausgefunden hätte, und Sackgassen (besteht an dieser Stelle möglicherweise doch keine Forschungslücke, die es zu erforschen gilt?) auf. Manch unerwartete Abzweigung wurde gewählt, um wieder auf den Weg zu gelangen, der zum Ziel führte. Abwechslung und Erholung von den Reisestrapazen bot die praxisbezogene Arbeit mit diversen Kooperationsunternehmen am Center for Controlling & Management (CCM) des Lehrstuhls sowie außeruniversitäre Aktivitäten mit Mitstreitern.

Das von früheren Forschern oft zitierte „Tal des Todes“ (Vorbereitung, Durchführung und Auswertung der Empirie) wurde nicht zuletzt dank der von Jürgen Weber geschaffenen idealen Expeditionsbedingungen sicher durchschritten. Als zusätzliche Motivation und Licht am Ende des Tunnels wirkte während dieser Reisephase die von Jürgen Weber bei jeder, auch nur kurzen, zufälligen Begegnung gestellte Frage nach der Anzahl des bisherigen Rücklaufs an beantworteten Fragebögen: „Und, N=?“.

Nachdem das „Tal des Todes“ durchquert war, war die weitere Reise zwar nicht gänzlich frei von schwierigen Anstiegen und unwegsamem Untergrund. Allerdings zeichnete sich das Reiseziel nun klar in der Ferne ab. Mit den Forschungsergebnissen im Reiserucksack wurde zielstrebig der Endspurt angegangen.

Im Blick zurück war die Promotionszeit am Lehrstuhl von Jürgen Weber eine wunderbare, spannende Reise. Trotz aller Ungewissheit zu Beginn und Strapazen „unterwegs“ war es eine wunderschöne, bereichernde Zeit. Als „Reiseandenken“ sind mir, neben den schönen Erinnerungen, bis heute wertvolle, freundschaftliche Kontakte mit damaligen Weggefährten geblieben. Und mein Dissertationsthema begegnet mir jeden Tag „live“ und hautnah im Berufsalltag. Nicht zuletzt aber wurde meine allererste Hypothese, die ich schon vor dem Beginn meiner Promotion aufgestellt hatte, bestätigt: Wenn ich mich auf die Reise „Promotion“ begebe, dann nur mit Jürgen Weber als „Expeditionsleiter“.

Ach so, am Ende vielleicht noch ein paar kurze anekdotenhafte Zeilen zu dem eingangs erwähnten Labyrinth: Hoffnungslos verirrt habe ich mich auf meiner Promotionsreise zwar nicht. Das geschah dafür aber umso gründlicher bei der Organisation der Lehrstuhlweihnachtsfeier 2005. Die Weihnachtsfeier sollte nach einer kurzen Wanderung auf der nahegelegenen Marksburg im mittelalterlichen Ambiente stattfinden. Im Vorfeld testeten eine Mit-

Doktorandin und ich die Wanderstrecke. Unterwegs fragten wir zwei geübte Wanderer mit Ortskenntnissen nach dem weiteren Weg. Man sagte uns, dass unsere weitere Wanderroute nicht zu verfehlen sei und noch ca. eine halbe Stunde in Anspruch nehmen würde. Die beiden Wanderer berichteten weiter, dass sie hingegen noch eine größere Schleife von ca. zwei Stunden drehen wollten, bevor sie wieder an der jetzigen Stelle vorbeikämen. Wir bedankten uns für die Auskunft und wanderten weiter – allerdings nicht nur eine halbe Stunde wie gedacht, sondern zwei Stunden, um dann am gleichen Ort wieder auf die beiden Wanderer zu treffen, die soeben ihre 2-Stunden-Route abgeschlossen hatten und sehr entsetzt wirkten, uns wieder an der gleichen Stelle wie vor zwei Stunden zu treffen…

Dr. Carsten Sieber
Senior Director Corporate Controlling & Strategy | Bertelsmann SE & Co. KGaA
Promotion bei Prof. Dr. Dr. h.c. Jürgen Weber 2008
Titel: *Kooperation von Zentralcontrolling und Bereichscontrolling: Messung – Auswirkungen – Determinanten*

Erfolg und Menschlichkeit

Mascha Sorg

Als ich die Mail von Utz Schäffer bekam, habe ich mich sehr gefreut. Keine qualitativ hochwertige, aber gähnend langweilige Festschrift, sondern ein Buch, das den Menschen Jürgen Weber für die Leser erwachen lässt! Welch eine gute Idee!

Warum? Natürlich sind seine Visionen, seine wissenschaftliche Arbeit, seine Impulse für die Praxis, wichtig und bedeutungsvoll, wenn man über den „Impact" von Jürgen Weber spricht. Aber um sich darüber zu informieren, muss man nur eine gut sortierte Bibliothek aufsuchen oder einen Großeinkauf bei Amazon machen, um anschließend am Schreibtisch Zeit mit den zahlreichen Werken von Jürgen Weber zu verbringen.

In der Regel findet sich jedoch kein persönliches Wort in wissenschaftlichen Werken. Einen Blick auf den Menschen zu erhaschen, der sich hinter den Publikationen verbirgt, gestaltet sich somit anhand der Literatur äußerst schwierig – und gelingt dem aufmerksamen Leser nur in den seltensten Fällen: die ersten und letzten mit Emotionen gefüllten Seiten sind häufig Vorworte von Dissertationen und Habilitationen. Während meiner Promotionszeit zählte das Lesen des Vorwortes einer Monografie genau deswegen immer zum Pflichtprogramm.

Aber selbst das Vorwort seiner Dissertation und seiner Habilitation gibt vom Menschen Jürgen Weber nicht viel preis – außer einer sicherlich berechtigten Entschuldigung bei seiner Frau für die viele Zeit, die er vor dem PC verbracht hat, sind nicht viele persönliche Worte zu entdecken. Umso gelungener die Idee, eine etwas andere Festschrift zu gestalten. Und was gibt es Spannenderes, als hinter den Forschungsergebnissen den Menschen zu entdecken!

Für einen Doktoranden ist neben der fachlichen Qualifikation und dem Ruf des Doktorvaters dessen Menschlichkeit und Charakter besonders wichtig. Denn nirgendwo ist man (beruflich) einem Menschen so auf Gedeih und Verderb ausgeliefert, insbesondere wenn man schon einige Zeit in ein Dissertationsprojekt gesteckt hat und der Sunk Cost Effekt zum Tragen kommt.

Alle, die Jürgen Weber ihren Doktorvater nennen dürfen, haben jedoch einen Volltreffer gelandet. Denn es gibt, zumindest nach meiner spärlichen Erfahrung, nur sehr wenige Professoren, die ihre Doktoranden sowohl wissenschaftlich begleiten, sie fordern, einen hohen Anspruch an ihre Fähigkeiten haben, und trotzdem so menschlich, so warm, so fair sind.

Ich denke nur an die ungläubigen Gesichter der Kollegen von anderen Lehrstühlen angesichts der Tatsache, dass man ungeachtet des Abgabetermins der „ersten Version" innerhalb von zwei Wochen ein ausführliches Feedback von Herrn Weber erwarten konnte. Ich denke an die Freiheiten, die er uns einräumte in der Forschung und in unserer Arbeit am Lehrstuhl und an das Vertrauen, das er uns damit schenkte.

Er war ein Doktorvater, der – allein aufgrund seines ausgeprägten Sinnes für Fairness – eine gewisse Distanz zu uns wahrte. Verständlich und nachvollziehbar bei einem Lehrstuhl, der zu meiner Zeit ca. 40 (!) aktive Doktoranden zählte. Auf 40 Doktorfeiern zu erscheinen, in der Folge auf Hochzeiten (denn die Absolventen kommen, obwohl schon lange heiratsfähig, meistens kurz nach der Promotion in heiratswilliges Alter), Taufen und anderen Familienfeiern ist schlichtweg unmöglich.

Und trotz dieser Distanz fühlte er sich immer sichtlich wohl, wenn er von seinen Doktoranden umringt war, war neugierig auf die Menschen, auf die Geschichten, die jeder von ihnen mitbrachte, die jeder durchlebte, war ansprechbar für ihre Probleme. Herr Weber nahm sich Zeit für seine „Weberknechte". Nach wie vor ist jedes Gespräch mit ihm eine Bereicherung.

„Bei den meisten Erfolgsmenschen ist der Erfolg größer als die Menschlichkeit."
Daphne du Maurier

In der Vorbereitung auf meine Zeilen habe ich nach einem passenden, den Menschen Jürgen Weber für mich kennzeichnenden Zitat gesucht – leider ist mir nur ein sehr unpassendes in die Hände gefallen. Denn bei Jürgen Weber ist der Erfolg außergewöhnlich groß – aber seine Menschlichkeit und sein Charakter sind es ebenso.

Lieber Herr Weber,

von Herzen alles Gute zu Ihrem Geburtstag. Bleiben Sie immer so jung und frisch, so neugierig und vor allen Dingen: so gar nicht putzig.

Alles Liebe, Ihre Mascha Sorg

Dr. Mascha Sorg
Geschäftsleitung | Sorg Gruppe Fulda
Promotion bei Prof. Dr. Dr. h.c. Jürgen Weber 2007
Titel: *Rationalitätssicherung durch Banken in mittelständischen Unternehmen*

Wer nicht vom Fliegen träumt, dem wachsen keine Flügel (Robert Lerch)

Karl-Heinz Steinke

Lieber Jürgen Weber,

zunächst herzliche Glückwünsche zu Ihrem 60. Geburtstag. Ich wünsche Ihnen weiterhin die Schaffenskraft, die Sie bisher ausgezeichnet hat und weiter den Erfolg, den Sie schon bisher hatten. Bleiben Sie aber bei allem Tatendrang vor allem gesund.

Wir kennen uns jetzt mehr als ein Jahrzehnt aus unserer gemeinsamen Arbeit im CCM und rückblickend muss ich sagen, dass ich es als ein großes Glück und großen Gewinn für mich betrachte, Sie kennen gelernt zu haben. Sie waren für mich in dieser Zeit mit Bezug zu meiner beruflichen Tätigkeit als Controller der wichtigste Gesprächs- und Diskussionspartner. Sie verhalfen mir zu neuen Einsichten und Orientierung. Die Arbeit mit Ihnen und den Vertretern anderer namhafter Unternehmen im CCM haben wesentlichen Einfluss auf die Ausrichtung des Konzerncontrollings bei der Deutschen Lufthansa AG ausgeübt.

Sie haben erkannt, dass das in den letzten zwei Jahrzehnten sich entwickelnde Controlling offensichtlich einen zunehmenden Nutzen für die Führung der Unternehmen stiftete. Controlling hatte sich als Führung unterstützende Funktion etabliert, allerdings mit vielfältigen Formen der inhaltlichen und organisatorischen Gestaltung.

Dies zu erforschen lag Ihnen am Herzen. Aus der schillernden Vielfalt der Erscheinungsformen des Controllings das Gemeinsame und Umgreifende abzuleiten war Ihr Ziel. Nicht theoretisch, sondern von dem ausgehend, was in den Unternehmen praktiziert wurde. Unzählige Stunden haben Sie und Ihre Mitarbeiter damit verbracht uns, d. h. die Praktiker, zu interviewen. Ihr besonderes Interesse war dabei stets darauf gerichtet zu beobachten und zu analysieren, wie Controlling und Unternehmensführung auf neue Trends und Entwicklungen reagieren.

Herausgekommen ist eine differenzierte, überzeugende Betrachtung des Controllings bzw. des Controllers als Führungsdienstleister und die Ableitung einer eigenständigen und von der Führungsaufgabe unabhängigen Funktion der Rationalitätssicherung als Kernfunktion des Controllings.

Für mich persönlich haben sich aus unserer Zusammenarbeit neue Fragen gestellt. Nicht die mir bis dahin für die Controllerarbeit so wichtig erscheinenden „tools und technics" haben mich beschäftigt, sondern individualistische und verhaltensorientierte Fragestellungen.

Was bewegt Menschen sich nicht rational zu verhalten? Wie gehe ich als Controller mit Wollens- und Könnens-Defiziten um? Wie gestalte ich das Verhältnis von Controller und

Manager? Durch Ihre Arbeit hat sich mir im Laufe unserer Zusammenarbeit ein neues Bild vom Controlling erschlossen und meine Arbeit als Controller geprägt.

Persönlich bedanken möchte ich mich bei Ihnen auch für die stets vertrauensvollen und sehr offenen und manchmal sehr persönlichen Gespräche. Sie waren intensiv und bereichernd, anregend und ermutigend und immer herausfordernd.

Ich freue ich mich sehr auf unsere weitere Zusammenarbeit im Internationalen Controller Verein.

Karl-Heinz Steinke
Leiter Konzerncontrolling | Deutsche Lufthansa AG

Gute Controller machen immer alles besser

Erik Strauß

Als ich darüber nachzudenken begann, was über Jürgen Weber „gesagt werden sollte", stellte ich fest, dass es sich im Wesentlichen um drei zentrale Aspekte handelt. Seine Werke, die Zusammenarbeit mit ihm und schließlich die Person Jürgen Weber.

Die Arbeit und das Schaffen von Jürgen Weber auf zwei Seiten darzustellen, ist schier unmöglich. Zu groß ist die Bandbreite an Themen und Endprodukten, die bisher seiner Feder entsprungen sind. Aus diesem Grund möchte ich mich auf ein paar Werke und Kernaussagen konzentrieren, die für mich persönlich besonders mit Jürgen Weber zusammenhängen. Wer Weber und Controlling hört, denkt sicherlich zuerst an *Rationalitätssicherung*, denn wer kennt mittlerweile nicht die diversen Wollens- und Könnensdefizite der Manager, welche der Controller in seiner Rolle als Critical Counterpart aufdecken und ihnen möglichst entgegenwirken soll. Durch die Wahrnehmung von Entlastungs-, Ergänzungs- und Begrenzungsaufgaben machen sich Controller zwar (tendenziell) unbeliebt, aber wertvoll. Das Controllingverständnis der Rationalitätssicherung ist sicherlich eine der bedeutendsten Ideen von Jürgen Weber, die in Zusammenarbeit mit Utz Schäffer Ende der 90er Jahre entstanden ist und sich laut WHU-Controller Panel auch durchgesetzt hat. Eng verbunden mit dem Rationalitätssicherungskonzept ist die von Weber propagierte Rolle des *Business Partners* für den Controller. Während andere Controllingprofessoren eher das Erbsenzählerbild des Controllers gefördert haben und immer noch fördern, hat Jürgen Weber einen gewissen Glanz in die vorher so grauen und trüben Sphären der Controller gebracht. Durch die Darstellung des Controllers als ebenbürtigen Partner des Managers hat er es geschafft, Controllern ein neues Selbstbild zu vermitteln und unzählige Studenten für eine Zukunft im Controlling zu begeistern. Der Enthusiasmus der Studenten liegt sicherlich auch in dem letzten Werk, das ich in Bezug auf Jürgen Weber erwähnen möchte, begründet: Der *Einführung in das Controlling*. Die „Rote Controllingbibel" ist nicht nur das am meisten verkaufte Controllinglehrbuch Deutschlands, sondern es ist m. E. auch das beste! Jürgen Weber hat zusammen mit Utz Schäffer eine ganz besondere Leistung vollbracht, indem sie es „einfach auf den Punkt gebracht haben". Im Vergleich zu vielen anderen (Controlling-)Lehrbüchern besticht die Einführung in das Controlling durch einfache, aber präzise Sprache und die äußerst lebendige, aber gleichzeitig tiefgründige Erläuterung des Themas. Wenn man dieses Lehrbuch liest, fragt man sich am Ende der Lektüre, warum nicht alles so einfach und logisch sein kann wie Controlling.

Die Attribute präzise und logisch knüpfen auch an den zweiten Aspekt an, den ich in Bezug auf Jürgen Weber beschreiben möchte: Die Zusammenarbeit mit ihm. Ich hatte in den vergangenen Jahren die Gelegenheit, in verschiedenen Stadien meiner akademischen Karriere mit Jürgen Weber zusammenzuarbeiten, jedoch haben sich die Charakteristika dieser Zusammenarbeit seitdem nur bedingt geändert. Unabhängig ob als Doktorand oder später als Juniorprofessor bin ich stets auf ein offenes Ohr bei Jürgen Weber gestoßen. Trotz eines beeindruckenden Arbeitspensums und immer vollen Terminkalenders war er stets freundlich und nahm sich Zeit, um zuzuhören. Wenn nach einem solchen Gespräch noch ein paar Minuten Luft in seinem Zeitplan vorhanden waren, konnte ich mich herrlich mit ihm über die neuesten Technikspielereien aus dem Hause Apple unterhalten. Denn wenn es noch eine Eigenschaft gibt, die an dieser Stelle erwähnt werden sollte, ist es Jürgen Webers Affinität für Design. Obwohl er im Herzen ein Controller ist, der die Effizienz fortwährend vor Augen hat, legt er dennoch viel Wert auf ansprechende Optik. Dementsprechend konnte man bei Arbeitstreffen mit ihm stets die neuesten Produkte aus Cupertino im Büro bewundern. Darauf angesprochen konnte Jürgen aber immer sehr überzeugend und logisch erklären, warum dies eine notwendige Investition gewesen sei. Abgesehen von seiner Designliebe zählte aber in unseren zahlreichen spannenden Diskussionen stets nur die Stärke des Arguments und nicht die hierarchische Position. Selbst als junger Doktorand war es möglich, Jürgen Weber von einer anderen Meinung zu überzeugen, wenn die Argumente dafür stichhaltig und gut genug waren. Diese Merkmale in Verbindung mit dem Vertrauen, das mir entgegengebracht wurde, und der Freiheit, die er mir gewährte, haben die Zusammenarbeit mit Jürgen Weber fortwährend zu einem beeindruckenden und einprägsamen Erlebnis gemacht.

Als letzten und für mich persönlich wichtigsten Aspekt möchte ich noch auf die Person Jürgen Weber eingehen. Als mein Doktorvater und Mentor während der Habilitationsphase hatte ich die Möglichkeit, ihn über die Jahre hinweg sehr gut kennen und schätzen zu lernen. Jürgen ist ein stets gut gelaunter Mensch, der mit seinem freundlichen Wesen die Leute schnell für sich einnimmt. Dabei ist es gerade seine zurückhaltende und sich nie in den Vordergrund drängende Art, die ihn besonders sympathisch macht. Er ist auch nach vielen Jahrzehnten in der Forschung immer noch neugierig und kann sich für kleinste Entwicklungen in der Controllingpraxis begeistern. Zudem besitzt Jürgen eine ausgeprägte Fähigkeit, die Dinge ex post zu rationalisieren. Dadurch ist er in der Lage, auch den unglücklichsten Umstand erfreulich positiv darzustellen. Dies weiß man vor allem als Doktorand sehr zu schätzen, wenn die Dissertation mal wieder nicht die erhofften Fortschritte macht. In diesem Fall reichte ein Gespräch mit Jürgen aus, um die Welt danach wieder positiv zu sehen und an sich selbst zu glauben. Grundsätzlich weist er eine optimistische Grundstimmung auf, die ansteckend ist. Auch in der späteren Zusammenarbeit waren seine offene Haltung gegenüber neuen Ideen und seine unterstützende Art Eigenschaften, die ihn zu einem äußerst liebenswerten Kollegen machten.

Abschließend möchte ich Jürgen auch für die kommenden Jahre viel Spaß und Freude an der Forschung wünschen, in denen er mit seinem ungebrochenen Enthusiasmus und seiner Neugier für das Controlling weitere Generationen von Forschern und Controllern nachhaltig positiv beeinflusst – denn gute Controller machen immer alles besser!

Dr. Erik Strauß
Juniorprofessor, Institut für Management und Controlling | WHU – Otto Beisheim School of Management
Promotion bei Prof. Dr. Dr. h.c. Jürgen Weber 2011
Titel: *The Emergence of Management Control Systems – A Governance Perspective*

Controlling in öffentlichen Institutionen

Otto Tylkowski

Ich habe Jürgen Weber 1984 in Frankfurt kennen gelernt. Der Kostenrechnungskongress seines „Habilitationsvaters" Männel führte damals die führenden Köpfe der Verbreitung der Kostenrechnung in deutschen Unternehmen zusammen. Das waren zum einen Chef und Mitarbeiter der Organisation Plaut, die zu dieser Zeit noch die grundsätzliche Methodik der Kostenrechnung verkaufen konnten. Zum anderen waren dies die Entwickler der damaligen Kostenrechnungssoftware, die nach dem Monatsabschluss der Buchhaltung als Batch-Prozesse auf Zentralrechnern mit einer Hauptspeichergröße von 1 MB abliefen. Wenn keine Fehler passierten, konnte man einen solchen Abschluss am Ende des Folgemonats vorlegen.

In Gesprächen vor dem Abschluss meiner Berufslaufbahn habe ich festgestellt, dass junge Leute sich heute nicht mehr vorstellen können, mit welchen bescheidenen methodischen und maschinellen Mitteln wir damals die Arbeit in Buchhaltung und Kostenrechnung erledigen mussten. PC's ohne Graphikprogramme kamen gerade auf, es gab nur Anfänge von Online-Verarbeitung, die in der Nacht in aufwändigen Prozessen nachgearbeitet werden musste. Kommunikation über Handy und Internet waren noch nicht erfunden. Controlling und Kostenrechnung wurden gerade entwickelt und waren noch längst nicht selbstverständlich in den großen deutschen Unternehmen eingeführt.

Ich hatte als selbständiger Unternehmensberater das große Glück, zwischen 1983 und 1985 in der Hamburger Hafen- und Lagerhaus AG die erste „Big Bang Installation" der SAP-Software leiten zu dürfen. Der frühere Hamburger Wirtschaftssenator Helmuth Kern als Vorstandsvorsitzender und eine Handvoll seiner Mitarbeiter waren die treibenden Kräfte dieses Projektes. Wir haben dabei insbesondere zur Entwicklung des Moduls Kostenrechnung aktive Anregungen gegeben. Die Ergebnisse der rechnergestützten Unternehmensplanung des RK-Moduls führten gleich mit der ersten Installation zur Vermeidung einer Insolvenz der HHLA. Wir machten Schlagzeilen mit der SAP-Einführung. Hasso Plattner von der SAP hat dann die Kontakte zum Männel-Lehrstuhl hergestellt und ich durfte über die Installation an Hochschulen und bei Kongressen berichten. Jürgen Weber leitete als Hauptassistent die Vorbereitung und Unterstützung der Vortragsdokumentation, zu der Zeit noch mit Tageslicht- und Diaprojektoren. Einen Austausch der Unterlagen über E-Mail gab es noch nicht, also traf man sich zu Vorgesprächen in Nürnberg oder Hamburg.

Helmuth Kern führte umfangreiche Gespräche wegen der Maßnahmen zur Insolvenzvermeidung mit dem Hamburger Senat und legte eines Tages die Idee auf den Tisch, dass er sich einen Einsatz der SAP-Software bei allen Hamburger Behörden und Ämtern anstelle der Haushaltsbewirtschaftung vorstellen könnte. Auch dort hatte man mit den Instrumenten dieser Zeit nur geringe Möglichkeiten, eine zeitaktuelle Planung und Abrechnung zu erstellen. Als Startkapital für die Überprüfung dieser Idee brachte er einen Auftrag für eine betriebswirtschaftliche Untersuchung des Amtes für Strom- und Hafenbau von der Wirtschaftsbehörde mit.

Man konnte später nicht mehr von einem Glücksfall des Jahrhunderts sprechen, aber Jürgen Weber erfuhr bei seinen Gesprächen über die Vortragsgestaltungen der SAP-Installation davon und zufällig waren am Nürnberger Lehrstuhl einige Aktivitäten zu Analysen über die Unterschiede zwischen erwerbswirtschaftlicher und kameralistischer Abrechnung im Gange. Obwohl er wohl gerade in der Endphase seiner Habilitationserstellung war, versuchte Jürgen Weber sich so gut wie möglich über das Thema auf dem Laufenden zu halten. Und mir selbst gab er durch die häufigen Telefonate entscheidende Anregungen zur Ergebniserstellung für die betriebswirtschaftliche Untersuchung beim Strom- und Hafenbau.

Wir konnten schon im Jahr 1984 aufgrund der Untersuchung beweisen, dass man Ämter und Behörden genau wie Unternehmen betriebswirtschaftlich in Kostenstellen, Aufträge und Projekte zerlegen kann und damit die inzwischen weiterentwickelten analytischen Methoden der Kostenrechnung aus der Privatwirtschaft einsetzen konnte. Die Folgen wären schon damals kontrollierte und zeitnahe Planungen und Abrechnungen gewesen. Mit Hilfe eines von Helmuth Kern unterstützten Rechnerversuchs war aber auch der Beweis möglich, dass man mit einer zunächst erzeugten erwerbswirtschaftlichen Buchung eine kameralistische Buchung automatisch ableiten konnte, die dabei auch noch die sachverhaltsbezogene Buchung der Erwerbswirtschaft von der zahlungsorientierten Buchung der Kameralistik über verschiedene Datumsfelder differenzieren konnte.

Jürgen Weber sorgte zunächst noch dafür, dass über die Veranstaltungen des Nürnberger Lehrstuhls die Gelegenheit gegeben wurde, die Entwicklung der betriebswirtschaftlichen Öffentlichkeit vorzustellen. Die Resonanz war jedoch bescheiden. Man hatte immer noch genug mit der Weiterentwicklung der Kostenrechnung für erwerbswirtschaftliche Unternehmen zu tun. Riebel, Kilger und Männel schwankten zwischen Beratungsaufträgen von Großunternehmen und Lehrtätigkeit hin und her. Für Arbeiten in nervtötenden öffentlichen Institutionen mit immer neuen Einwänden gegen die Schaffung von Transparenz im Haushaltswesen wollte sich niemand befassen. Auch Jürgen Weber musste die Prioritäten in die Fertigstellung der Habilitation und die Vorbereitung der Lehrtätigkeit an der WHU legen.

Meine eigenen Aktivitäten in dieser Fragestellung wurden zunächst weiter von Helmuth Kern gepusht. Er öffnete uns die Wege in fast alle Hamburger öffentlichen Institutionen mit produzierender oder projektorientierter Tätigkeit. Lediglich Gerichte und Bezirksämter wurden noch ausgespart. Im Verwaltungsseminar der Hansestadt versuchte ich Senatoren, Behördenchefs und Abteilungsleitern die Grundzüge moderner betriebswirtschaftlicher Methodik und die Abrechnungssysteme darzustellen. Die Gegenargumente wurden vorgetragen, konnten aber sachlich meist ausgeräumt werden. Nach dem vierten gleichartigen Seminar stellten wir abgesprochene Bündel von Gegenargumenten fest. Ich wollte schon aufgeben, als ich in einer Seminarpause hinter der Toilettentür die Worte hörte: „Der Mann hat ja voll recht, aber das wird er bei uns nie durchsetzen".

Neben den logisch nicht begründbaren Widerständen führten zwei weitere Aspekte zur Einstellung der Aktivitäten: Helmuth Kern musste aufgrund von gesundheitlichen Problemen seine Arbeit als Vorstandsvorsitzender reduzieren und in der Goldgräberphase der SAP-Einführung kamen Aufträge aus dem erwerbswirtschaftlichen Bereich fast von allein, während man im öffentlichen Bereich durch Haushaltsformalismus Projeke verhinderte.

Nachdem Jürgen Weber in der Gründungsphase der WHU erstmals durchatmen konnte, bat er mich, eine Vorlesung über Grundlagen und Technik der Kostenrechnungssoftware zu halten. Diese entwickelte sich dann in über 10 Jahren zu einer reinen Darstellung des SAP-Systems, wie man sie dann aber auch aus Büchern von SAP-Mitarbeitern oder aus Praktika bei der SAP erlernen konnte. Vom ersten Tag der erneuten Zusammenarbeit schwebte aber immer die Neugier nach dem „Controlling in öffentlichen Institutionen" mit. Er war der Antreiber, der immer wieder auf die großartigen und eigentlich schon längst notwendigen Möglichkeiten der Einsparung in den öffentlichen Haushalten hinwies. Auf seine Anregung hin wendete ich die damals noch unter Verschluss gehaltenen Methoden der Gemeinkostenwertanalyse abgewandelt auf den Hamburger Haushalt an. Gegen die sachlich nicht zu widerlegenden Einsparungsvorschläge gab es von den Behörden nur noch politische Argumente. Die Erstellung eines ausgeglichenen Haushaltsentwurfs wurde zu dieser Zeit endgültig ad acta gelegt und führte zu dem heute bekannten Schuldenberg der öffentlichen Körperschaften.

Jürgen Webers Erfahrung mit der Organisation der Männel'schen Kostenrechnungskongresse machte es uns mit überraschend geringem Aufwand möglich, die vier Kongresse für Controlling in den öffentlichen Institutionen in Berlin durchzuführen. Seine Beziehungen zu den führenden Hochschullehrern auf diesem Gebiet erleichterten es auch meinen aus der Erwerbswirtschaft kommenden Referenten, die Mühe der Anpassung ihrer Vorträge auf die Belange der öffentlichen Institutionen auf sich zu nehmen. Wir konnten alle damals bekannten Themen ansprechen, spürten auch Interesse, aber keinen Fortschritt.

Da wir ohnehin bei dem hohen Vorbereitungsaufwand nichts daran verdienten, war der Drops dann plötzlich gelutscht. Die Wiedervereinigung der beiden deutschen Staatsteile belastete gerade die Behördenvertreter besonders stark, die für die Innovationen aufgeschlossen waren und hielt sie von Kongressbesuchen und Entwicklungsprojekten ab. Die WHU hatte Probleme und musste vergrößert werden und Jürgen Weber musste einen großen Teil dieses Arbeitsaufwandes leisten. Ich selbst kam in die zweite Goldgräberphase der SAP-Einführung des R/3 und hätte viel mehr Aufträge abarbeiten können, als ich physisch leisten konnte. Die angefangene Dissertation zu diesem Thema verendete aus Zeitmangel zum Teil in der nicht mehr vorhandenen Aufwärtskompatibilität der Word-Versionen. Zeitweilig war ich darüber traurig, zumal es im Wesentlichen eine logisch-deduktive Arbeit mit der Beschreibung einer neuen Methodik gewesen wäre.

Auch wenn der Glücksfall des Jahrhunderts verpuffte, haben wir trotzdem mit der Arbeit an diesem Thema sehr viel erreicht. Die konsequente Nutzung von Apple-Computern führte dazu, dass unsere Kongressbände erstmals als eine druckfertige Vorlage an einen Sachbuchverlag geliefert werden konnten, heute vielleicht selbstverständlich, aber wir waren die

Pioniere. Schon vor der Wende nahmen Teilnehmer aus der DDR an unseren Kongressen teil. Für die damalige politische Situation war dies schon ein spektakulärer Vorgang. Und schließlich führten die Kongresse auch zur Initiierung des Controlling in Polen und zur Übersetzung des ersten Lehrbuches zum Controlling ins Polnische. Und wenn man heute nach fast 25 Jahren über „Jürgen Weber", „Otto Tylkowski" oder „Controlling in öffentlichen Institutionen" googelt, bekommt man immer noch zahlreiche Hinweise auf uns, obwohl wir nie einen Euro für Werbung gezahlt haben. Jürgen Weber ist vor einiger Zeit wieder in das Thema eingestiegen.

Ich selbst muss in letzter Zeit häufig wieder an diese Aktivitäten denken. Die Elbphilharmonie, Stuttgart 21, der Berliner Flughafen und zahlreiche öffentliche Projekte laufen heute mehr aus dem Ruder als zu Zeiten ohne Computerunterstützung. Nur zum Teil hat dies politische Gründe. Würde man im öffentlichen Bereich die Planungs- und Controllingmethoden der Erwerbswirtschaft ebenso konsequent anwenden, könnten derartige Ausrutscher eigentlich nicht passieren. Vielleicht müssen wir doch zu den Methoden der 70er Jahre des vorigen Jahrhunderts zurückkehren: In einem Notizbuch verzeichneten die Chefs der großen Unternehmen nur die Prozentzahl, um die sie die Mitarbeiter bei der Abgabe von Investitionsanträgen in der Vergangenheit betrogen hatten. Mit Helmuth Kern als Bürgermeister wäre die Elbphilharmonie so nie begonnen worden. Aber der war ja auch noch richtig verheiratet.

Otto Tylkowski
Lehrbeauftragter am Lehrstuhl für Controlling von ca. 1987 bis 2000
Traditionsschiffkapitän

Jürgen Weber zum Geburtstag

Andreas Veit

Zum ersten Mal begegnete ich Jürgen Weber im Wintersemester 2002/2003 in der Einführungsveranstaltung der speziellen Betriebswirtschaftslehre Controlling an der Universität zu Köln. Genau genommen ereignete sich diese Begegnung auf Folie 11 der dazugehörigen Vorlesungsunterlagen, wo Professor Carsten Homburg den Jubilar vereinfachend („Weber, Koblenz“) mit einer damals aktuellen Studie zur „Personalakquisition von Controllern“ zitierte. Dass mir die darin auftauchenden und wenig motivierenden Evergreens der Rollenbilder des Controllers (Spürhund, Bremser, Hofnarr) gelegentlich noch vertiefter begegnen sollten, war damals nicht abzusehen.

Als Jürgen Weber mir ungefähr vier Jahre später in Vallendar, nicht Koblenz, zum zweiten Mal (und ich ihm zum ersten Mal) begegnete, waren mir diese Rollenbilder nicht mehr ganz präsent. Umso präsenter ist mir aber heute noch diese Begegnung am damaligen Lehrstuhl für Controlling und Telekommunikation aus Anlass meiner Bewerbung als wissenschaftlicher Mitarbeiter.

Das pluralistische Wissenschaftsverständnis meines späteren Doktorvaters, sein Erfahrungsschatz, seine Offenheit und genuines Interesse wurden an der Art und Weise deutlich, wie er höchst amüsiert und in typischer Handhaltung das aus meiner damaligen Sicht für Controllingforscher abseitige Thema meiner Diplomarbeit diskutierte und sich hier beeindruckenderweise sogar offenkundig auskannte. Ebenso wurden bereits in diesem Gespräch die Vorliebe für Leitplanken als Organisationskonzept („nichts muss, aber alles kann“) und intellektuelle Freiheit angedeutet. Zusammen mit viel Vertrauen zu seinen Mitarbeitern ist Jürgen Weber damit in der Lage, den akademischen Großbetrieb als selbstabstimmendes System effektiv zu organisieren.

Später lernte ich Professor Weber als leidenschaftlichen und effizienten Arbeiter kennen (selbst bei E-Mail-Grußformeln – „BG JW“ – wird keine Zeit verschwendet), der im positiven Sinne ehrgeizig, konsequent und professionell eigene Forschungsprojekte verfolgt und auch die Projekte seiner Schüler vorbehaltlos unterstützt, wenn es einmal gelungen ist, ihn davon zu überzeugen. Zumeist war aufgrund seiner Neugierde und dem „gewissen dialektischen Spür- und Spieltrieb, [der] jägerische[n] Lust an verschmitzten Fuchsgängen des Gedankens“ (leider nicht von mir, sondern die Formulierung Nietzsches), zumeist erstaunlich wenig Überzeugungsarbeit erforderlich.

Zuweilen konnte dies einen jedoch auch vor Herausforderungen stellen, wenn man sich für mehr als die Hälfte der angesetzten Gesprächszeit mit Argumenten für die Motivation und das unbedingte Erfordernis des Themas (insbesondere im Kontext zunehmender Globalisierung, arbeitsteiliger Volkswirtschaften und der herausragenden Bedeutung der Wissensgesellschaft) munitioniert hatte, das Gespräch dann aber eher folgendermaßen begann: „Ach, ich sehe, Sie möchten das Thema Sowieso bearbeiten. Das ist ein wichtiges Thema und so auch noch nicht untersucht worden. Schön! Wie wollen Sie vorgehen?"

Nachdem also die offenen Türen eingerannt waren, galt es dann plötzlich, konkret zu werden. Dabei waren die Gespräche durch eine positive Grundstimmung geprägt und Jürgen Weber gab einem das Gefühl, auf Augenhöhe zu diskutieren. Er glich das Gehörte mit seinem Erfahrungsschatz und seiner Intuition für Plausibilität ab und kritisierte konstruktiv, was er – sich selbst zurücknehmend – zumeist in leise Fragen kleidete, die dem aufmerksamen Doktoranden aber nachdrücklich Überarbeitungsbedarf anzeigen konnten.

Ähnlich wenig professoral sind auch sein angenehmer Sinn für Humor und Selbstironie (nachzuvollziehen etwa in den Lehrstuhlchroniken). Dies bedeutet aus meiner Sicht einen interessanten Gegensatz zu dem Selbstbewusstsein, mit dem seine Texte insbesondere in Vor- und Geleitworten zum Teil daherkommen.

Für mich ist es diese Mischung persönlicher Eigenschaften, die den nachhaltigen Eindruck prägen, den man aus Begegnungen mit Jürgen Weber hat.

Der Einfluss, den er auf mich persönlich hatte und hat, äußert sich in der Prägung meines Berufswegs seither und – profaner – in der großen Anzahl von durch ihn geprägten Buchrücken in meinem Regal. Genauso wichtig sind die offenen Gespräche mit ihm, die ein Spektrum abdecken, das von herausfordernd bis Rückhalt gebend verläuft. Ich habe von Jürgen Weber fachlich und persönlich viel gelernt, vor allem dadurch, dass er mich an seinem Erfahrungsschatz über das Funktionieren von Organisationen und Menschen darin teilhaben ließ. Insofern verwundert es nicht, dass ich mich im beruflichen Umfeld deutlich mehr als einmal an meine Pflicht zur Wahrnehmung der „Begrenzungsfunktion" erinnert habe. Ich denke, ihn wird freuen, dass seine Theorie auch in Verbindung zu meinem täglichen Handeln steht.

Jürgen Webers Lebensleistung, sich auf vielen verschiedenen Gebieten gleichermaßen zu etablieren, ist beeindruckend. Dieser Erfolg lässt sich auch daran ablesen, dass er eine große Zahl an Persönlichkeiten aus Wissenschaft, Wirtschaft und Verwaltung über lange Strecken ihrer Karrieren begleitet hat und ihnen als Ratgeber und Autorität gilt. Möglicherweise ist aber sein größter Erfolg, dass es ihm gelungen ist, eine Gemeinschaft zu schaffen, aus der viele persönliche Freundschaften hervorgingen und –gehen. Ich empfinde Stolz dazuzugehören und wünsche meinem Doktorvater Jürgen Weber zu seinem Geburtstag von Herzen alles Gute und weiterhin privates wie forscherisches Glück.

Dr. Andreas Veit
Finanzmanager im Marketing & Sales-Bereich | Ford Motor Company / Ford of Europe
Promotion bei Prof. Dr. Dr. h.c. Jürgen Weber 2009
Titel: *The Participation of Management Accountants in Strategy Processes*

Champions League – Oder es sind die Personen, die den Weg an die Spitze bereiten

Carl Marcus Wallenburg

Ich verbinde Vieles mit Jürgen Weber und dem IMC, welches er aus der Wiege gehoben und maßgeblich geprägt hat.[1] Insofern fällt es mir schwer all das, was wesentlich war und ist auf wenigen Seiten zu skizzieren oder gar auf *einen* Punkt zu bringen. Gleichzeitig möchte ich nicht den quantitativen Versuchungen des Controllings erliegen, sondern folge einer üblichen Strukturierung. Dabei stelle ich zunächst den Outcome in der Vordergrund: Die Champions League oder genauer gesagt die Zugehörigkeit dazu. Man mag sich fragen, was die Champions League mit Jürgen Weber zu tun hat – außer, dass der SV Werder Bremen meine ganze Habilitationszeit bei ihm, von 2004 bis 2009, durchgängig in der Champions League vertreten war.

Als ich im Herbst des Jahres 2000 am Lehrstuhl von Jürgen Weber anfing, spielten wir – sein Team und er – „lediglich" in der Bundesliga, sowohl im Controlling als auch in der Logistik, dem damals zweiten Standbein seines Lehrstuhls. Das war auch nicht überraschend, beschränkte sich doch auch allgemein das Betätigungsfeld der deutschen Professoren in den Bereichen Rechnungswesen, Controlling und Logistikmanagement nahezu ausschließlich auf den deutschsprachigen Raum. Die Bundesliga war das Maß aller Dinge und es galten damit zu Recht diejenigen als die Besten, die sich an der Spitze dieser Liga etabliert hatten. Ohne jeden Zweifel gehörte Jürgen Weber in den 1990ern im Controlling durchgängig zu dieser Spitze und im Logistikmanagement phasenweise. Doch die Bundesligaspitze – Jürgen Weber und sein Team eingeschlossen – spielte damals ein ganz anderes Spiel als die international erfolgreichsten Player. Erfolge auf den internationalen Spielfeldern – also insbesondere in den internationalen Top-Zeitschriften – waren damit nahezu ausgeschlossen. Veröffentlichungen wie der Management Accounting Research Artikel von Weber und Weißenberger im Jahr 1997 waren die absolute Ausnahme.

Heute im Jahr 2013 spielt die WHU durch den maßgeblichen Einfluss von Jürgen Weber sowohl im Controlling als auch im Supply Chain Management ganz klar in der europäischen, wenn nicht weltweiten Champions League.[2] Wenn man sich fragt, wie er das

1 An dieser Stelle sei natürlich nicht unerwähnt, dass an der Gründung des IMC mit Utz Schäffer eine zweite Person beteiligt war, die dessen Entwicklung ebenfalls stark geprägt hat. Ohne Jürgen Weber und sein damals bereits über 20-jähriges Wirken an der WHU hätte dem IMC aber eine ganz wesentliche Grundlage gefehlt.

2 So stufen Maloni, Carter und Kaufmann (2012) die WHU gemessen am Output, den Journal-Publikationen im Bereich des Supply Chain Management als eine der Top 25 Hochschulen weltweit und Top 5 in Europa ein.

geschafft hat, gibt es viele Aspekte, die zu erwähnen sind. Ich möchte mich hierbei auf die konzentrieren, die aus meiner Sicht besonders wichtig gewesen sind.

Da ist zunächst das Team. In der ganzen Zeit, in der ich bei Jürgen Weber tätig war, hat er es geschafft, ein hervorragendes Team zu bilden. Der Schlüssel dazu war, die richtigen Personen an den Lehrstuhl/das IMC zu bringen[3] und diesen Personen das zu erhalten, was sie mitbrachten oder sie darin sogar noch zu befördern. Dies waren insbesondere gute Ideen gepaart mit Engagement, Leidenschaft und der Bereitschaft für gute Ergebnisse hart zu arbeiten, gleichzeitig aber niemals den Spaß bei und neben der Arbeit zu vergessen. Zumindest für seine Logistiker kann ich sagen, dass die Zeit an seinem Lehrstuhl für alle zu der besten Zeit ihres Lebens gehörte.[4]

Bemerkenswert war für mich dabei immer, dass Jürgen Weber trotz seines Erfolges nie seine Person in den Vordergrund gestellt hat. Das fing schon bei der Einstellung neuer Mitarbeiter an, bei der nicht er allein, sondern das Team insgesamt entschied, und endete bei deren Disputationsumtrunk bei dem er am liebsten keine Rede hielt, sodass der Doktorand und nicht er im Mittelpunkt stand. Um beim Fußball zu bleiben: Er verstand sich also nicht als der Star des Teams – oder verhielt sich zumindest nicht so – sondern als Teammanager, der die richtigen Rahmenbedingungen für den Erfolg schafft. Dazu gehörten die Freiräume, die jeder von uns genoss und die die Grundlage dafür bildeten, dass sich Gutes ergeben konnte. Ein solches Beispiel ist die Forschung zu Logistikdienstleistern, bei der die WHU inzwischen an der weltweiten Spitze vertreten ist. Ihren Ursprung nimmt diese in den Dissertationsprojekten von Christoph Engelbrecht und mir, die Jürgen Weber immer unterstützt hat. Gepaart sein müssen die Freiräume dabei aber mit Eigenverantwortung und Initiative, Eigenschaften, die ihm in jedem einzelnen Mitarbeiter wichtig waren.

Wenn ich heute auf meine Zeit an seinem Lehrstuhl/dem IMC von 2000 bis 2009 zurückblicke, fällt mir auch die Ruhe und Zuversicht auf, die er ausstrahlte. Wir hatten immer sehr hohe, aber realistische Ziele. Der Lehrstuhlkontext war von Neugierde und Erkenntnisgewinn genauso geprägt wie von dem Wunsch, Neues auf die Beine zu stellen. Aus meiner Sicht war das wichtig. Niemand musste Sorgen von der Arbeit nach Hause tragen. Ich bin mir sicher, dass bei weitem nicht so viele seiner Schüler – und die Zahl ist wirklich sehr beeindruckend groß – heute als Professoren in Forschung und Lehre aktiv wären, wenn sie die oftmals als sehr entbehrungsreich und unsicher dargestellte Promotions- (und Habilitations-)zeit so und nicht ganz anders erlebt hätten. Und zwar als eine Zeit, in der sie mit vielen Freiräumen und Spaß an spannenden Themen arbeiten konnten, mit jemandem im Hintergrund, dessen voller Unterstützung sie gewiss sein konnten.

Viele, die seinen Namen hören oder an seine Person denken, werden mit ihm Themen und Dinge verbinden, die er geprägt oder geschaffen hat. Als erstes mag einem da *Control-*

3 Besonders wichtig für den heutigen Erfolg des IMC ist sicher gewesen, dass es Jürgen Weber gelungen ist, mit Utz Schäffer einen seiner Schüler, mit dem er sich – zumindest aus meiner Wahrnehmung – ideal ergänzt, an die WHU zurückzuholen und ein extrem gut in sich integriertes Institut aufzubauen.

4 Damit möchte ich nicht implizieren, dass es für seine Controller anders war. Für diese fehlt mir lediglich die empirische Basis, um eine solch umfassende Aussage machen zu können.

ling als Rationalitätssicherung in den Sinn kommen oder das *Controllerpanel*, dass er gegründet hat. Ich jedoch werde mit Jürgen Weber immer sein Verhalten verbinden und die Personen, die er geprägt hat. Geprägt in dem, was sie machen und wie sie es machen. Insofern freut es mich, dass er das, was er sich im Alter von weit über 50 Jahren vorgenommen hat, den Schritt für sich und das IMC von der Bundesligaspitze in die Champions League und an deren Spitze, realisiert hat. Für mich ist dieser Outcome aber letztlich nur die zwangsläufige Konsequenz seiner Person und seiner Einstellung, mit der er die Inputfaktoren (die Personen) und die Prozesse so geprägt hat, dass sie mittel- und langfristig zu Spitzen-Output und -Outcome führen; hier an der WHU genauso wie an den vielen anderen Stellen, an denen seine Schüler tätig sind.[5]

Prof. Dr. Carl Marcus Wallenburg
Lehrstuhl für Logistik und Dienstleistungsmanagement | WHU – Otto Beisheim School of Management
Promotion bei Prof. Dr. Dr. h.c. Jürgen Weber 2004
Titel: *Kundenbindung in der Logistik – Eine empirische Untersuchung zu ihren Einflussfaktoren*
Habilitation bei Prof. Dr. Dr. h.c. Jürgen Weber 2009
Titel: *Management of Logistics Outsourcing Relationships*

5 Insofern ist es allein die Lage des SV Werder Bremen, die momentan nicht so gut aussieht. Ich wünsche Jürgen Weber, dass sich dies bald ändern möge, indem Werder bald wieder regelmäßig in der Champions League spielt!

Konzentration, Konsequenz und Nachhaltigkeit

Frank-J. Weise

Jürgen Weber habe ich 1985 auf einem Kongress zum Thema „Logistik" in Stuttgart kennengelernt. Nach Studium und längerer Dienstzeit als Offizier der Bundeswehr war mir das Thema „Logistik" geläufig und ich hatte bei VDO Adolf Schindling AG in Schwalbach meine erste Stelle in der zivilen Wirtschaft als Controller in einem Unternehmensbereich angetreten. Schon bei dieser ersten Begegnung ergaben sich interessante Gespräche mit einem gemeinsamen Verständnis zum Thema Logistik. Dem folgte eine Einladung in den Arbeitskreis „Logistik" an der Wissenschaftlichen Hochschule für Unternehmensführung in Koblenz. Diese kurz vorher gegründete Hochschule war damals noch in den Räumen einer öffentlichen Grundschule untergebracht und eröffnete zum Zeitpunkt des Arbeitskreises den heutigen Standort in Vallendar. Im Arbeitskreis waren überwiegend Automobilzulieferer mit den Verantwortlichen für Controlling, Einkauf und Logistik vertreten und als interessierter Beobachter und Gast der damalige SAP-Prokurist Herr Kagermann, danach der spätere Vorstandsvorsitzende von SAP und heutige Beauftragte der Bundesregierung für E-Mobilität. Später sagte mir Jürgen Weber, dass er von meinem Auftritt in dem Arbeitskreis angetan war, unter anderem da ich zur Illustration meiner Arbeit ein sogenanntes „Dash-Board", ein von VDO designtes Armaturenbrett mitgebracht habe, mit dem ich die Zahl der Bauteile und die Variantenvielfalt bildhaft darstellen konnte. Neben viel Erkenntnis, die bis in die heutige Aufgabe erfolgreich wirkt, habe ich als Konsequenz bei VDO eine Logistikkostenrechnung aufgebaut als Grundlage für folgende unternehmerische Entscheidung: VDO baute sogenannte Blink-Geber, d. h. bestückte Leiterplatten, die den Blinker des Autos steuern. Der Warenwert und der Lohnanteil dieser Leiterplatten waren sehr gering, wurden aber im Rahmen der üblichen Kalkulationen mit hohen Gemeinkostenzuschlägen versehen und führten zu der Entscheidung, dass eine solche Produktion für VDO in Deutschland nicht wirtschaftlich sein könnte. Tatsächlich liefen die Leiterplatten über Bestückungsautomaten mit anderen Produkten mit, sie wurden über die neue Rechnung mit einem Auftragswert (Logistikkosten) beaufschlagt, was diese Leiterplattenfertigung kostengünstiger und andere Produkte in der Kalkulation teurer darstellen ließ und später im Markt auch so anerkannt wurde. In meiner zweiten Verwendung in der Automobilindustrie wurde ich Geschäftsführer, später Vorsitzender der Geschäftsführung der Braunschweiger Hüttenwerke, ein Tochterunternehmen der Glyco AG in Wiesbaden, für die Herstellung von Gleitlagern in größeren Motoren aller Art überwiegend in Schiffsmotorenbau, Maschinenbau und Anlagenbau. Die Produktion bestand aus größeren Serien, aber auch einzelnen sehr kostenträchtigen Reparaturen von Gleitlagern in Schiffsmotoren, die dafür weltweit in den Häfen zwei bis drei Tage aufgehalten werden mussten. In der Kombination von Logistik und Controlling war schnell die

Erkenntnis gewonnen, dass auch hier eine falsche Steuerung und falsche Kalkulation die Firma in die Verluste getrieben hatte. Unter Leitung von Jürgen Weber und einem Team aus Mitarbeitern des Braunschweiger Hüttenwerks sowie Studenten der WHU wurde sowohl die Kalkulationsgrundlage als auch die gesamte Steuerung über die administrativen Bereiche und in den Fabriken (Braunschweig, Cataguases in Brasilien und Milwaukee in USA) geändert. Die anders kalkulierten Preise konnten sich am Markt durchsetzen und das Unternehmen über Jahre hinweg bis heute erfolgreich arbeiten. Wesentliche Impulse für die Arbeit und für die Durchsetzung der Projekte waren auch Dr. Wiedeking zu verdanken, dem damaligen Vorstandsvorsitzenden der Glyco AG, die später von dem amerikanischen Konzern Federal Mogul gekauft wurde, und der gegen viele Widerstände unterstützt wurde. Das Beispiel des Braunschweiger Hüttenwerks wurde in einigen Fachbüchern dargestellt. Jürgen Weber, Sebastian Kummer, heute Professor an der Universität in Wien, und ich, haben über das Beispiel dieser Veränderung in dem Buch „Einführen von Logistik“ geschrieben. Ein Buch, das in der Form eines Romans die Geschichte der Veränderung mit allen wissenschaftlichen, methodischen, aber auch psychologischen und emotionalen Faktoren beschreibt und begleitend eine konkrete Anleitung für die Umsetzung in anderen Unternehmen beinhaltet. Schon damals war diese Verbindung zur Wissenschaft eine große Freude und Bereicherung. Ich erinnere mich, dass ich mir halbe Tage freimachen konnte, in die Bibliothek der WHU gegangen bin, mit Studentinnen und Studenten sprechen konnte und immer wieder die Erfahrung mit Jürgen Weber ausgetauscht habe. Auch diese Erfahrung und die Kontakte halten bis heute. Einige der Studentinnen und Studenten sind heute Professorinnen und Professoren, u. a. Prof. Dr. Utz Schäffer an der WHU. Das gemeinsame Buch haben wir bei verschiedenen Seminaranbietern vermarktet, geradezu reißerisch war der Titel der Veranstaltung „Lopez kommt“. Gemeint war die rundweg revolutionäre Veränderung, die der damalige Opel- und spätere VW-Top-Manager Lopez im Verständnis und in der Umsetzung einer höchst effizienten und effektiven Logistik eingebracht hat. In den Seminaren haben teilweise bis zu hundert Teilnehmer das gemeinsame Konzept von Theorie (Jürgen Weber) und Praxis (Sebastian Kummer, Doktorand von Jürgen Weber und Inhaber einer Zahnradfabrik) und mir (aus dem schon international arbeitenden Braunschweiger Hüttenwerk) teilgenommen. Eine große Herausforderung, verbunden mit großer Freude, waren die folgenden gemeinsamen Veranstaltungen mit Jürgen Weber zur Unterstützung der Ausbildung der Controller der Telekom und Post sowie von Führungskräften der Deutschen Bahn, die sich im Übergang zu einer Aktiengesellschaft befanden. Überhaupt nicht absehbar war damals, dass ich selbst nach einer weiteren Station in der Automobilzuliefererindustrie als Vorstand der FAG Automobiltechnik in Schweinfurt, diese Erfahrungen dann wieder im öffentlichen Bereich der Bundesagentur für Arbeit einbringen konnte. Und auch hier in der Bundesagentur für Arbeit bewährt sich diese intensive und vertrauensvolle Zusammenarbeit zwischen Wissenschaft und Praxis, nicht nur in der internen Steuerung, sondern auch in der Zusammenarbeit der operativen Bereiche der Bundesagentur und des zur Bundesagentur gehörenden Instituts für Arbeitsmarkt- und Berufsforschung in ganz überzeugender Form. Unterstützt wurde diese erfolgreiche Zusammenarbeit zwischen WHU und dem von mir geleiteten Unternehmen durch viele Praxisarbeiten der Studentinnen und Studenten, der Teilnahme von Führungskräften in Arbeitskreisen, Seminaren der WHU und der Veröffentlichung der Ergebnisse dieser Arbeit in betriebswirtschaftlichen Zeitungen. Diese wohl einmalige, jahrelange, intensive Zusammenarbeit zwischen Praxis und Wissenschaft, zwischen ziviler Wirtschaft und öffentlichen Einrichtungen hat heute den krönenden Abschluss in dem Arbeitskreis „Moderne Steuerung in öffentlichen Bereichen" gefunden. Hier haben sich ganz bedeutende öffentliche Einrichtungen von Behörden, dem Deutschen Wetterdienst, Ministerien, der Bundesagentur für Arbeit und der Deutschen Bundesbank engagiert. Es ist absehbar, dass nicht nur für die notwendige Transparenz von Kosten und Leistungsstrukturen, sondern auch für die Steuerung von öffentlichen Einrichtungen überragende Erkenntnisse gewonnen werden und das in einer Zeit, in der die Staatsschuldenkrise genau in diesem Feld gravierende Veränderungen fordert. Meine engagierten, hervorragend ausgebildeten und trainierten Kolleginnen und Kollegen in der Bundesagentur für Arbeit haben in diesem Feld Ausgezeichnetes geleistet. Meine früher skeptisch und eher kritisch angesehene Bundesanstalt für Arbeit ist so zu einem Vorbild für moderne Steuerung und gelungene Verwaltungsreformen, nicht nur in Deutschland, sondern in Europa geworden. Mit der jahrzehntelangen Erfahrung von Jürgen Weber wurden diese Erkenntnisse im Verwaltungsrat der Bundesagentur für Arbeit, in dem politischen Umfeld, aber auch bei den Beschäftigten so überzeugend vertreten, dass es an dieser Ausrichtung heute keinen Zweifel mehr gibt. In Vorträgen vor den wichtigsten Entscheidern hat Jürgen Weber mit großer Geduld über lange Zeit die Grundlage für diese Entwicklung gelegt. Eine neue wissenschaftliche Studie der WHU, geleitet von Jürgen Weber, hat den Erfolg dieser modernen Steuerung nachgewiesen und hat das Potenzial, in einem internationalen A-Journal veröffentlicht zu werden. Es ist eine Freude zu sehen, wie die talentiertesten Wissenschaftlerinnen und Wissenschaftler im Umfeld von Jürgen Weber diesem auf allen Feldern folgen, in manchen Themen bedrängen, zu weiterer Erkenntnis zu kommen und ihn in einzelnen Feldern z. B. der erfolgreichen Didaktik, wissenschaftliche Erkenntnisse praxisrelevant darzustellen, sogar zu überholen scheinen. Die scheinbare Schwäche, dass Jürgen Weber eben immer ein Professor geblieben ist, wird so erkennbar zur Stärke. Er hat nicht versucht, in mehreren Feldern mitzuspielen, Unternehmer zu werden oder als Management-Guru durch die Welt zu tingeln, sondern er ist Professor geblieben. Manche sagen, man merkt es sofort, wenn man sich mit ihm unterhält. Ich habe Jürgen Weber in diesem dargestellten Sinne viel zu verdanken. Die Wissenschaft hat Jürgen Weber viele neue Erkenntnisse, aber auch Bestätigung mancher Annahmen zu verdanken und diese wirken sich segensreich in der Wirtschaft und im öffentlichen Bereich heute aus. Für den Arbeitsmarkt sind wir in der Bundesagentur für Arbeit zu der sicheren Erkenntnis gekommen, dass die Kombination von Menschen verschiedenen Alters und verschiedener Erfahrung in allen Bereichen der Wirtschaft und der Gesellschaft ein Erfolgsfaktor ist. Mit 60 Jahren ist unser Jürgen Weber am Beginn seiner beruflichen Laufbahn, ein wirklich ganz großer und bedeutender Wissenschaftler zu werden. Ich freue mich auf weitere, viele Jahre von Zusammenarbeit, Erkenntnis und Erfolg.

Dr. h.c. Frank-J. Weise
Vorstandsvorsitzender | Bundesagentur für Arbeit

Koordinationsorientierte Controllingtheorie: Ein Déjà-vu zur Theorie der Management Control Systems?

Barbara E. Weißenberger

„Controlling ist eine Komponente der Führung sozialer Systeme. Es unterstützt die Führung bei ihrer Lenkungsaufgabe durch eine Koordination des Führungs-Gesamtsystems. Diese Koordination beinhaltet insbesondere systembildende und systemkoppelnde Aufgaben und bezieht sich schwerpunktmäßig auf das Planungs-, Kontroll- und Informationssystem, ist aber nicht auf diese beschränkt."

Diese Definition, die sich in der 3. Auflage der „Einführung in das Controlling" (3. Auflage, Stuttgart 1991, Band 1, S. 33) befindet, habe ich in der ersten Vertiefungsvorlesung im Fach Controlling bei Jürgen Weber gelernt. Auch heute kann ich sie noch aus dem Stegreif zitieren. Genauso übrigens die Führungsteilsysteme, die Jürgen Weber in diesem Kontext definierte: Neben dem bereits genannten Planungs-, Kontroll- und Informationssystem spielen das Personalführungssystem, die Organisation sowie in späteren Auflagen auch das Grundwertesystem eine gleichberechtigte Rolle für die systembildenden und -koppelnden Aufgaben des Controllings. Bis in meine Promotions- und sogar Habilitationszeit hinein hat mich das Ringen des Fachs um sein eigenes Selbstverständnis, darin Jürgen Weber als zentraler Protagonist, begleitet.

Warum war dies für mich so bedeutsam? Man kann eben nicht über eine betriebswirtschaftliche Funktion sprechen, ohne sie vorher sauber zu systematisieren und in eine übergeordnete Struktur einzubetten. Dieser eherne Grundsatz Jürgen Webers hat sich mir unauslöschlich eingeprägt – genauso wie sein Anspruch, sich nicht zu Lasten sauberer Begriffsdefinitionen in der Eleganz formal-theoretischer Modelle oder der vielfältigen Buntheit immer neuer Instrumente zu verlieren.

In dem Maße, in dem in späteren Jahren Controlling als Fach in Science Community und Unternehmenspraxis Akzeptanz fand, wurde das Ringen um Begriffsbildung und Selbstverständnis seltener. Auch ohne einen letzten gemeinsamen Nenner zu finden, waren sich Jürgen Weber und die vielen anderen Vertreter im Feld, zu denen seit 2002 auch ich gehören durfte, einig, dass es auf dem Nährboden der Diskussionen der Vergangenheit neue und drängendere Fragen zu lösen galt, die sprichwörtlich unter den Nägeln brannten.

Was zeichnet die Prozesskostenrechnung als Controllinginstrument aus? Was sind geeignete Finanzkennzahlen für die wertorientierte Anreizgestaltung? Trägt der Einsatz der Balanced Scorecard zum Unternehmenserfolg bei, und wenn ja, wie? Brauchen Unternehmen eine Planung oder können andere Mechanismen deren Funktionen übernehmen? Wie können Controller durch geeignete Systeme und Instrumente die Navigation des Unternehmens auch durch Krisenzeiten sicherstellen? Sowohl mit formal-theoretischen Modellen, vor allem aber auch mit breiten empirischen Analysen wurden Antworten auf diese Fragen gegeben. Typisch für Jürgen Weber war und ist, dass er nach der grundlegenden Prägung seines Fachs in den ersten Jahren auch in der Folgezeit bis heute das breite Spektrum aller großen Themenlinien mit eigenen Arbeiten und seiner Expertise in Wissenschaft und Controllingpraxis mitbegleitet.

Für mich selbst war es die Schnittstelle zwischen Controlling und Rechnungswesen, die mich besonders faszinierte. Der Anstoß hierzu stammt von Jürgen Weber selbst, der mir schon im Jahr 1996 als noch junger Habilitandin die Verantwortung für das an seinem Lehrstuhl angesiedelte Arthur-Andersen-Zentrum für Externes Rechnungswesen und Steuerrecht übertrug und damit weit vor der Zeit – wenn auch ohne den dazugehörigen Titel – eine Art ‚Juniorprofessur' einrichtete.

Wie verändert sich die Controllerarbeit durch den Siegeszug der International Financial Reporting Standards spätestens seit 2002? Sollten im Zuge dieser Entwicklung externe und interne Rechnungslegung integriert, d. h. auf eine einheitliche Datenbasis aufgesetzt werden und welche Konsequenzen ergeben sich daraus? Welche Rolle spielt eine einheitliche Finanzsprache für die Controllerarbeit? Schnell merkte ich bei der Beschäftigung mit diesen Fragen aber, dass ein reiner Fokus auf die Schnittstelle zwischen Rechnungswesen und Controlling nicht ausreicht, denn die unterschiedlichen empirischen Befunde über die Effektivität von Finanzkennzahlen in der Steuerung lassen sich nicht mehr nur ad hoc mit Zufallseinflüssen und Fehlern in der praktischen Umsetzung erklären.

Antworten auf diese offene Frage gibt in der internationalen Literatur die Diskussion unter dem Rubrum ‚Management Control Systems'. Eines der bekanntesten Konzepte hierbei ist das Object-of-Control-Framework, das Kenneth Merchant und Wim van der Stede ihrem populären Lehrbuch (Management Control Systems, erstmals erschienen Harlow 2003) verwenden. Steuerungsprobleme in Hierarchien lassen sich demnach nicht nur durch fehlende Motivation der Mitarbeiter, sondern auch durch fehlendes Wissen um die anzustrebenden Ziele oder aber durch beschränkte Fähigkeiten bzw. Kompetenzen der Mitarbeiter erklären. Adressieren lassen sich diese Steuerungsprobleme nicht nur durch formale ergebnis- oder verhaltensbasierte Maßnahmen (*results controls* und *action controls)*, die vor allem auf Kennzahlen oder Planungs- und Budgetierungsprozesse abstellen, denn genauso wichtig sind informelle Steuerungsmechanismen, die an den Mitarbeitern ansetzen (*people controls*): Maßnahmen wie die geschickte Personalauswahl und -entwicklung (*personnel controls*) sind ebenso notwendig wie die gezielte Beeinflussung der Unternehmenskultur (*cultural controls)*, um die erforderliche Grundlage für den effektiven Einsatz der formalen Steuerungsmaßnahmen zu schaffen.

Wer glaubt, bei der Lektüre dieser letzten Zeilen ein Déjà-vu zur koordinationsorientierten Controllingtheorie aus den Anfängen des Fachs zu verspüren, dem geht es so wie mir. Mit großem Staunen musste ich feststellen, dass der scheinbar neue, internationale Ansatz in wesentlichen Zügen genau das reflektiert, was Jürgen Weber schon seit Ende der 1980er Jahre seine Studierenden lehrte.

Viele Dinge haben mich in den vierzehn Jahren, in denen ich bei Jürgen Weber als Studentin, Promovendin und Habilitandin arbeiten durfte, auf ganz besondere Weise beeindruckt. Im Kern ist es aber heute für mich der unschlagbare Instinkt, in vielen Fragen schon früh das zu denken, was andere erst später scheinbar ‚neu' entdecken. Und manchmal stelle ich mir sogar die Frage, was wäre, wenn damals – wie heute in der BWL üblich – die wissenschaftlichen Arbeiten Jürgen Webers in englischer Sprache erschienen wären?

Prof. Dr. Barbara E. Weißenberger
Professur für Betriebswirtschaftslehre IV, insbesondere Controlling und integrierte Rechnungslegung | Justus-Liebig-Universität Gießen
Promotion bei Prof. Dr. Dr. h.c. Jürgen Weber 1996
Titel: *Informationsbeziehung zwischen Management und Rechnungswesen. Analyse institutionaler Koordination*
Habilitation bei Prof. Dr. Dr. h.c. Jürgen Weber 2002
Titel: *Anreizkompatible Erfolgsrechnung im Konzern*

Veröffentlichungen von Jürgen Weber

1 Hug, Werner / Weber, Jürgen: Zum Zeitbezug der Grundrechnung im entscheidungsorientierten Rechnungswesen, in: krp, Jg. 1980, S. 81-92.

2 Männel, Wolfgang / Weber, Jürgen: Konzept einer Kosten- und Leistungsrechnung für die Logistik – Struktur und Elemente eines aussagefähigen logistischen Informationssystems, in: ZfL, 3. Jg. (1982), S. 83-90.

3 Männel, Wolfgang / Weber, Jürgen: Formeln und Kennzahlen im Fertigungsbereich, in: WiSt, 11. Jg. (1982), S. 579-588.

4 Weber, Jürgen: Rezension zu Hamer, Eberhard: Privatisierung als Rationalisierungschance, in: ZögU, Bd. 6 (1983), S. 100-103.

5 Weber, Jürgen: Wahl zwischen Eigen- und Fremdinstandhaltung in öffentlichen Verwaltungen, in: VOP, Jg. 1983, S. 257-264.

6 Weber, Jürgen: Controlling in öffentlichen Betrieben und Verwaltungen, in: Loseblattwerk Controlling, 4. Ergänzungslieferung (November 1983), Teil 15, Kapitel 3.

7 Weber, Jürgen: Rezension zu Schneider, Dieter: Geschichte betriebswirtschaftlicher Theorie. Allgemeine Betriebswirtschaftslehre für das Hauptstudium, in: krp, Jg. 1983, S. 147f.

8 Becker, Wolfgang / Weber, Jürgen: Der Bürokopierer unter der Lupe, in: Beschaffung aktuell, Jg. 1983, H. 11, S. 74-78.

9 Weber, Jürgen: Zielorientiertes Rechnungswesen öffentlicher Betriebe – dargestellt am Beispiel von Studentenwerken, Schriften zur öffentlichen Verwaltung und öffentlichen Wirtschaft, Bd. 71, Baden-Baden 1983.

10 Männel, Wolfgang / Weber, Jürgen: Integrierte Kostenarten-, Kostenstellen- und Kostenträgerrechnung für die Logistik von Industrieunternehmen, in: 4. Internationaler Logistik Kongress ILC '83 in Dortmund, Kongresshandbuch II, Dortmund 1983, S. 5-11.

11 Weber, Jürgen: Kosten-Grundrechnungen im entscheidungsorientierten Rechnungswesen – Konzept und Entwicklungsmöglichkeiten (Teil 1), in: WISU, 12. Jg. (1983), S. 500-504.

12 Weber, Jürgen: Rezension zu Zwehl, Wolfgang von / Schmidt-Ewig, Wolfgang: Wirtschaftlichkeitsrechnung bei öffentlichen Investitionen, in: ZfbF, 35. Jg. (1983), S. 1121f.

13 Weber, Jürgen: Kosten-Grundrechnungen im entscheidungsorientierten Rechnungswesen – Konzept und Entwicklungsmöglichkeiten (Teil 2), in: WISU, 12. Jg. (1983), S. 550-554.

14 Weber, Jürgen: Kriterien zur Systematisierung des betrieblichen Rechnungswesens, in: WISU, 12. Jg. (1983), WISU-Studienblatt, Heft 12.

15 Weber, Jürgen: Ausgewählte Aspekte des Controlling in öffentlichen Institutionen, in: ZögU, Bd. 6 (1983), S. 438-461.

16 Männel, Wolfgang / Weber, Jürgen: Editorial, in: krp, Jg. 1984, S. 1f.

17 Weber, Jürgen: Engpassplanung im Instandhaltungsbereich, Teil I, in: krp, Jg. 1984, S. 34.

18 Weber, Jürgen: Zum Thema: Bereitschaftskosten, in: krp, Jg. 1984, S. 38f.

19 Männel, Wolfgang / Weber, Jürgen: Editorial: Feed-back: Gegenseitiges Informieren, in: krp, Jg. 1984, S. 41.

20 Weber, Jürgen: Engpassplanung im Instandhaltungsbereich, Teil II, in: krp, Jg. 1984, S. 73.

21 Weber, Jürgen: Zum Thema: Leistungskosten, in: krp, Jg. 1984, S. 78f.

22 Becker, Wolfgang / Weber, Jürgen: Das bestgeeignete Kopiergerät finden – Methodisches Vorgehen wird immer wichtiger, in: IO, Management-Zeitschrift Industrielle Organisation, 10. Jg. (1984), S. 151-154.

23 Weber, Jürgen: Rezension zu Krause, Wolfgang / Reichard, Christoph: Fallstudien und Übungsaufgaben zur Betriebswirtschaftslehre der öffentlichen Verwaltung, in: ZfbF, 36. Jg. (1984), S. 264f.

24 Becker, Wolfgang / Weber, Jürgen: Auswahl und Anschaffung von Bürokopierern, in: Handbuch Management der Steuerberatungspraxis, 6. Nachlieferung, März 1984, S. 1-35.

25 Männel, Wolfgang / Weber, Jürgen: Editorial: Kostenrechnung heute, in: krp, Jg. 1984, S. 81.

26 Weber, Jürgen: Zum Thema: Zurechnungsobjekte, in: krp, Jg. 1984, S. 118f.

27 Männel, Wolfgang / Weber, Jürgen: Editorial: Nochmals Kommunikation, in: Krp, Jg. 1984, S. 121.

28 Weber, Jürgen: Logistikkostenrechnung – Lösungen für die Praxis durch Antworten aus der Praxis, in: krp, Jg. 1984, S. 135-140.

29 Weber, Jürgen: Zum Thema: Erlösrechnung, in: krp, Jg. 1984, S. 158f.

30 Männel, Wolfgang / Weber, Jürgen: Editorial: 25 Jahre Deckungsbeitragsrechnung, in: krp, Jg. 1984, S. 161f.

31 Weber, Jürgen: Zum Thema: Erlösverbundenheit, in: krp, Jg. 1984, S. 198f.

32 Weber, Jürgen / Kalaitzis, Dimitrios: Aufgaben, Zwecke und Grundanforderungen einer entscheidungsorientierten Kosten- und Leistungsrechnung, in: WISU, 13. Jg. (1984), S. 447-452.

33 Weber, Jürgen: Logistikkostensätze, in: ZfL, 5. Jg. (1984), S. 48-51.

34 Männel, Wolfgang / Weber, Jürgen: Logistikkostenrechnung für mittelständische Unternehmen, in: Albach, Horst / Held, Thomas (Hrsg.): Betriebswirtschaftslehre mittelständischer Unternehmen, Stuttgart 1984, S. 258-272.

35 Weber, Jürgen: Informationsbedarf für Make-or-buy-Entscheidungen in öffentlichen Institutionen, in: ZögU, Bd. 7 (1984), S. 503-520.

36 Männel, Wolfgang / Weber, Jürgen: Editorial: Daten statt Informationen, in: Krp, Jg. 1984, S. 201.

37 Weber, Jürgen: Zum Thema: Grundrechnung, in: krp, Jg. 1984, S. 242f.

38 Weber, Jürgen: Kostenrechnung in der Logistik – Entwicklungsstand und Entwicklungsmöglichkeiten einer Logistikkostenrechnung für Industrieunternehmen, in: Berichtsband über den BVL-Kongress '84 in Berlin, München 1984, S. 1064-1083.

39 Becker, Wolfgang / Weber, Jürgen: Scoring-Modelle, in: Management-Enzyklopädie, 2. Aufl., Bd. 8, Landsberg am Lech 1984, S. 345-359.

40 Weber, Jürgen: Soziale Indikatoren, in: Management-Enzyklopädie, 2. Aufl., Bd. 8, Landsberg am Lech 1984, S. 489-499.

41 Männel, Wolfgang / Weber, Jürgen: Editorial: krp '85, in: krp, Jg. 1985, S. 1.

42 Weber, Jürgen: Zum Thema: Scoring-Modelle, in: krp, Jg. 1985, S. 34f.

43 Weber, Jürgen: Ohne EDV geht nichts mehr, in: BWM (BetriebsWirtschaftsMagazin), Jg. 1985, H. 2, S. 17-20.

44 Weber, Jürgen / Kramer, Josef: Losgrößenplanung als Kernaufgabe logistischer Unternehmenssteuerung, in: ZwF, 80. Jg. (1985), S. 113-116.

45 Weber, Jürgen: Kostenrechnung für die Materialwirtschaft, in: BA (Beschaffung Aktuell), Jg. 1985, H. 3, S. 22-26.

46 Männel, Wolfgang / Weber, Jürgen: Editorial: Bestände senken: Was kostet das eigentlich?, in: krp, Jg. 1985, S. 37.

47 Weber, Jürgen: Zum Thema: Nutzschwellenanalyse, in: krp, Jg. 1985, S. 74f.

48 Männel, Wolfgang / Weber, Jürgen: Basic Conception of Logistics Accounting for Medium-Sized-Enterprises, IPD Tokyo, 13.-15. Mai 1985, Proceedings II, S. 1-22.

49 Männel, Wolfgang / Weber, Jürgen: Editorial: Normung der Kostenrechnung?, in: krp, Jg. 1985, S. 77.

50 Weber, Jürgen: Zum Thema: Prioritätskennziffern, in: krp, Jg. 1985, S. 118f.

51 Weber, Jürgen: Rezension zu Graf, Gerhard: Nachfragemacht öffentlicher Abnehmer, in: ZfbF, 37. Jg. (1985), S. 444-446.

52 Männel, Wolfgang / Weber, Jürgen: Editorial: Integration von Kostenrechnung und Investitionsrechnung?, in: krp, Jg. 1985, S. 121f.

53 Weber, Jürgen: Fertigungsplanung mit Hilfe von Prioritätskennziffern, in: krp, Jg. 1985, S. 159-162.

54 Weber, Jürgen: Zum Thema: ABC-Analysen, in: krp, Jg. 1985, S. 166f.

55 Weber, Jürgen: Logistikkostenrechnung – Aufgaben, Abgrenzung und Elemente einer Kosten- und Leistungsrechnung für die Logistik, in: RKW-Handbuch Logistik, 9. Lfg. IX/85, S. 159-162.

56 Weber, Jürgen: Erfolg nur bei umfassender Kosten- und Leistungsinformation, in: Handelsblatt, 03.09.1985, S. 16.

57 Männel, Wolfgang / Weber, Jürgen: Editorial: krp-Diskussionsforum, in: krp, Jg. 1985, S. 169.

58 Männel, Wolfgang / Weber, Jürgen: Kosten und Leistungen der Logistik erfassen, in: Europa Industrie Revue, H. 9/10 1985, S. 21-24.

59 Männel, Wolfgang / Weber, Jürgen: Ascertainment of logistical costs, in: European Industrial Review, H. 9/10 1985, S. 21-24.

60 Weber, Jürgen: Kostenrechnung als Controllinginstrument, in: krp-Sonderheft 1985, S. 23-31.

61 Männel, Wolfgang / Weber, Jürgen: Editorial: Informationstechnologie und Kostenrechnung, in: krp, Jg. 1985, S. 209f.

62 Weber, Jürgen: „Einreißen der letzten Grenzen...“, in: BWM (BetriebsWirtschaftsMagazin), Jg. 1985, H. 12, S. 19-23.

63 Männel, Wolfgang / Weber, Jürgen: Editorial: krp ′86, in: krp, Jg. 1986, S. 1.

64 Weber, Jürgen: Erfassung und Verrechnung von Logistikkosten in der Praxis, in: krp, Jg. 1986, S. 19-24.

65 Weber, Jürgen: Zum Thema: PC – Begriff, Hardware, in: krp, Jg. 1986, S. 38f.

66 Weber, Jürgen: Kongress Kostenrechnung ′85, in: DBW, 46. Jg. (1986), S. 114f.

67 Männel, Wolfgang / Weber, Jürgen: Editorial: Innerbetriebliche Leistungen, in: krp, Jg. 1986, S. 41.

68 Weber, Jürgen: Zum Thema: PC – Software, in: krp, Jg. 1986, S. 76f.

69 Kramer, Josef / Weber, Jürgen: Integration isolierter Losgrößenfestlegungen als logistische Aufgabe, in: WiST, 15. Jg. (1986), S. 263-267.

70 Becker, Wolfgang / Weber, Jürgen: Strategische Beschaffung als Schlüssel zum Einkäufermarkt, in: BA (Beschaffung aktuell), H. 4, 1986, S. 36-38.

71 Weber, Jürgen: Einsatz von Mikrocomputern im Rechnungswesen, in: BBK (Buchführung, Bilanz, Kostenrechnung), Lfg. 12/86, S. 423-432.

72 Männel, Wolfgang / Weber, Jürgen: Editorial: Deckungsbeitragsrechnung, in: krp, Jg. 1986, S. 79.

73 Weber, Jürgen: Zum Thema: PC – Einsatz im Unternehmen, in: krp. Jg. 1986, S. 114f.

74 Männel, Wolfgang / Weber, Jürgen: Editorial: LSP, in: krp, Jg. 1986, S. 119.

75 Weber, Jürgen: Zum Thema: Tabellenkalkulationsprogramme, in: krp. Jg. 1986, S. 156f.

76 Weber, Jürgen: Logistik als Rationalisierungschance, in: IHK-Journal, 1986, H. 10, S. 25f.

77 Weber, Jürgen: 10 Thesen zu Stand und Entwicklungslinien der Kostenrechnung, in: BBK (Buchführung, Bilanz, Kostenrechnung), Lfg. 23/86, S. 847-854.

78 Männel, Wolfgang / Weber, Jürgen: Editorial: PC in mittelständischen Unternehmen, in: krp, Jg. 1986, S. 159.

79 Männel, Wolfgang / Weber, Jürgen: Editorial: Entwicklungstendenzen der Kostenrechnung, in: krp, Jg. 1986, S. 199.

80 Weber, Jürgen: Zum Begriff Logistikleistung, in: ZfB, 56. Jg. (1986), S. 1197-1212.

81 Weber, Jürgen: Fehlmengenkosten, in: krp, 31. Jg. (1987), S. 13-18.

82 Weber, Jürgen: Nochmals „Etikettenschwindel", in: krp, 31. Jg. (1987), S. 75.

83 Weber, Jürgen: Controlling in öffentlichen Unternehmen und Verwaltungen – Chancen, Restriktionen und was man daraus für's Controlling in der Unternehmensverwaltung lernen kann, in: Controller Magazin, Jg. 1987, S. 265-270.

84 Weber, Jürgen: Variable und fixe Kosten. Eine überflüssige Unterteilung der Kosten?, in: WiSt, 16. Jg. (1987), S. 393-398.

85 Weber, Jürgen: Logistikkostenrechnung, Berlin u.a. 1987.

86 Weber, Jürgen: Nur mühsam exakt abzugrenzen, in: Logistik heute, H. 9/1987, S. 52-54.

87 Weber, Jürgen: Neue Struktur auf Bewährtem, in: Logistik heute, H. 10/1987, S. 54-54.

88 Weber, Jürgen: Rezension zu Mayer, E., v. Landsberg, G., Thiede, W.: Controlling-Konzepte im internationalen Vergleich, in: ZfB, 57. Jg. (1987), S. 1058-1060.

89 Weber, Jürgen: Gegen Unwirtschaftlichkeit und Bürokratie. Controlling in öffentlichen Unternehmen und Verwaltungen, in: Blick durch die Wirtschaft, Nr. 191, 06.10.1987, S. 7.

90 Weber, Jürgen: Logistikkostenrechnung durch Ausnutzung neuer EDV-Systeme (BDE, CAM), in: Scheer, August-Wilhelm (Hrsg.): Rechnungswesen und EDV. 8. Saarbrücker Arbeitstagung 1987, Heidelberg 1987, S. 206-232.

91 Weber, Jürgen: Fremdkosten leicht kontrolliert, in: Logistik heute, H. 11/1987, S. 36f.

92 Weber, Jürgen: Logistikkostenrechnung – Konzept und Einbindung in die betriebliche Informationswirtschaft, in: Jünemann, Reinhardt (Hrsg.): Dortmunder Gespräche '87, Kongressunterlagen, Dortmund, S. D4.1-D4.7.

93 Weber, Jürgen: Transparenz für Gemeinkosten, in: Logistik heute, H. 12/1987, S. 26-28.

94 Weber, Jürgen: Deckungsbeitragsrechnung – ein terminologischer Vorschlag, in: krp, 31. Jg. (1987), S. 255f.

95 Weber, Jürgen: Zum Begriff Logistikleistung, Wissenschaftliche Hochschule für Unternehmensführung Koblenz, Research Paper No. 9, März 1987.

96 Weber, Jürgen: Controlling – Möglichkeiten und Grenzen der Übertragbarkeit eines erwerbswirtschaftlichen Führungsinstruments auf öffentliche Institutionen, Wissenschaftliche Hochschule für Unternehmensführung Koblenz, Research Paper No. 11, April 1987.

97 Weber, Jürgen / Bertsch, Ludwig / Karbe, Goetz: Einsatz von Personal-Computern in der mittelständischen Wirtschaft. Kurzfassung der Ergebnisse einer empirischen Erhebung, Wissenschaftliche Hochschule für Unternehmensführung Koblenz, Research Paper No. 12, Oktober 1987.

98 Weber, Jürgen / Bertsch, Ludwig: PC-Nutzung: Im Mittelstand ist das Potential noch nicht ausgeschöpft. Ergebnisse einer empirischen Untersuchung, in: Office Management, H. 2/88, S. 18-21.

99 Weber, Jürgen: Controlling in öffentlichen Institutionen – Trugbild oder Chance zur Erhöhung der Leistungsfähigkeit öffentlicher Unternehmen und Verwaltungen?, in: Der Controlling-Berater, Loseblatt, Freiburg i.Br., o.J., S. 10/259-10/301.

100 Weber, Jürgen / Tylkowski, Otto (Hrsg.): Controlling. Eine Chance für öffentliche Unternehmen und Verwaltungen, Stuttgart 1988.

101 Weber, Jürgen / Tylkowski, Otto: Controlling. Eine Chance für öffentliche Unternehmen und Verwaltungen, in: Weber, Jürgen / Tylkowski, Otto (Hrsg.): Controlling. Eine Chance für öffentliche Unternehmen und Verwaltungen, Stuttgart 1988, S. 9-13.

102 Weber, Jürgen: Controlling in öffentlichen Unternehmen und Verwaltungen – Chancen und Restriktionen, in: Weber, Jürgen / Tylkowski, Otto (Hrsg.): Controlling. Eine Chance für öffentliche Unternehmen und Verwaltungen, Stuttgart 1988, S. 35-47.

103 Weber, Jürgen: Wiederbeschaffungswertbezogene Abschreibungen – eine Beispielrechnung, in: krp, 32. Jg. (1988), S. 69-74.

104 Weber, Jürgen: 1. Kongreß für Controlling in öffentlichen Institutionen, in: Controller Magazin, Jg. 1988, S. 221-223.

105 Weber, Jürgen: Controlling – Möglichkeiten und Grenzen der Übertragbarkeit eines erwerbswirtschaftlichen Führungsinstruments auf öffentliche Institutionen, in: DBW, 48. Jg. (1988), S. 171-194.

106 Weber, Jürgen: Logistik-Controlling, in: Controller Magazin, Jg. 1988, S. 293-300.

107 Weber, Jürgen: Informationswirtschaft für den Mittelstand, in: Hochschulnachrichten, H. 3/88, S. 31-34.

108 Weber, Jürgen: 1. Kongreß für Controlling in öffentlichen Institutionen, in: DBW, 48. Jg. (1988), S. 550-552.

109 Weber, Jürgen: Kostentransparenz schaffen, in: Logistik heute, H. 9/1988, S. 42-44.

110 Weber, Jürgen: Rezension zu Scheer, A.-W. (Hrsg.): Rechnungswesen und EDV. 8. Saarbrücker Arbeitstagung 1987, in: ZfB, 58 Jg. (1988), S. 999f.

111 Weber, Jürgen: Detaillierte Analysen unabdingbar, in: Logistik heute, H. 10/1988, S. 44.

112 Weber, Jürgen: Aufbau und Gestaltung des Logistik-Controlling, in: BVL (Hrsg.): Deutscher Logistik-Kongreß ′88, Kongreßband 2, Bremen 1988, S. 947-967.

113 Weber, Jürgen: Einführung in das Controlling, Stuttgart 1988.

114 Weber, Jürgen: Abbaufähigkeit von Bereitschaftskosten, in: WiSt, 17. Jg. (1988), S. 535-538.

115 Weber, Jürgen: Controlling, in: Gabler′s Wirtschafts-Lexikon, 12. Aufl., Bd. 1, Wiesbaden 1988, S. 1093-1095.

116 Weber, Jürgen: Einzelkostenrechnung, in: Gabler′s Wirtschafts-Lexikon, 12. Aufl., Bd. 1, Wiesbaden 1988, S. 1467-1470.

117 Weber, Jürgen: Quo vadis Logistikkostenrechnung – eine Stellungnahme, in: ZfL, H. 6/1989, S. 62.

118 Bertsch, Ludwig / Geibig, Karl-Friedrich / Weber, Jürgen: Betriebswirtschaftlicher Nutzen moderner Prozeßleittechnik in der Chemischen Industrie, in: atp Automatisierungstechnische Praxis, 31. Jg. (1989), H. 1, S. 5-11.

119 Weber, Jürgen: Rezension zu Knoop, J.: Online-Kostenrechnung für die CIM-Planung. Prozeßorientierte Kostenrechnung zur Ablaufplanung flexibler Fertigungssysteme, in: ZfbF, 41. Jg. (1989), S. 75-78.

120 Weber, Jürgen: Controlling im und für den Mittelstand, in: Hochschulnachrichten, H. 1/89, S. 3f.

121 Weber, Jürgen: 2. Kongreß für Controlling in öffentlichen Institutionen, in: Hochschulnachrichten, H. 1/89, S. 52.

122 Weber, Jürgen / Kummer, Sebastian / Müller, Jan: Liberalisierung im Verkehrssektor verstärkt die Notwendigkeit des Aufbaus einer Speditionskosten- und -leistungsrechnung, in: Der Controlling-Berater, 1989, S. 11/465-11/478.

123 Weber, Jürgen / Tylkowski, Otto (Hrsg.): Controlling in öffentlichen Institutionen: Konzepte – Instrumente – Erfahrungen, Stuttgart 1989.

124 Weber, Jürgen / Tylkowski, Otto: Vorwort der Herausgeber: Controlling in öffentlichen Institutionen: Konzepte – Instrumente – Erfahrungen, in: Weber, Jürgen / Tylkowski, Otto (Hrsg.): Controlling in öffentlichen Institutionen: Konzepte – Instrumente – Erfahrungen, Stuttgart 1989, S. VII-IX.

125 Weber, Jürgen: Controlling in öffentlichen Unternehmen und Verwaltungen als Problem der Organisationsentwicklung, in: Weber, Jürgen / Tylkowski, Otto (Hrsg.): Controlling in öffentlichen Institutionen: Konzepte – Instrumente – Erfahrungen, Stuttgart 1989, S. 279-293.

126 Weber, Jürgen: Zur wirklichkeitsnahen Abbildung periodenübergreifender Kosten. Laudatio auf Paul Riebel, in: ZfB, 59. Jg. (1989), S. 243-246.

127 Weber, Jürgen: Logistik-Controlling – noch fehlen vorzeigbare Standardlösungen, in: Logistik im Unternehmen, H. 7/8 1989, S. 14.

128 Weber, Jürgen: Ökonomische Analyse der öffentlichen Bindung von Studentenwerken, in: Eichhorn, Peter (Hrsg.): Unternehmensverfassung in der privaten und öffentlichen Wirtschaft: Festschrift für Prof. Dr. Erich Potthoff zur Vollendung des 75. Lebensjahres, Baden-Baden 1989, S. 290-302.

129 Weber, Jürgen: Strategisches Controlling: Steuerung der Strategieentwicklung und Strategieumsetzung, in: Riekhof, Hans-Christian (Hrsg.): Strategieentwicklung: Konzepte und Erfahrungen, Stuttgart 1989, S. 437-450.

130 Männel, Wolfgang / Weber, Jürgen: Rationalisierung, in: Chmielewicz, Klaus / Eichhorn, Peter (Hrsg.): Handwörterbuch der öffentlichen Betriebswirtschaftslehre, Stuttgart 1989, Sp. 1335-1343.

131 Weber, Jürgen: Change-Management der Kostenrechnung – Zur Notwendigkeit des ständigen Wandels der Kostenrechnung, in: Scheer, August-Wilhelm (Hrsg.): Rechnungswesen und EDV. 10. Saarbrücker Arbeitstagung 1989, Heidelberg 1989, S. 30-47.

132 Weber, Jürgen: Rezension zu Ackoff, R.L. / Finnel, E.V. / Gharajedaghi, J.: Zukunftssicherung durch Controlling, in: ZfB, 59. Jg. (1989), S. 1245.

133 Weber, Jürgen: Kalkulatorischer Unternehmerlohn, in: die geschäftsidee, H. 6/89, S. 92.

134 Weber, Jürgen / Bertsch, Ludwig: Der Markt für Personal Computer im Mittelstand ist noch unterentwickelt, in: Mitteilungsblatt GI-Fachgruppe 2.0.1 Personal Computing, 3. Jg. (1989), Ausgabe 4/5, S. 21-23.

135 Weber, Jürgen: Make-or-buy von Logistikleistungen, in: BVL (Hrsg.): Unterlagen zur Veranstaltung „Logistik für den Mittelstand“, 20. Forum in Köln, 11.05.1989, o.S.

136 Weber, Jürgen: Weg vom Erbsenzählen, in: BA Beschaffung Aktuell, 1990, H. 1, S. 24-30.

137 Weber, Jürgen: Führen am Zügel straffer Daten, in: Logistik heute, 1990, H. 1/2, S. 25-28.

138 Weber, Jürgen: Mit 11 Thesen zum Logistikstandard?, in: Logistik heute, 1990, H. 1/2, S. 28-32.

139 Weber, Jürgen: Revisionshypothese als zentrales Prinzip entscheidungsorientierter Kostenrechnung? Anmerkungen, in: ZfB, 60. Jg. (1990), S. 193-202.

140 Lehmann, Frank Oliver / Weber, Jürgen: Strategische Budgetierung. Konzeptionelle Überlegungen zu einem Instrument des strategischen Controllings, in: Controller Magazin, Jg. 1990, H. 2, S. 93-96.

141 Weber, Jürgen: Berichte an die „Vogelperspektive“, in: Logistik heute, 1990, H. 3, S. 34f.

142 Küpper, Hans-Ulrich / Weber, Jürgen / Zünd, André : Zum Verständnis und Selbstverständnis des Controlling. Thesen zur Konsensbildung, in: ZfB, 60. Jg. (1990), S. 281-293.

143 Weber, Jürgen / Tylkowski, Otto (Hrsg.): Konzepte und Instrumente von Controlling-Systemen in öffentlichen Institutionen, Stuttgart 1990.

144 Weber, Jürgen / Tylkowski, Otto: Vorwort der Herausgeber: Konzepte und Instrumente von Controlling-Systemen in öffentlichen Institutionen, in: Weber, Jürgen / Tylkowski, Otto (Hrsg.): Konzepte und Instrumente von Controlling-Systemen in öffentlichen Institutionen, Stuttgart 1990, S. VII-IX.

145 Reiss, Hans-Christoph / Weber, Jürgen: Strategisches Controlling in der Freien Wohlfahrtspflege – Konzepte, Instrumente, Beispiele, in: Weber, Jürgen / Tylkowski, Otto (Hrsg.): Konzepte und Instrumente von Controlling-Systemen in öffentlichen Institutionen, Stuttgart 1990, S. 213-242.

146 Mayer, Elmar / Weber, Jürgen (Hrsg.): Handbuch Controlling, Stuttgart 1990.

147 Mayer, Elmar / Weber, Jürgen: Vorwort, in: Mayer, Elmar / Weber, Jürgen (Hrsg.): Handbuch Controlling, Stuttgart 1990, S. V-VII.

148 Weber, Jürgen: Ursprünge, Begriff und Ausprägungen des Controllings, in: Mayer, Elmar / Weber, Jürgen (Hrsg.): Handbuch Controlling, Stuttgart 1990, S. 3-32.

149 Weber, Jürgen: Überblick über die spezifischen Rahmenbedingungen des Controlling in öffentlichen Institutionen, in: Mayer, Elmar / Weber, Jürgen (Hrsg.): Handbuch Controlling, Stuttgart 1990, S. 582-608.

150 Antoni, Manfred / Weber, Jürgen: Strategien zur Einführung und Weiterentwicklung des Controlling in Unternehmen, in: Mayer, Elmar / Weber, Jürgen (Hrsg.): Handbuch Controlling, Stuttgart 1990, S. 968-982.

151 Weber, Jürgen: Einführung in das Rechnungswesen I: Bilanzierung, Stuttgart 1990.

152 Weber, Jürgen: Einführung in das Controlling, 2. Auflage, Stuttgart 1990.

153 Weber, Jürgen: Anlagenwirtschaft und Anlagencontrolling als bedeutender Faktor steigender Unternehmenserfolge, in: Kalaitzis, Dimitrios (Hrsg.): Instandhaltungs-Controlling. Führungs- und Steuerungssystem erfolgreicher Instandhaltung, Köln 1990, S. 43-69.

154 Weber, Jürgen / Bertsch, Ludwig: EDV – maßgeschneidert für Mittelständler, in: Harvardmanager, 1990, H. II, S. 22-24.

155 Weber, Jürgen / Lehmann, Frank Oliver / Jörgens, Hendrik: Einführung von Kostenrechnungs-Standard-Software, in: krp Kostenrechnungspraxis, 1990, S. 92-100.

156 Weber, Jürgen: Ohne Leitbild nicht ernstzunehmen, in: Logistik heute, 1990, H. 4, S. 40-44.

157 Weber, Jürgen: Kompaßnadel zur Neuorientierung, in: Logistik heute, 1990, H. 5, S. 36-38.

158 Weber, Jürgen: Change Management für die Kostenrechnung, in: Controlling, 2. Jg. (1990), S. 120-126.

159 Weber, Jürgen: Logistik-Ziele sind Mangelware, in: Logistik heute, 1990, H. 6, S. 44-46.

160 Weber, Jürgen: Einführung der Kostenrechnung in mittelständischen Unternehmen, in: PdR Praxis des Rechnungswesens, Lieferung 3/1990, S. 8/1-8/22.

161 Weber, Jürgen: Zum Steuern Daten vernetzen!, in: Logistik heute, 1990, H. 7/8, S. 28f.

162 Weber, Jürgen: Rezension zu Grochla, E., u.a. (Hrsg.): Handbook of German Business Management, in: FAZ, 16.07.1990.

163 Weber, Jürgen: Controlling der Kostenrechnung – Zur Notwendigkeit des Einsatzes von Controlling-Instrumenten zur strategischen und operativen Ausrichtung der Kostenrechnung, in: krp, Jg. 1990, S. 203-208.

164 Weber, Jürgen: Controlling goes public...?, in: Hochschulnachrichten, 1990, H. 3, S. 44-46.

165 Weber, Jürgen: Controlling von oben, in: Wirtschaftswoche, 1990, Nr. 40, S. 124-128.

166 Weber, Jürgen / Bungenstock, Christian: Rezension zu Lackes, R.: EDV-orientiertes Kosteninformationssystem, in: ZfB, 60. Jg. (1990), S. 1109-1111.

167 Weber, Jürgen / Kummer, Sebastian: Aspekte des betriebswirtschaftlichen Managements der Logistik, in: DBW, 50. Jg. (1990), S. 775-787.

168 Weber, Jürgen / Kummer, Sebastian: Logistik wird für die Wettbewerbsfähigkeit aller Unternehmen entscheidend, in: Handelsblatt, Beilage 17.10.1990, S. B3.

169 Weber, Jürgen: Kostenerfassung ohne Nutzen?, in: Logistik heute, 1990, H. 11, S. 44f.

170 Weber, Jürgen: Thesen zum Verständnis und Selbstverständnis der Logistik, in: ZfbF, 42. Jg. (1990), S. 976-986.

171 Weber, Jürgen: Rezension zu Walter, M., Strategische Kontrolle von Forschungs- und Entwicklungsprojekten, in: ZfB, 60. Jg. (1990), S. 1245-1246.

172 Weber, Jürgen: Rezension zu Kübel, R.: Ressource Mensch, in: Die Welt, Nr. 295, 18.12.1990.

173 Weber, Jürgen: Kostenerfassung fortlaufend?, in: Logistik heute, 1990, H. 12, S. 32f.

174 Weber, Jürgen: Koordination als Leistung des Controlling – Für welche Führungsprobleme kann das Unternehmen den Controller fordern?, in: Eschenbach, Rolf (Hrsg.): Der Control-

ler – Controlling als Serviceleistung. Was kann das Unternehmen vom Controlling fordern?, Wien 1990, S. 9-28.

175 Weber, Jürgen: Logistik-Controlling, Stuttgart 1990.

176 Weber, Jürgen: Einführung in das Rechnungswesen II: Kostenrechnung, Stuttgart 1990.

177 Weber, Jürgen: Controlling goes public, in: Controller Magazin, Jg. 1991, S. 3-5.

178 Weber, Jürgen: Spaß und Motivation als Quellen des Erfolgs, in: Hochschulnachrichten aus der Wissenschaftlichen Hochschule für Unternehmensführung Koblenz, Jg. 1991, H. 1, S. 44-46.

179 Weber, Jürgen: Fazit: Kostet was, doch rechnet sich, in: Logistik heute, 13. Jg. (1991), H. 1-2, S. 34f.

180 Weber, Jürgen / Kummer, Sebastian: Logistik – ein strategischer Erfolgsfaktor, in: Hochschulnachrichten aus der Wissenschaftlichen Hochschule für Unternehmensführung Koblenz, Jg. 1991, H. 2, S. 8-10.

181 Weber, Jürgen: Zur Sache: Welche Gründe sprechen dafür, dass die Hochschulen sich ihre Studenten selbst auswählen?, in: FAZ, 13.04.1991, S. 45.

182 Weber, Jürgen / Tylkowski, Otto (Hrsg.): Perspektiven der Controlling-Entwicklung in öffentlichen Institutionen, Stuttgart 1991.

183 Weber, Jürgen / Tylkowski, Otto: Vorwort: Perspektiven der Controlling-Entwicklung in öffentlichen Institutionen, in: Weber, Jürgen / Tylkowski, Otto (Hrsg.): Perspektiven der Controlling-Entwicklung in öffentlichen Institutionen, Stuttgart 1991, S. VII-X.

184 Weber, Jürgen: Controlling als Koordinationsfunktion innerhalb der Verwaltungs- bzw. Unternehmensführung. Ein Beitrag zur Lösung des Definitionsproblems des Begriffs Controlling, in: Weber, Jürgen / Tylkowski, Otto (Hrsg.): Perspektiven der Controlling-Entwicklung in öffentlichen Institutionen, Stuttgart 1991, S. 15-54.

185 Weber, Jürgen: Stand und Entwicklungsmöglichkeiten des Controlling in öffentlichen Institutionen – ein empirisches Schlaglicht, in: Weber, Jürgen / Tylkowski, Otto (Hrsg.): Perspektiven der Controlling-Entwicklung in öffentlichen Institutionen, Stuttgart 1991, S. 269-283.

186 Weber, Jürgen / Kummer, Sebastian: Entwickeln eines Logistikkonzepts für mittelständische Unternehmen, in: Praxis des Rechnungswesens, H. 3 vom 28.06.1991, S. 11/1-11/22.

187 Weber, Jürgen: Logistik-Controlling, in: DSWR, 20. Jg. (1991), S. 114f.

188 Weber, Jürgen / Hoppenheit, Christoph: Optionen, in: von Busse von Colbe, Walther (Hrsg.): Lexikon des Rechnungswesens. Handbuch der Bilanzierung und Prüfung, der Erlös-, Finanz-, Investitions- und Kostenrechnung, 2. Aufl., München/Wien 1991, S. 407-409.

189 Albach, Horst / Weber, Jürgen (Schriftleiter): Controlling. Selbstverständnis – Instrumente – Perspektiven, ZfB-Ergänzungsheft 3/91.

190 Albach, Horst / Weber, Jürgen: Editorial, in: Controlling. Selbstverständnis – Instrumente – Perspektiven, ZfB-Ergänzungsheft 3/91, S. VII-IX.

191 Weber, Jürgen / Kosmider, Andreas: Controlling-Entwicklung in der Bundesrepublik Deutschland im Spiegel von Stellenanzeigen, in: Controlling. Selbstverständnis – Instrumente – Perspektiven, ZfB-Ergänzungsheft 3/91, S. 17-35.

192 Weber, Jürgen: Kostenrechnung – mehr als eine Pflichtübung, in: Blick durch die Wirtschaft, 11.09.1991, S. 7.

193 Weber, Jürgen: Einführung in das Controlling, Bd. 1: Konzeptionelle Grundlagen, 3. Aufl., Stuttgart 1991.

194 Weber, Jürgen: Einführung in das Controlling, Bd. 2: Instrumente, 3. Aufl., Stuttgart 1991.

195 Weber, Jürgen: Einführung in das Rechnungswesen I: Bilanzierung, 2. Aufl., Stuttgart 1991.

196 Weber, Jürgen: Logistik-Controlling, 2. Aufl., Stuttgart 1991.

197 Weber, Jürgen / Heinzl, Armin: Methodischer Leitfaden zum Einsatz von Mikrocomputern im Mittelstand, Vallendar 1991.

198 Weber, Jürgen: Kostenrechnung: Eine Standortbestimmung, in: Hochschulnachrichten aus der Wissenschaftlichen Hochschule für Unternehmensführung Koblenz, Jg. 1991, H. 1, S. 7-10.

199 Weber, Jürgen: Universität und Wirtschaft: Die Sicht einer privaten Managementhochschule, in: Mitteilungen des Hochschulverbandes, 39. Jg., H. 4/91, S. 173-176.

200 Weber, Jürgen: Versagen des Controlling? – Ein Beitrag zur Theoriefindung, in: Der Betrieb, 44. Jg. (1991), S. 1785-1788.

201 Weber, Jürgen / Kummer, Sebastian: Replik zum Diskussionsbeitrag von Oliver Fröhling: Portfoliogestütztes strategisches Logistikmanagement, in: DBW, 51. Jg. (1991), S. 676f.

202 Weber, Jürgen: Make-or-Buy richtig entscheiden, in: Logistik heute, 13. Jg. (1991), H. 9, S. 15-17.

203 Weber, Jürgen / Alewiyé, Samer / Göttler, Michael / Lüdke, Tim: Logistik – eine Erfolgsstory – vom Tellerwäscher zum Logistiker, in: Logistik heute, 13. Jg. (1991), H. 11, S. 54-56.

204 Weber, Jürgen: Controlling für die Anlagenwirtschaft, in: Der Controlling-Berater, 6/1991, Gruppe 12, S. 12/51-12/101.

205 Weber, Jürgen: Controlling in öffentlichen Institutionen (Non Profit Organizations), in: Risak, Johann / Deyhle, Albrecht (Hrsg.): Controlling. State of the Art und Entwicklungstendenzen, Rolf Eschenbach zum 60. Geburtstag, Wiesbaden 1991, S. 295-324.

206 Weber, Jürgen: Rechnungswesenwahl im Prozessmanagement, in: Witt, Frank-Jürgen (Hrsg.): Aktivitätscontrolling und Prozesskostenmanagement, Stuttgart 1991, S. 39-70.

207 Weber, Jürgen: Kostenrechnung als Controlling-Objekt: Zur Neuausrichtung und Weiterentwicklung der Kostenrechnung, in: Kistner, Klaus-Peter / Schmidt, Reinhard (Hrsg.): Unternehmensdynamik. Festschrift für Horst Albach zum 60. Geburtstag, Wiesbaden 1991, S. 443-479.

208 Weber, Jürgen (Hrsg.): Kostenrechnung im Mittelstand, Stuttgart 1991.

209 Weber, Jürgen: Vorwort, in: Weber, Jürgen (Hrsg.): Kostenrechnung im Mittelstand, Stuttgart 1991, S. 1-4.

210 Weber, Jürgen: Fallbeispiel zur Einführung einer Kostenrechnung in einem mittelständischen Unternehmen, in: Weber, Jürgen (Hrsg.): Kostenrechnung im Mittelstand, Stuttgart 1991, S. 39-175.

211 Weber, Jürgen: Schritte des Einführungsprozesses von Kostenrechnungs-Software, in: Weber, Jürgen (Hrsg.): Kostenrechnung im Mittelstand, Stuttgart 1991, S. 179-200.

212 Weber, Jürgen / Lehmann, Frank Oliver: Einführung von Standardsoftware der Kostenrechnung in der Empirie, in: Weber, Jürgen (Hrsg.): Kostenrechnung im Mittelstand, Stuttgart 1991, S. 201-219.

213 Weber, Jürgen: Schnittstellenüberwindung durch Logistik-Controlling, in: Horváth, Péter (Hrsg.): Synergien durch Schnittstellen-Controlling, Stuttgart 1991, S. 73-96.

214 Weber, Jürgen: Controlling in Softwareunternehmen, in: Heinrich, Lutz J. / Pomberger, Gustav / Schauer, Reinbert (Hrsg.): Die Informationswirtschaft im Unternehmen, Linz 1991, S. 381-399.

215 Weber, Jürgen: Entscheidungsfindung für Logistikleistungen – make or buy?, in: Bundesvereinigung Logistik (BVL) (Hrsg.): Logistik gewinnt, Berichtsband Deutscher Logistik-Kongress '91, Bremen 1991, S. 567-587.

216 Weber, Jürgen: Nicht der Große frisst den Kleinen, sondern der Schnelle den Langsamen, in: Blick durch die Wirtschaft, Nr. 102, 27. Mai 1992, S. 7.

217 Weber, Jürgen: Die Summe der Kosten gilt es möglichst gering zu halten, in: Blick durch die Wirtschaft, Nr. 110, 10. Juni 1992, S. 7.

218 Weber, Jürgen: Wir brauchen Manager für morgen, in: FAZ, Nr. 110, 12.05.1992, S. B15.

219 Weber, Jürgen: Kalkulation von Logistikkosten, in: Männel, Wolfgang (Hrsg.): Logistik-Controlling, krp-Sonderheft 1/92, S. 29-36.

220 Weber, Jürgen: Strategisches Beteiligungscontrolling, in: ZP, Bd. 3 (1992), S. 95-111.

221 Weber, Jürgen: Entwicklungsperspektiven der Kostenrechnung in den 90er Jahren, in: krp, Jg. 1992, S. 159.

222 Weber, Jürgen: Controlling – Sprechen Theorie und Praxis eine unterschiedliche Sprache?, in: Controlling, 4. Jg. (1992), S. 188-194.

223 Weber, Jürgen: Kostenrechnung im Mittelstand, in: DStR, 30. Jg. (1992), S. 958-963.

224 Weber, Jürgen / Weise, Frank-Jürgen / Kummer, Sebastian: Logistik. Einführung von Logistik im Unternehmen. Eine spannende Anleitung zum programmierten Erfolg, o.O., o.J.

225 Weber, Jürgen: Logistik als Koordinationsfunktion. Zur theoretischen Fundierung der Logistik, in: ZfB, 62. Jg. (1992), S. 877-895.

226 Weber, Jürgen / Bültel, Dirk: Controlling-Entwicklung in Deutschland – eine Erfolgsstory, in: Controller Magazin, Jg. 1992, S. 161-164.

227 Weber, Jürgen / Bültel, Dirk: Controlling – Ein eigenständiges Aufgabenfeld in den Unternehmen der Bundesrepublik Deutschland. Ergebnisse einer Auswertung von Stellenanzeigen aus den Jahren 1949-1989, in: DBW, 52. Jg. (1992), S. 553-546.

228 Weber, Jürgen: Logistik-Controlling, Konzepte – Inhalte – Methoden, in: Huch, Burkhard / Behme, Wolfgang / Schimmelpfeng, Katja (Hrsg.): EDV-gestützte Controlling-Praxis. Anwendungen in der Wirtschaft, Frankfurt am Main 1992, S. 77-92.

229 Weber, Jürgen: Controlling, in: Gabler's Wirtschaftslexikon, 13. Aufl., Wiesbaden 1992, S. 689-691.

230 Weber, Jürgen: Einzelkostenrechnung, in: Gablers Wirtschaftslexikon, 13. Aufl., Wiesbaden 1992, S. 938f.

231 Weber, Jürgen: Prozeßkostenrechnung, in: Gablers Wirtschaftslexikon, 13. Aufl., Wiesbaden 1992, S. 2715f.

232 Weber, Jürgen: Entwicklungsperspektiven der Kostenrechnung, in: den 90er Jahren, in: Controlling, 4. Jg. (1992), S. 354f.

233 Weber, Jürgen: Logistikkostenrechnung, in: Männel, Wolfgang (Hrsg.): Handbuch Kostenrechnung, Wiesbaden 1992, S. 878-897.

234 Weber, Jürgen: Entfeinerung der Kostenrechnung?, in: Scheer, August-Wilhelm (Hrsg.): Rechnungswesen und EDV, 13. Saarbrücker Arbeitstagung, Heidelberg 1992, S. 173-199.

235 Weber, Jürgen / Göpfert, Ingrid: F&E-Controlling, in: Gemünden, Georg / Pleschak, Franz (Hrsg.): Innovationsmanagement und Wettbewerbsfähigkeit: Erfahrungen aus den alten und neuen Bundesländern, Wiesbaden 1992, S. 113-135.

236 Weber, Jürgen: Defizite bei der Logistikleistungsrechnung. Wege zu einem effizienten Logistik-Controlling, in: Blick durch die Wirtschaft, Nr. 39, 25.02.1992, S. 7.

237 Weber, Jürgen: Die Koordinationssicht des Controlling, in: Spremann, Klaus / Zur, Eberhard (Hrsg.): Controlling. Grundlagen – Informationssysteme – Anwendungen, Wiesbaden 1992, S. 169-183.

238 Weber, Jürgen: Controlling in öffentlichen Organisationen (Non Profit Organizations), in: Risak, Johann / Deyhle, Albrecht (Hrsg.): Controlling: State of the Art und Entwicklungstendenzen. Rolf Eschenbach zum 60. Geburtstag, 2. Aufl., Wiesbaden 1992, S. 295-324.

239 Weber, Jürgen (Hrsg.): Kostenrechnung im Mittelstand, Stuttgart 1992.

240 Weber, Jürgen: Vorwort, in: Weber, Jürgen (Hrsg.): Kostenrechnung im Mittelstand, Stuttgart 1992, S. 1-4.

241 Weber, Jürgen: Fallbeispiel zur Einführung einer Kostenrechnung in einem mittelständischen Unternehmen, in: Weber, Jürgen (Hrsg.): Kostenrechnung im Mittelstand, Stuttgart 1992, S. 39-176.

242 Weber, Jürgen: Schritte des Einführungsprozesses von Kostenrechnung-Software, in: Weber, Jürgen (Hrsg.): Kostenrechnung im Mittelstand, Stuttgart 1992, S. 179-200.

243 Weber, Jürgen / Lehmann, Frank Oliver: Einführung von Standardsoftware der Kostenrechnung in der Empirie, in: Weber, Jürgen (Hrsg.): Kostenrechnung im Mittelstand, Stuttgart 1992.

244 Weber, Jürgen (Hrsg.): Praxis des Logistik-Controlling, Stuttgart 1993.

245 Weber, Jürgen: Chronologie der Arbeit des Arbeitskreises Logistik-Controlling, in: Weber, Jürgen (Hrsg.): Praxis des Logistik-Controlling, Stuttgart 1993, S. 3-6.

246 Weber, Jürgen: Bedeutung und Gestaltung der Logistik-Leistungsrechnung für das Logistik-Controlling, in: Weber, Jürgen (Hrsg.): Praxis des Logistik-Controlling, Stuttgart 1993, S. 73-83.

247 Weber, Jürgen: Bedeutung und Gestaltung der Logistik-Kostenrechnung für das Logistik-Controlling, in: Weber, Jürgen (Hrsg.): Praxis des Logistik-Controlling, Stuttgart 1993, S. 137-149.

248 Göpfert, Ingrid / Kummer, Sebastian / Weber, Jürgen: Logistik-Kennzahlen in der Praxis, in: Weber, Jürgen (Hrsg.): Praxis des Logistik-Controlling, Stuttgart 1993, S. 233-251.

249 Weber, Jürgen: Gestaltung des Logistik-Controlling – im Spannungsfeld zwischen Methodik und Organisationsentwicklung, in: Weber, Jürgen (Hrsg.): Praxis des Logistik-Controlling, Stuttgart 1993, S. 309-318.

250 Weber, Jürgen: Kontrolle, in: Enderle, Georges, u.a. (Hrsg.): Lexikon der Wirtschaftsethik, Basel/Wien 1993, Sp. 551-556.

251 Weber, Jürgen: Beteiligungscontrolling, in: Scheer, August-Wilhelm (Hrsg.): Rechnungswesen und EDV, 14. Saarbrücker Arbeitstagung, Controlling bei fließenden Unternehmensstrukturen, Heidelberg 1993, S. 391-417.

252 Weber, Jürgen: Logistik-Controlling, 3. Aufl., Stuttgart 1993.

253 Weber, Jürgen: Einführung in das Rechnungswesen I: Bilanzierung, 3. Aufl., Stuttgart 1993.

254 Weber, Jürgen: Einführung in das Controlling, 4. Aufl., Stuttgart 1993.

255 Weber, Jürgen: Zeit als Chance im Standortwettbewerb, in: Unternehmertag '93, Wettbewerbsvorteile durch intelligente Arbeits- und Betriebszeiten, Tagungsunterlagen, 11.10.1993, S. 7-12.

256 Weber, Jürgen (Hrsg.): Zur Neuausrichtung der Kostenrechnung. Entwicklungsperspektiven für die 90er Jahre, Stuttgart 1993.

257 Weber, Jürgen: Vorwort, in: Weber, Jürgen (Hrsg.): Zur Neuausrichtung der Kostenrechnung. Entwicklungsperspektiven für die 90er Jahre, Stuttgart 1993, S. V.

258 Weber, Jürgen: Kostenrechnung im System der Unternehmensführung – Stand und Perspektiven der Kostenrechnung in den 90er Jahren, in: Weber, Jürgen (Hrsg.): Zur Neuausrichtung der Kostenrechnung. Entwicklungsperspektiven für die 90er Jahre, Stuttgart 1993, S. 1-77.

259 Weber, Jürgen: Stand der Kostenrechnung in deutschen Großunternehmen – Ergebnisse einer empirischen Erhebung, in: Weber, Jürgen (Hrsg.): Zur Neuausrichtung der Kostenrechnung. Entwicklungsperspektiven für die 90er Jahre, Stuttgart 1993, S. 257-278.

260 Heinzl, Armin / Weber, Jürgen (Hrsg.): Alternative Organisationskonzepte der betrieblichen Datenverarbeitung, Stuttgart 1993.

261 Heinzl, Armin / Weber, Jürgen: Vorwort, in: Heinzl, Armin / Weber, Jürgen (Hrsg.): Alternative Organisationskonzepte der betrieblichen Datenverarbeitung, Stuttgart 1993, S. V-VI.

262 Weber, Jürgen: Alternative Organisationskonzepte für die betriebliche Datenverarbeitung, in: Heinzl, Armin / Weber, Jürgen (Hrsg.): Alternative Organisationskonzepte der betrieblichen Datenverarbeitung, Stuttgart 1993, S. 6-38.

263 Weber, Jürgen: Koordinatoren in der Unternehmensführung. Über Controlling und Controller, in: Beiersdorf UNI-INFO. Für Hochschullehrer und Studenten, Nr. 9, Juni/1993, S. 3.

264 Weber, Jürgen: Controlling, Informations- und Kommunikationsmanagement – Grundsätzliche begriffliche und konzeptionelle Überlegungen, in: BFuP, 45. Jg. (1993), S. 628-649.

265 Weber, Jürgen: Controlling und Informationsmanagement, in: Management & Computer, 1. Jg. (1993), S. 199-205.

266 Weber, Jürgen: Produktions-, Transaktions- und Koordinationskostenrechnung, in: krp-Sonderheft 1/93, Kostenpolitik und Controlling, Perspektiven, Instrumente, Praxisfälle, S. 19-23.

267 Weber, Jürgen / Weise, Frank-Jürgen / Kummer, Sebastian: Einführen von Logistik. Eine spannende Anleitung zum programmierten Erfolg, Stuttgart 1993.

268 Weber, Jürgen: Ressource Mensch. Betriebswirtschaftliche Aus- und Aufrüstung des Mittelstandes, in: Industriebedarf, Fachmagazin für den industriellen Einkauf und Produktionsverbindungshandel, Nr. 1, Januar 1993, S. 41f.

269 Weber, Jürgen: Mittelstandstag '93, Kosten senken – Strukturen anpassen: Ein Weg zum Erfolg, 23.09.1993, Tagungsunterlagen, S. 11-20.

270 Weber, Jürgen: Weniger Kosten und trotzdem mehr Leistung, in: Impulse 4/1993, S. 56.

271 Weber, Jürgen: Logistik als Koordinationsfunktion, in: Männel, Wolfgang (Hrsg.): Logistik-Controlling. Konzepte, Instrumente, Wirtschaftlichkeit, krp-Edition, Wiesbaden 1993, S. 11-24.

272 Weber, Jürgen: Kalkulation von Logistikkosten, in: Männel, Wolfgang (Hrsg.): Logistik-Controlling. Konzepte, Instrumente, Wirtschaftlichkeit, krp-Edition, Wiesbaden 1993, S. 109-123.

273 Weber, Jürgen: Pionier der Wirtschaftsinformatik, in: Signale, 8. Jg. (1993), Heft 1, S. 47f.

274 Weber, Jürgen: Wir sind der Staat, in: Signale, 8. Jg. (1993), Heft 3, S. 66-69.

275 Weber, Jürgen: Kostenmanagement durch Strukturmanagement – wider den Glauben an kurzfristige Kostensenkungsprogramme, in: Signale, 8. Jg. (1993), Heft 3, S. 89-92.

276 Weber, Jürgen / Cebrowska, Teresa / Kufel, Mieczyslaw: Wprowadzenie do rachunkowisci spólek. Bilansowanie majatku i kapitalow, Bielsko-Biala 1993.

277 Weber, Jürgen: Verkehrsbetrieb, in: von Chmielewicz, Klaus / Schweitzer, Marcell (Hrsg.): HWR, 3. Aufl., Stuttgart 1993, Sp. 2012-2022.

278 Weber, Jürgen: Bereichscontrolling, in: von Wittmann, Waldemar / Kern, Werner / Köhler, Richard / Küpper, Hans-Ulrich / von Wysocki, Klaus (Hrsg.): HWB, 5. Aufl., Stuttgart 1993, Sp. 300-312.

279 Weber, Jürgen / Kummer, Sebastian: Entsorgungslogistik, in: Lück, Wolfgang (Hrsg.): Lexikon der Betriebswirtschaft, 5. Aufl., Landsberg am Lech 1993, S. 345-347.

280 Weber, Jürgen: Strategisches Controlling, in: Lück, Wolfgang (Hrsg.): Lexikon der Betriebswirtschaft, 5. Aufl., Landsberg am Lech 1993, S. 1173f.

281 Weber, Jürgen: Einführung der Kostenrechnung in mittelständischen Unternehmen, in: INF, Die Information über Steuer und Wirtschaft, Heft 1/94, S. 19-25.

282 Weber, Jürgen: Deckungsbeitragsrechnung als Innovation, in: krp, 38. Jg. (1994), S. 37-39.

283 Weber, Jürgen: Der lange Marsch, in: Manager Magazin, Heft 3/1994, S. 136.

284 Weber, Jürgen / Hamprecht, Markus: Stand und Anwendungsperspektiven des Controllings in Verbänden und ähnlichen Non-Profit-Organisationen, WHU-Forschungspapier Nr. 24/ März 1994, Vallendar.

285 Weber, Jürgen / Kummer, Sebastian / Großklaus, Armin / Nippel, Dorothée: Methode zur Ableitung von Logistik-Kennzahlen, in: Signale, 9. Jg., Heft 2, S. 45-47.

286 Weber, Jürgen: Kostenrechnung zwischen Verhaltens- und Entscheidungsorientierung, in: krp, 38. Jg. (1994), S. 99-104.

287 Weber, Jürgen: Einführung in das Rechnungswesen II: Kostenrechnung, 3. Aufl., Stuttgart 1994.

288 Weber, Jürgen: Controller sind Navigatoren, Co-Piloten, Hofnarren – oder gar Pfarrer?, in: Controller Magazin, Jg. 1994, Heft 5, S. 267-270.

289 Weber, Jürgen: Logistikmanagement – Verankerung des Flußprinzips im Führungssystem des Unternehmens, in: Isermann, Heinz (Hrsg.): Logistik: Beschaffung, Produktion, Distribution, Landsberg am Lech 1994, S. 45-54.

290 Weber, Jürgen: Veränderungen des Staates – kann Transformation auch Innovation bedeuten? In: 1. Thüringer Symposium „Transformationsprobleme – lösbar ?!"am 6. und 7. Mai 1994 in Erfurt, Tagungsband, Redaktion Hartmut O. Ries, Schriftenreihe des Thüringer Ministeriums für Bundes- und Europaangelegenheiten, Bd. 4, Erfurt 1994, S. 191-201.

291 Weber, Jürgen / Hamprecht, Markus: Beratungsbedarf öffentlicher Verwaltungen und Betriebe, in: VOP, 16. Jg. (1994), Heft 3, S. 201-203.

292 Weber, Jürgen: Die Arbeit einer privaten Hochschule – Probleme und Chancen, in: Markt und Hochschule, Tagungsband zur Tagung in der Theodor-Heuss-Akademie vom 24.-26.06.1994, Gummersbach, S. 21-35.

293 Weber, Jürgen: Logistikkostenrechnung im Spannungsfeld zwischen Komplexität und zusätzlicher Information, in: Dellmann, Klaus / Franz, Klaus Peter (Hrsg.): Neuere Entwicklungen im Kostenmanagement, Bern u.a. 1994, S. 527-549.

294 Weber, Jürgen / Hoppenheit, Christoph: Optionen, in: Busse von Colbe, Walther (Hrsg.): Lexikon des Rechnungswesens, München 1994, S. 456-458.

295 Weber, Jürgen / Kummer, Sebastian: Logistikmanagement: Führungsaufgaben zur Umsetzung des Flussprinzips im Unternehmen, Stuttgart 1994.

296 Weber, Jürgen: Dynamik statt Strukturen, in: krp-Sonderheft 1/94, S. 6-8.

297 Weber, Jürgen: Vor- und Nachteile kleiner privater Hochschulen unter den Bedingungen des deutschen Bildungssystems, in: ZfB-Ergänzungsheft 2/94, Hochschuldidaktik und Hochschulökonomie, Schriftleitung: Horst Albach und Peter Mertens, S. 251-263.

298 Weber, Jürgen / Hamprecht, Markus: Zum Planungs- und Kontrollverhalten von Verbänden und ähnlichen Non-Profit-Organisationen, in: ZP, Bd. 5 (1994), S. 209-225.

299 Weber, Jürgen / Görgens, Josef: Projektmanagement in der Bauindustrie – Ergebnisse einer empirischen Erhebung, in: ZP, Bd. 5 (1994), S. 297-314.

300 Weber, Jürgen: Perspektiven logistischer Informationssysteme, in: Management & Computer, 2. Jg. (1994), H. 3, S. 175-180.

301 Weber, Jürgen: Strategisches Controlling: Koordinationsaufgaben innerhalb der strategischen Führung, in: Riekhof, Hans-Christian (Hrsg.): Praxis der Strategieentwicklung. Konzepte – Erfahrungen – Fallstudien, 2. Aufl., Stuttgart 1994, S. 323-336.

302 Weber, Jürgen: „Schlanke Controller?" – Anmerkungen zur Neuausrichtung des Controller-Bereichs in Großunternehmen, in: Der Betrieb, 47. Jg. (1994), S. 1785-1791.

303 Weber, Jürgen: Effizienzsteigerung im Controllingbereich, in: Scheer, August-Wilhelm (Hrsg.): Rechnungswesen und EDV. 15. Saarbrücker Arbeitstagung 1994, Heidelberg 1994, S. 72-93.

304 Weber, Jürgen: Topmanagement braucht präzisere Informationen, in: Handelsblatt, Ausgabe Nr. 203, 20.10.1994, S. 24.

305 Weber, Jürgen: Praxisorientierung an der WHU, in: Winkel, Harald (Hrsg.): Zehn Jahre WHU. Aufbau der Wissenschaftlichen Hochschule für Unternehmensführung in Koblenz, St. Katharinen 1994, S. 197-206.

306 Weber, Jürgen / Hamprecht, Markus: Ausrichtung und Chancen eines Controlling in Nonprofit-Organisationen – empirische Erkenntnisse, in: Verbandsmanagement, 19. Jg. (1994), Nr. 3, S. 23-32.

307 Weber, Jürgen / Großklaus, Armin / Kummer, Sebastian / Nippel, Harald / Warnke, Dorothée: Kennzahlen einmal anders hergeleitet, in: Logistik heute, Jg. 1994, Nr. 6, S. 32-33.

308 Großklaus, Armin / Kummer, Sebastian / Nippel, Harald / Warnke, Dorothée / Weber, Jürgen: Methodik zur Generierung von Logistik-Kennzahlen, WHU-Forschungspapier Nr. 25, Vallendar 1994.

309 Weber, Jürgen: Zur Bildung und Strukturierung spezieller Betriebswirtschaftslehren, WHU-Forschungspapier Nr. 27, Vallendar 1994.

310 Weber, Jürgen: Einführung in das Controlling, 5. Aufl., Stuttgart 1994.

311 Weber, Jürgen: In welchen Schritten kommen Sie zu einem für Ihr Unternehmen passenden Kennzahlensystem für die Logistik?, in: 11. Deutscher Logistik-Kongress: Logistik – Lösungen für die Praxis, Berichtsband 1994, Band 1, München 1994, S. 67-83.

312 Weber, Jürgen: Logistik-Controlling, 4. Aufl., Stuttgart 1995.

313 Weber, Jürgen (Hrsg.): Kennzahlen für die Logistik, Stuttgart 1995.

314 Weber, Jürgen: Zum Arbeitskreis „Kennzahlen für die Logistik", in: Weber, Jürgen (Hrsg.): Kennzahlen für die Logistik, Stuttgart 1995, S. 1-6.

315 Weber, Jürgen / Großklaus, Armin / Kummer, Sebastian / Nippel, Harald / Warnke, Dorothée: Methodik zur Generierung von Logistik-Kennzahlen, in: Weber, Jürgen (Hrsg.): Kennzahlen für die Logistik, Stuttgart 1995, S. 9-45.

316 Weber, Jürgen / Großklaus, Armin / Kummer, Sebastian / Nippel, Harald / Warnke, Dorothée: Schritte zur Ableitung von Logistik-Kennzahlen, in: Weber, Jürgen (Hrsg.): Kennzahlen für die Logistik, Stuttgart 1995, S. 195-204.

317 Küpper, Hans-Ulrich / Weber, Jürgen: Grundbegriffe des Controlling, Stuttgart 1995.

318 Weber, Jürgen: Einführung in das Controlling, 6. Aufl., Stuttgart 1995.

319 Weber, Jürgen: Wachstumsschwellen als Rahmenbedingungen für ein effizientes Controlling im Klein- und Mittelbetrieb, in: Wagenhofer, Alfred / Gutschelhofer, Alfred (Hrsg.): Controlling und Unternehmensführung. Aktuelle Entwicklungen in Theorie und Praxis, Wien 1995, S. 3-22.

320 Weber, Jürgen: Kostenrechnung-(s)-Dynamik – Einflüsse hoher unternehmensex- und -interner Veränderungen auf die Gestaltung der Kostenrechnung, in: BFuP, 47. Jg. (1995), S. 565-581.

321 Weber, Jürgen: Controlling von Kundenzufriedenheit, in: Simon, Hermann / Homburg, Christian (Hrsg.): Kundenzufriedenheit. Konzepte – Methoden – Erfahrungen, Wiesbaden 1995, S. 241-258.

322 Ernst, Edgar / Galla, Jürgen / Weber, Jürgen: Controlling als Mittel des Turnarounds öffentlich gebundener Unternehmen. Das Beispiel von Postdienst und Telekom, in: ZfB, 65. Jg. (1995), S. 933-954.

323 Weber, Jürgen / Kaminski, Arndt: Zum Promotionsverhalten in der deutschsprachigen Betriebswirtschaftslehre. Ergebnisse einer empirischen Erhebung, in: ZfbF, 47. Jg. (1995), S. 709-725.

324 Weber, Jürgen / Brettel, Malte / Großklaus, Armin / Hamprecht, Markus / Rösch, Barbara E. / Schäffer, Utz: Grundgedanken zur Entwicklung einer Theorie der Unternehmensführung, WHU-Forschungspapier Nr. 30/Mai 1995, Vallendar.

325 Weber, Jürgen / Hamprecht, Markus / Goeldel, Hanns: Benchmarking des Controlling: Ein Ansatz zur Effizienzsteigerung betrieblicher Controllingbereiche, in: krp, 39. Jg. (1995), S. 15-19.

326 Weber, Jürgen / Hamprecht, Markus: Benchmarking van de Controllerfunctie: Verbetering van de Efficiency, in: Select, Financial Management, Nr. 3/1995, S. 28-41.

327 Weber, Jürgen: Selektives Rechnungswesen, WHU-Forschungspapier Nr. 32/Mai 1995, Vallendar.

328 Weber, Jürgen / Hamprecht, Markus: Controlling in Non-Profit-Organisationen, in: Controlling, 7. Jg. (1995), S. 124-131.

329 Weber, Jürgen: Logistikkostenrechnung, in: Reichmann, Thomas (Hrsg.): Handbuch Kosten- und Erfolgs-Controlling, München 1995, S. 167-184.

330 Weber, Jürgen: Hochschulcontrolling – Das Konzept WHU, in: Signale, 10. Jg. (1995), S. 5-10.

331 Weber, Jürgen / Hamprecht, Markus: Controlling – Führungsinstrument auch für Gewerkschaften?, in: Mitbestimmung, Jg. 1995, S. 21-24.

332 Weber, Jürgen / Goeldel, Hanns / Hamprecht, Markus: Benchmarking als Instrument zur Gestaltung von Prozessen im Führungssystem, in: Management & Computer, 3. Jg. (1995), S. 115-121.

333 Weber, Jürgen: Kalkulation von Logistikkosten, in: Männel, Wolfgang (Hrsg.): krp-Sonderheft 1/95, S. 101-108.

334 Weber, Jürgen: Information und Führung, in: Management & Computer, 3. Jg. (1995), S. 310f.

335 Weber, Jürgen: Hochschulcontrolling – Das Modell WHU, in: Wissenschaftsmanagement, 2. Jg. (1996), S. 66-73.

336 Weber, Jürgen / Nippel, Harald: Entwicklung und Gestaltungsaspekte von Total Quality Management, in: ZP, 7. Jg. (1996), S. 111-130.

337 Weber, Jürgen: Reflexion und Intuition – oder: Instrument und Akzeptanz, in: Management & Computer, 4. Jg. (1996), S. 182f.

338 Weber, Jürgen / Bungenstock, Christian: Berufsstart Consulting im Controlling, in: Berufsstart Consulting, Konstanz 1996, S. 231-236.

339 Weber, Jürgen: Logistik- und Produktionscontrolling, in: Eversheim, Walter / Schuh, Günther (Hrsg.): Betriebshütte. Produktion und Management, 2. Aufl., Berlin u.a. 1996, S. 18-1–18-32.

340 Weber, Jürgen: Selektives Rechnungswesen – Schlankes Controlling durch selektive Führungsinformationen, in: krp, 40. Jg. (1996), S. 197-201.

341 Weber, Jürgen: Einführung in das Rechnungswesen I: Bilanzierung, 5. Aufl., Stuttgart 1996.

342 Weber, Jürgen: Hochschulcontrolling. Das Modell WHU, Stuttgart 1996.

343 Weber, Jürgen: Aufgabenspektrum und Controllingbilder: Vom Bremser zum Innovator, in: Gablers Magazin, Nr. 10/1996, S. 26-30.

344 Kern, Werner / Schröder, Hans-Horst / Weber, Jürgen (Hrsg.): Handwörterbuch der Produktionswirtschaft, 2. Aufl., Stuttgart 1996.

345 Kern, Werner / Schröder, Hans-Horst / Weber, Jürgen: Vorwort der Herausgeber, in: Kern, Werner / Schröder, Hans-Horst / Weber, Jürgen (Hrsg.): Handwörterbuch der Produktionswirtschaft, 2. Aufl., Stuttgart 1996, S. XI-XII.

346 Homburg, Christian / Weber, Jürgen: Individualisierte Produktion, in: Kern, Werner / Schröder, Hans-Horst / Weber, Jürgen: Handwörterbuch der Produktionswirtschaft, 2. Aufl., Stuttgart 1996, Sp. 653-664.

347 Weber, Jürgen: Logistik, in: Kern, Werner / Schröder, Hans-Horst / Weber, Jürgen (Hrsg.): Handwörterbuch der Produktionswirtschaft, 2. Aufl., Stuttgart 1996, Sp. 1096-1109.

348 Grothe, Martin / Weber, Jürgen: Operations Management, in: Kern, Werner / Schröder, Hans-Horst / Weber, Jürgen (Hrsg.): Handwörterbuch der Produktionswirtschaft, 2. Aufl., Stuttgart 1996, Sp. 1347-1358.

349 Weber, Jürgen: Zur Neuausrichtung der Kostenrechnung, in: Buchführung, Bilanz, Kostenrechnung (BBK), Lieferung 14/96, S. 687-692.

350 Weber, Jürgen: Wie viel Controlling braucht der Mittelstand?, in: Signale, 11. Jg. (1996), H. 2, S. 5-11.

351 Weber, Jürgen: Management im Spannungsfeld zwischen Ökonomie und Ökologie, in: Signale, 11. Jg. (1996), H. 2, S. 29f.

352 Weber, Jürgen: Selektives Rechnungswesen, in: ZfB, 66. Jg. (1996), S. 925-946.

353 Weber, Jürgen: Umweltmanagement als Prüfstein des Wettbewerbs, in: UmweltContact, Heft August/September 1996, S. 6.

354 Weber, Jürgen: Controlling versus New Public Management als alternative oder sich ergänzende Konzepte der Umgestaltung öffentlicher Institutionen?, WHU-Forschungspapier Nr. 33/März 1996, Vallendar.

355 Weber, Jürgen / Schäffer, Utz / Goeldel, Hanns: Zur Gestaltung der strategischen und operativen Planung, WHU-Forschungspapier Nr. 34/April 1996, Vallendar.

356 Weber, Jürgen / Brettel, Malte / Schäffer, Utz: Gedanken zur Unternehmensführung, WHU-Forschungspapier Nr. 35/April 1996, Vallendar.

357 Weber, Jürgen / Weißenberger, Barbara E.: Relative Einzelkosten- und Deckungsbeitragsrechnung: A Critical Evaluation of Riebel's Approach, WHU-Forschungspapier Nr. 38/November 1996, Vallendar.

358 Weber, Jürgen / Weißenberger, Barbara E.: Rechnungslegungspolitik und Controlling: Zur Gestaltung der Kostenrechnung, WHU-Forschungspapier Nr. 39/November 1996, Vallendar.

359 Weber, Jürgen: Kostenrechnung am Scheideweg? WHU-Forschungspapier Nr. 42/November 1996, Vallendar.

360 Weber, Jürgen: Zur Bildung und Strukturierung spezieller Betriebswirtschaftslehren – Ein Beitrag zur Standortbestimmung und weiteren Entwicklung, in: DBW, 56. Jg. (1996), S. 925-946.

361 Weber, Jürgen: Logistik-Controlling, in: Schulte, Christof (Hrsg.): Lexikon des Controlling, München 1996, S. 502-505.

362 Weber, Jürgen: Logistik-Controlling, in: Schuh, Günther / Weber, Hubert / Kajüter, Peter (Hrsg.): Logistik-Management. Strategische Wettbewerbsvorteile durch Logistik, Stuttgart 1996, S. 151-163.

363 Weber, Jürgen: Controlling versus New Public Management. Alternative oder sich ergänzende Konzepte der Umgestaltung öffentlicher Institutionen?, in: Verwaltung und Management, 2. Jg. 8 (1996), S. 344-347.

364 Weber, Jürgen / Weißenberger, Barbara E. / Aust, René: Benchmarking von Kostenrechnungprozessen: Ansatzpunkte für eine wirtschaftliche Leistungserbringung, in: krp, 41. Jg. (1997), S. 27-33.

365 Weber, Jürgen: Controlling versus New Public Management. Alternative oder sich ergänzende Konzepte der Umgestaltung öffentlicher Institutionen? (Teil 2), in: Verwaltung & Management, 3. Jg. (1997), S. 38-43.

366 Weber, Jürgen / Weißenberger, Barbara E. / Aust, René: Benchmarking des Controllerbereichs: Ein Erfahrungsbericht, WHU-Forschungspapier Nr. 43, Vallendar 1997.

367 Weber, Jürgen / Hamprecht, Markus: Integrierte Planung, nur ein Mythos? Die Realität der Unternehmensplanung in deutschen Großunternehmen, in: Signale aus der WHU Koblenz, H. 1/97, S. 11-14.

368 Weber, Jürgen: Controlling versus New Public Management. Alternative oder sich ergänzende Konzepte der Umgestaltung öffentlicher Institutionen? (Teil 3 und Schluß), in: Verwaltung & Management, 3. Jg. (1997), S. 89-92.

369 Weber, Jürgen (Hrsg.): Umweltmanagement. Aspekte einer umweltbezogenen Unternehmensführung, Stuttgart 1997.

370 Weber, Jürgen: Vorwort, in: Weber, Jürgen (Hrsg.): Umweltmanagement. Aspekte einer umweltbezogenen Unternehmensführung, Stuttgart 1997, S. I-VI.

371 Weber, Jürgen: Beschaffungskosten, in: Bloech, Jürgen / Ihde, Gösta B. (Hrsg.): Vahlens Großes Logistik Lexikon, München 1997, S. 68f.

372 Weber, Jürgen: Leistungsarten, in: Bloech, Jürgen / Ihde, Gösta B. (Hrsg.): Vahlens Großes Logistik Lexikon, München 1997, S. 520-522.

373 Weber, Jürgen: Leistungsbereiche, logistische, in: Bloech, Jürgen / Ihde, Gösta B. (Hrsg.): Vahlens Großes Logistik Lexikon, München 1997, S. 522-524.

374 Weber, Jürgen: Logistikkosten, Planung der, in: Bloech, Jürgen / Ihde, Gösta B. (Hrsg.): Vahlens Großes Logistik Lexikon, München 1997, S. 594-596.

375 Weber, Jürgen: Logistikkosten- und -leistungsrechnung, in: Bloech, Jürgen / Ihde, Gösta B. (Hrsg.): Vahlens Großes Logistik Lexikon, München 1997, S. 599-603.

376 Weber, Jürgen: Logistikkostenrechnungssoftware, in: Bloech, Jürgen / Ihde, Gösta B. (Hrsg.): Vahlens Großes Logistik Lexikon, München 1997, S. 612.

377 Weber, Jürgen: Logistikleistungen, in: Bloech, Jürgen / Ihde, Gösta B. (Hrsg.): Vahlens Großes Logistik Lexikon, München 1997, S. 617-620.

378 Weber, Jürgen: Logistikleistungen, Planung der, in: Bloech, Jürgen / Ihde, Gösta B. (Hrsg.): Vahlens Großes Logistik Lexikon, München 1997, S. 620f..

379 Weber, Jürgen: Materialkosten, in: Bloech, Jürgen / Ihde, Gösta B. (Hrsg.): Vahlens Großes Logistik Lexikon, München 1997, S. 705.

380 Weber, Jürgen: Prozeßorientiertes Controlling, Schriftenreihe Advanced Controlling, Bd. 1, Vallendar 1997.

381 Knorren, Norbert / Weber, Jürgen: Shareholder-Value – Eine Controlling-Perspektive, Schriftenreihe Advanced Controlling, Bd. 2, Vallendar 1997.

382 Knorren, Norbert / Weber, Jürgen: Implementierung Shareholder Value, Schriftenreihe Advanced Controlling, Bd. 3, Vallendar 1997.

383 Weber, Jürgen: Marktorientiertes Controlling, Schriftenreihe Advanced Controlling, Bd. 4, Vallendar 1997.

384 Küpper, Hans-Ulrich / Weber, Jürgen: Taschenlexikon Controlling, Stuttgart 1997.

385 Freidank, Carl-Christian / Götze, Uwe / Huch, Burkhard / Weber, Jürgen (Hrsg.): Kostenmanagement. Aktuelle Konzepte und Anwendungen, Berlin/Heidelberg 1997.

386 Freidank, Carl-Christian / Götze, Uwe / Huch, Burkhard / Weber, Jürgen: Vorwort, in: Freidank, Carl-Christian / Götze, Uwe / Huch, Burkhard / Weber, Jürgen (Hrsg.): Kostenmanagement. Aktuelle Konzepte und Anwendungen, Berlin/Heidelberg 1997, S. V-VI.

387 Weber, Jürgen: Kostenrechnung am Scheideweg?, in: Freidank, Carl-Christian / Götze, Uwe / Huch, Burkhard / Weber, Jürgen (Hrsg.): Kostenmanagement. Aktuelle Konzepte und Anwendungen, Berlin/Heidelberg 1997, S. 3-23.

388 Weber, Jürgen: A never-ending story?, in: Controlling, 9. Jg. (1997), S. 180-182.

389 Weber, Jürgen: Einführung in das Rechnungswesen II: Kostenrechnung, 5. Auflage, Stuttgart 1997.

390 Weber, Jürgen: Beteiligungscontrolling – ein zentraler Beitrag erfolgreicher Konzernführung, in: Roth, Armin / Behme, Wolfgang (Hrsg.): Organisation und Steuerung dezentraler Unternehmenseinheiten. Konzepte – Instrumente – Erfahrungsberichte; mit Fallbeispielen, Wiesbaden 1997, S. 67-93.

391 Weber, Jürgen: Controlling von Kundenzufriedenheit, in: Simon, Hermann / Homburg, Christian: Kundenzufriedenheit. Konzepte – Methoden – Erfahrungen, Wiesbaden 1997, S. 245-262.

392 Weber, Jürgen: Strategische Kostenrechnung, in: Signale aus der WHU Koblenz, 12. Jg. (1997), H. 2, S. 49f.

393 Weber, Jürgen / Kummer, Sebastian / Großklaus, Armin / Nippel, Harald / Warnke, Dorothée: Methodik zur Generierung von Logistik-Kennzahlen, in: BFuP, 49. Jg. (1997), S. 438-454.

394 Weber, Jürgen / Goeldel, Hanns C. / Schäffer, Utz: Zur Gestaltung der strategischen und operativen Planung, in: Die Unternehmung, 51. Jg. (1997), S. 273-295.

395 Weber, Jürgen: Controlling 2000: Der Abschied vom „Erbsenzähler", in: Gabler's Magazin, Nr. 9/1997, S. 36-39.

396 Weber, Jürgen / Hamprecht, Markus / Goeldel, Hanns C.: Integrierte Planung – nur ein Mythos?, in: Harvard Business Manager, 19. Jg. (1997), H. 3, S. 9-13.

397 Weber, Jürgen / Weißenberger, Barbara E.: Relative Einzelkosten- und Deckungsbeitragsrechnung: a critical evaluation of Riebel's approach, in: Management Accounting Research, Bd. 8 (1997), S. 277-298.

398 Weber, Jürgen: Shareholder Value – Acht Feststellungen zum Erfolg, in: Signale aus der WHU Koblenz, 12. Jg. (1997), H. 3, S. 25-29.

399 Becker, Wolfgang / Weber, Jürgen (Hrsg.): Kostenrechnung. Stand und Entwicklungsperspektiven, Wiesbaden 1997.

400 Becker, Wolfgang / Weber, Jürgen: Geleitwort, in: Becker, Wolfgang / Weber, Jürgen (Hrsg.): Kostenrechnung: Stand und Entwicklungsperspektiven, Wiesbaden 1997, S. VII-IX.

401 Weber, Jürgen: Kostenrechnung als zentrales Element des New Public Management?, in: Becker, Wolfgang / Weber, Jürgen (Hrsg.): Kostenrechnung: Stand und Entwicklungsperspektiven, Wiesbaden 1997, S. 485-508.

402 Weber, Jürgen: Ausrichtung des Controlling auf interne Märkte. Internes Marketing als neue Aufgabe der Controller, in: Scheer, August-Wilhelm (Hrsg.): Organisationsstrukturen und Informationssysteme auf dem Prüfstand: für Industrie, Dienstleistung und Verwaltung / 18. Saarbrücker Arbeitstagung 1997, Heidelberg 1997, S. 347-358.

403 Weber, Jürgen: Die Verankerung des Shareholder value im Entgeltsystem ist die Gretchenfrage dieses Ansatzes, in: Blick durch die Wirtschaft, Nr. 210, 31.10.1997, S. 5.

404 Weber, Jürgen: Zukunft des strategischen und operativen Controlling, in: Rieder, Lukas (Hrsg.): Controllers Zukunft. Auftrag, Verantwortung, Rollenbild und Selbstverständnis der Controller, Zürich 1997, S. 71-93.

405 Weber, Jürgen / Aust, René: Reengineering Kostenrechnung. Notwendigkeit – Benchmarking – Veränderungsschritte, Schriftenreihe Advanced Controlling, Bd. 5, Vallendar 1997.

406 Weber, Jürgen / Weißenberger, Barbara E. / Aust, René: Benchmarking im Controllerbereich: Ansätze und Erfahrungen eines Arbeitskreises, in: Gesellschaft für Planung – AGPLAN e.V. (Hrsg.): agplan-Handbuch zur Unternehmensplanung, Erg.-Lfg. X/97, S. 1-36.

407 Weber, Jürgen / Antlitz, Arno / Kalbfuß, Werner: Erschließen von Bündelungspotentialen in der Beschaffung durch Produktionsnetzwerke, in: Kuhn, Axel / Kloth, Matthias / Fraunhofer Institut Materialfluß und Logistik (Hrsg.): Dem Trend voraus: Wandelbare Produktionsnetzwerke, o.O., 1997, S. 81-91.

408 Weber, Jürgen / Franken, Myriam / Göbel, Volker: Bündelung von Absatzpotentialen durch Produktionsnetzwerke, in: Kuhn, A. / Kloth, M. / Fraunhofer Institut Materialfluß und Logistik (Hrsg.): Dem Trend voraus: Wandelbare Produktionsnetzwerke, o.O., 1997, S. 93-100.

409 Pfaff, Dieter / Weber, Jürgen: In der Kostenrechnung nichts Neues?, in: Die Unternehmung, 51. Jg. (1997), S. 459-472.

410 Weber, Jürgen: Zur Abgrenzung von Führung und Controlling, WHU-Forschungspapier Nr. 45, Vallendar 1997.

411 Weber, Jürgen: Die Kostenrechnung an den unternehmensinternen Kunden orientieren, in: Blick durch die Wirtschaft, Nr. 4, 07.01.1998, 41. Jg., S. 3.

412 Weber, Jürgen: Controlling 2000 – Wohin geht der Weg der Controller?, in: Controller Magazin, 23. Jg. (1998), Heft 1, S. 1-6.

413 Weber, Jürgen / Weissenberger, Barbara E.: Rechnungslegungspolitik und Controlling: Zur Gestaltung der Kostenrechnung, in: Freidank, Carl-Christian (Hrsg.): Rechnungslegungspolitik. Eine Bestandaufnahme aus handels- und steuerrechtlicher Sicht, Berlin u.a. 1998, S. 1243-1283.

414 Weber, Jürgen / Schäffer, Utz: Sicherstellung einer angemessenen Rationalität der Führung als Funktion des Controlling, WHU-Forschungspapier Nr. 48, Vallendar 1998.

415 Weber, Jürgen: Einführung in das Controlling, 7. Aufl., Stuttgart 1998.

416 Weber, Jürgen / Krystek, Ulrich / Zur, Eberhard (Hrsg.): Internationalisierung. Eine Herausforderung für die Unternehmensführung, Berlin/Heidelberg 1997, in: FAZ, 30.03.1998, S. 17.

417 Weber, Jürgen: Wieviel Ökonomie verträgt der Staat?, in: Signale, 1/98, S. 9-14.

418 Weber, Jürgen / Schäffer, Utz: Sicherstellung der Rationalität von Führung als Controlleraufgabe?, WHU-Forschungspapier Nr. 49, Vallendar 1998.

419 Weber, Jürgen / Hoppenheit, Christoph: Optionen, in: Busse von Colbe, Walther / Pellens, Bernhard (Hrsg.): Lexikon des Rechnungswesens: Handbuch der Bilanzierung und Prüfung der Erlös-. Finanz-, Investitions- und Kostenrechnung, 4. Aufl., München 1998, S. 518-520.

420 Weber, Jürgen / Weißenberger, Barbara E.: Finanzorientiertes Controlling, Schriftenreihe Advanced Controlling, Bd. 6, Vallendar 1998.

421 Pfaff, Dieter / Weber, Jürgen: Zweck der Kostenrechnung? Eine neue Sicht auf ein altes Problem, in: DBW, 58. Jg. (1998), H. 2, S. 151-165.

422 Weber, Jürgen / Aust, René: Reengineering Kostenrechnung (Teil 1): Veränderungsdruck und Handlungsbedarf, in: bilanz & buchhaltung. Zeitschrift für Rechnungswesen und Steuern, 44. Jg., H.5/98, S. 174-178.

423 Weber, Jürgen: Zur Gestaltung der Kostenrechnung für die Logistik, in: Bogaschewsky, Ronald W. / Götze, Uwe (Hrsg.): Unternehmensplanung und Controlling. Festschrift zum 60. Geburtstag von Jürgen Bloech, Heidelberg 1998, S. 215-232.

424 Weber, Jürgen / Schäffer, Utz: Sicherung der Rationalität in der Willensbildung durch die Nutzung des fruchtbaren Spannungsverhältnisses von Reflexion und Intuition, WHU-Forschungspapier Nr. 51, Vallendar 1998.

425 Weber, Jürgen / Aust, René: Reengineering der Kostenrechnung – vom komplexen Rechensystem zur internen Dienstleistung, in: krp, 42. Jg. (1998), S. 133-139.

426 Homburg, Christian / Weber, Jürgen / Aust, René / Karlshaus, Jan Thido: Interne Kundenorientierung der Kostenrechnung – Ergebnisse der Koblenzer Studie, Schriftenreihe Advanced Controlling, Bd. 7, Vallendar 1998.

427 Weber, Jürgen / Aust, René: Reengineering Kostenrechnung (Teil 2): Ergebnisse eines Benchmarking der Kostenrechnung, in: bilanz & buchhaltung. Zeitschrift für Rechnungswesen und Steuern, 44. Jg., H. 6/98, S. 225-230.

428 Schäffer, Utz / Weber, Jürgen: Was können Controller von Consultants lernen?, in: Signale, 2/98, S. 25-31.

429 Weber, Jürgen: Finanzorientierung als neue Herausforderung für den Controllerbereich, in: Blick durch die Wirtschaft, Nr. 121, 29.06.1998, 41. Jg., S. 5.

430 Weber, Jürgen: Logistik als akademische Disziplin am Ende des 20. Jahrhunderts – Ein deutscher Standpunkt / Logistics as an academic discipline at the end of the 20th century – A german point of view, WHU-Forschungspapier Nr. 54, Vallendar 1998.

431 Weber, Jürgen / Aust, René: Reengineering Kostenrechnung (Teil 3): Der Weg zu einer neuen Kostenrechnung, in: bilanz & buchhaltung. Zeitschrift für Rechnungswesen und Steuern, 44. Jg., H.7-8/98, S. 274-278.

432 Knorren, Norbert / Weber, Jürgen: Controlling und Shareholder-Value: Getrennte Welten?, in: Controller Magazin, 23. Jg. (1998), Heft 4, S. 254-256.

433 Weber, Jürgen / Schäffer, Utz: Controlling-Entwicklung im Spiegel von Stellenanzeigen 1990-1994, in: krp, 42. Jg. (1998), S. 227-233.

434 Bach, Sabine / Brettel, Malte / Grothe, Martin / Schäffer, Utz / Weber, Jürgen: Grundmodell einer dynamischen Theorie ökonomischer Akteure, WHU-Forschungspapier Nr. 56, Vallendar 1998.

435 Weber, Jürgen / Aust, René: Reengineering der Kostenrechnung: Neue Rolle, in: management berater, 9/98, S. 20-22.

436 Weber, Jürgen / Weißenberger, Barbara E. / Aust, René: Benchmarking des Controllerbereichs – Ein Erfahrungsbericht, in: BFuP, 51. Jg., S. 381-401.

437 Weber, Jürgen: Controlling von Kundenzufriedenheit, in: Simon, Hermann / Homburg, Christian (Hrsg.): Kundenzufriedenheit. Konzepte – Methoden – Erfahrungen, 3. Aufl., Wiesbaden 1998, S. 261-281.

438 Weber, Jürgen / Kummer, Sebastian: Logistikmanagement, 2. Aufl., Stuttgart 1998.

439 Weber, Jürgen / Brettel, Malte / Schäffer, Utz: Gedanken zur Unternehmensführung – eine produktionstheoretische Sicht, in: DBW, 58. Jg., H. 4, S. 551-552.

440 Homburg, Christian / Weber, Jürgen / Aust, René: Interne Kundenorientierung der Kostenrechnung: Kostenrechner müssen umdenken, in: Gablers Magazin, Nr. 9/98, 12. Jg., S. 18-20.

441 Weber, Jürgen: Logistics as an Academic Discipline at the End of the 20th Century – A German Point of View, in: Browne, Michael (Hrsg.): Innovation in Logistics and the State of Logistics Education at the End of the 20th Century, o.O., S. 77-91.

442 Weber, Jürgen: Logistikmanagement – Verankerung des Flußprinzips im Führungssystem des Unternehmens, in: Isermann, Heinz (Hrsg.): Logistik. Gestaltung von Logistiksystemen, Landsberg am Lech 1998, S. 79-89.

443 Weber, Jürgen: Benchmarking, in: VDI-Gesellschaft Fördertechnik Materialfluss Logistik (Hrsg.): Logistische Spitzenleistungen. Ihr erfolgreicher Weg vom Besten zu lernen, Düsseldorf 1998, S. 1-20.

444 Weber, Jürgen / Schäffer, Utz: Kennzahlen sind wieder in Mode: Die Balanced Scorecard, in: Signale, 3/98, S. 19-24.

445 Weber, Jürgen / Schäffer, Utz: Balanced Scorecard, Schriftenreihe Advanced Controlling, Bd. 8, Vallendar 1998.

446 Weber, Jürgen: Das Controlling im Wettbewerb. Der Konkurrenzkampf um den Einfluß auf die Unternehmensführung, in: FAZ, Nr. 248, 26.10.1998, S. 36.

447 Homburg, Christian / Weber, Jürgen / Aust, René / Karlshaus, Jan-Thido: Das Management als Kunde, in: Logistik heute, 20. Jg. (1998), H. 11, S. 58f.

448 Weber, Jürgen / Schäffer, Utz: Balanced Scorecard: Anpassung notwendig, in: management berater, 11/98, S. 12-15.

449 Weber, Jürgen: Berichtswesen, in: Klaus, Peter / Krieger, Winfried (Hrsg.): Gabler-Lexikon Logistik, Wiesbaden 1998, S. 42.

450 Weber, Jürgen: Controlling, in: Klaus, Peter / Krieger, Winfried (Hrsg.): Gabler-Lexikon Logistik, Wiesbaden 1998, S. 67f.

451 Weber, Jürgen: Gegenstromverfahren, in: Klaus, Peter / Krieger, Winfried (Hrsg.): Gabler-Lexikon Logistik, Wiesbaden 1998, S. 150f.

452 Weber, Jürgen: Logistikkostenrechnung, in: Klaus, Peter / Krieger, Winfried (Hrsg.): Gabler-Lexikon Logistik, Wiesbaden 1998, S. 313-315.

453 Weber, Jürgen: Logistikleistungen, in: Klaus, Peter / Krieger, Winfried (Hrsg.): Gabler-Lexikon Logistik, Wiesbaden 1998, S. 315-317.

454 Weber, Jürgen: Logistikleistungsrechnung, in: Klaus, Peter / Krieger, Winfried (Hrsg.): Gabler-Lexikon Logistik, Wiesbaden 1998, S. 317f.

455 Weber, Jürgen: Logistikplanung, operative, in: Klaus, Peter / Krieger, Winfried (Hrsg.): Gabler-Lexikon Logistik, Wiesbaden 1998, S. 328.

456 Weber, Jürgen: Technologie-Portfolio-Analyse, in: Klaus, Peter / Krieger, Winfried (Hrsg.): Gabler-Lexikon Logistik, Wiesbaden 1998, S. 447-449.

457 Weber, Jürgen: Verkehrsbetriebe, Rechnungswesen der, in: Klaus, Peter / Krieger, Winfried (Hrsg.): Gabler-Lexikon Logistik, Wiesbaden 1998, S. 489-493.

458 Weber, Jürgen / Knorren, Norbert: Sicherung der Rationalität durch wertorientierte Planung, WHU-Forschungspapier Nr. 59, Vallendar 1998.

459 Weber, Jürgen: Macht der Zahlen, in: manager magazin, 28. Jg. (1998), H. 12, S. 184-187.

460 Weber, Jürgen / Schäffer, Utz: Die Balanced Scorecard – eine Modewelle ... na und?, in: ControllerNews, 1. Jg. (1998), H. 4, S. 17-20.

461 Weber, Jürgen / Schäffer, Utz: Balanced Scorecard – Gedanken zur Einordnung des Konzepts in das bisherige Controlling-Instrumentarium, WHU-Forschungspapier Nr. 60, Vallendar 1998.

462 Weber, Jürgen / Schäffer, Utz: Balanced Scorecard – Gedanken zur Einordnung des Konzepts in das bisherige Controlling-Instrumentarium, in: ZP, Bd. 9 (1998), S. 341-365.

463 Weber, Jürgen / Franken, Myriam / Göbel, Volker: Netzwerkfähigkeit im Management durch Kennzahlen herstellen, in: Industrie Management, 14. Jg. (1998), H. 6, S. 25-28.

464 Weber, Jürgen / Knorren, Norbert: Sicherung der Rationalität durch wertorientierte Planung, in: Die Unternehmung, 52. Jg. (1998), H. 4, S. 209-221.

465 Weber, Jürgen: Der Weg zu einer neuen Kostenrechnung. Wo liegt das Problem, was ist zu tun?, in: Artikeldienst. Fachbeiträge für IHK-Zeitschriften, 01.12.1998, S. 4-6.

466 Männel, Wolfgang / Weber, Jürgen: Editorial, in: krp, 43. Jg. (1999), S. 1.

467 Weber, Jürgen / Schäffer, Utz: Controller können von Consultants lernen, in: Harvard Business Manager, 21. Jg. (1999), H. 1, S. 21-28.

468 Weber, Jürgen / Schäffer, Utz: Management and Organization in the German „Mittelstand“ Company, in: WHU Koblenz – Otto Beisheim Graduate School of Management (Hrsg.): Structure and Dynamics of the German Mittelstand, Heidelberg, New York 1999, S. 117-134.

469 Weber, Jürgen / Baumgarten, Helmut (Hrsg.): Handbuch Logistik. Management von Material- und Warenflußprozessen, Stuttgart 1999.

470 Weber, Jürgen / Baumgarten, Helmut: Vorwort, in: Weber, Jürgen / Baumgarten, Helmut (Hrsg.): Handbuch Logistik. Management von Material- und Warenflußprozessen, Stuttgart 1999, S. V-VI.

471 Weber, Jürgen: Ursprünge, praktische Entwicklung und theoretische Einordnung der Logistik, in: Weber, Jürgen / Baumgarten, Helmut (Hrsg.): Handbuch Logistik. Management von Material- und Warenflußprozessen, Stuttgart 1999, S. 3-14.

472 Weber, Jürgen: Gestaltung des Prozesses der strategischen und operativen Logistikplanung, in: Weber, Jürgen / Baumgarten, Helmut (Hrsg.): Handbuch Logistik. Management von Material- und Warenflußprozessen, Stuttgart 1999, S. 129-149.

473 Weber, Jürgen: Stand, Aufgaben und Gestaltung der Kostenrechnung für die Logistik, in: Weber, Jürgen / Baumgarten, Helmut (Hrsg.): Handbuch Logistik. Management von Material- und Warenflußprozessen, Stuttgart 1999, S. 509-522.

474 Weber, Jürgen: Logistik als individueller und organisationaler Lernprozeß, in: Weber, Jürgen / Baumgarten, Helmut (Hrsg.): Handbuch Logistik. Management von Material- und Warenflußprozessen, Stuttgart 1999, S. 957-971.

475 Weber, Jürgen: Stand und Entwicklungsperspektiven des Logistik-Controlling, WHU-Forschungspapier Nr. 61, Vallendar 1999.

476 Weber, Jürgen / Schäffer, Utz: Ein (fast) neues Instrument: die Balanced Scorecard. Was Sie bei der Implementierung beachten sollten, in: Artikeldienst. Fachbeiträge für IHK-Zeitschriften, 14.01.1999, S. 13-16.

477 Weber, Jürgen / Schäffer, Utz: Der rote Faden in der Arbeit des Controllers, in: Controller Magazin, 24. Jg. (1999), S. 30-36.

478 Weber, Jürgen / Schäffer, Utz: Re-Inventing Controlling, Schriftenreihe Advanced Controlling, Bd. 9, Vallendar 1999.

479 Weber, Jürgen / Wertz, Boris: Benchmarking Excellence, Schriftenreihe Advanced Controlling, Bd. 10, Vallendar 1999.

480 Weber, Jürgen / Weißenberger, Barbara E.: Anreizsysteme und finanzorientiertes Controlling: Stock Option-Pläne als Motivationsinstrument der Unternehmensleitung, in: Küting, Karl Heinz / Langenbucher, Günther (Hrsg.): Internationale Rechnungslegung. Festschrift für Professor Dr. Claus-Peter Weber zum 60. Geburtstag, Stuttgart 1999, S. 671-696.

481 Weber, Jürgen / Schäffer, Utz: Controller auf dem Weg zum internen Berater. in: krp, 43. Jg. (1999), S. 8-10.

482 Weber, Jürgen / Schäffer, Utz: Entwicklung von Kennzahlensystemen, WHU-Forschungspapier Nr. 62, Vallendar 1999.

483 Pfaff, Dieter / Weber, Jürgen / Weißenberger, Barbara E.: Relevance Lost and Found: Kostenrechnung als Steuerungsinstrument und Sprache. Replik auf die Anmerkungen von Josef

Kloock, Ulf Schiller und Alfred Wagenhofer zum Beitrag „Zweck der Kostenrechnung" von Dieter Pfaff/Jürgen Weber, in: DBW, 59. Jg. (1999), S. 138-143.

484 Weber, Jürgen / Wertz, Boris: Controlling in netzwerkartigen Unternehmen: Neue Handlungsfelder für das Controlling, in: Gabler's Magazin, 13. Jg. (1999), Nr. 3, S. 10-13.

485 Weber, Jürgen: Gestaltung einer Logistikkostenrechnung als Lernprozeß, in: Seicht, Gerhard (Hrsg.): Jahrbuch für Controlling und Rechnungswesen '99, Wien 1999, S. 399-419.

486 Weber, Jürgen / Wertz, Boris: Benchmarking Excellence. Erfolgsfaktoren und Trends, in: Artikeldienst. Fachbeiträge für IHK-Zeitschriften, 13.03.1999, S. 14-18.

487 Weber, Jürgen / Schäffer, Utz: Controlling – der rote Faden, in: Signale, 1/99, S. 5-10.

488 Weber, Jürgen / Schäffer, Utz: Effektive Beratung mit Analyse und Intuition, in: management berater, 3. Jg. (1999), H. 4, o.S.

489 Weber, Jürgen: Logistikkennzahlen, in: Schulte, Christof (Hrsg.): Lexikon der Logistik, München, Wien 1999, S. 252-257.

490 Weber, Jürgen / Schäffer, Utz: Re-Inventing Controlling – Anmerkungen zum Selbstverständnis des Controlling, in: Controller News, 2/99, S. 55-57.

491 Weber, Jürgen / Wertz, Boris: Benchmarking Excellence – Erfolgsfaktoren, Controlling, Trends, in: Controller News, 2/99, S. 63-65.

492 Homburg, Christian / Weber, Jürgen: Kundenorientiertes Rechnungswesen als Beispiel für interne Kunden-Lieferanten-Beziehungen, in: Bruhn, Manfred (Hrsg.): Internes Marketing. Integration der Kunden- und Mitarbeiterorientierung. Grundlagen – Implementierung – Praxisbeispiele, 2. Aufl., Wiesbaden 1999, S. 577-599.

493 Weber, Jürgen: Balanced Scorecards – Neue Mode oder sinnvoller Anstoß?, in: impetus, Nr. 26/99, S. 14-16.

494 Weber, Jürgen / Weißenberger, Barbara E. / Liekweg, Arnim: Risk Tracking and Reporting. Unternehmerisches Chancen- und Risikomanagement nach dem KonTraG, Schriftenreihe Advanced Controlling, Bd. 11, Vallendar 1999.

495 Weber, Jürgen / Schäffer, Utz: Führung im Konzern mit der Balanced Scorecard, in: krp, 43. Jg. (1999), S. 153-157.

496 Weber, Jürgen / Schäffer, Utz / Hoffmann, Dirk / Kehrmann, Titus: Technology Assessment zur Sicherstellung einer rationalen Technologiepolitik, WHU-Forschungspapier Nr. 65, Vallendar 1999.

497 Weber, Jürgen / Schäffer, Utz: Auf dem Weg zu einem aktiven Kennzahlenmanagement, WHU-Forschungspapier Nr. 66, Vallendar 1999.

498 Weber, Jürgen / Schäffer, Utz / Hoffmann, Dirk / Kehrmann, Titus: Koordination technikreflektierender Forschung in Deutschland – eine Analyse, WHU-Forschungspapier Nr. 67, Vallendar 1999.

499 Weber, Jürgen / Schäffer, Utz: Sicherung der Rationalität in der Willensbildung durch Nutzung des fruchtbaren Spannungsverhältnisses von Reflexion und Intuition, in: ZP, Bd. 10 (1999), S. 205-224.

500 Weber, Jürgen: Logistikcontrolling. Zukunftsformeln, in: Logistik heute, 21. Jg. (1999), H. 7/8, S. 40.

501 Weber, Jürgen / Schäffer, Utz: Controlling durch Nutzung des fruchtbaren Spannungsverhältnisses von Reflexion und Intuition, in: Controller Magazin, 24. Jg. (1999), S. 280-285.

502 Weber, Jürgen / Schäffer, Utz / Hoffmann, Dirk / Kehrmann, Titus: TA – Eine Management-Perspektive: Ergebnisse einer Studie zur Bestandsaufnahme und Analyse technikreflektierender Forschung, in: Institut für Technikfolgeabschätzung und Systemanalyse (Hrsg.): Forschungszentrum Karlsruhe Technik und Umwelt, TA-Datenbank-Nachrichten, 8. Jg. (1999), Nr. 2, S. 107-109.

503 Weber, Jürgen (Hrsg.): Kostenrechnung im Mittelstand. Empfehlungen – Erfahrungen – Praxisbeispiele, krp-Sonderheft 2/99.

504 Weber, Jürgen: Kostenrechnung im Mittelstand, in: Weber, Jürgen (Hrsg.): Kostenrechnung im Mittelstand. Empfehlungen – Erfahrungen – Praxisbeispiele, krp-Sonderheft 2/99, S. 5-13.

505 Weber, Jürgen / Brettel, Malte: Management des Praxisbezugs der Lehre an der WHU Koblenz, WHU-Forschungspapier Nr. 69, Vallendar 1999.

506 Weber, Jürgen / Schäffer, Utz: Einige Literaturempfehlungen für das (lebenslange?) Studium, in: Buchhändler heute, 53. Jg. (1999), H. 8, S. 56-62.

507 Weber, Jürgen / Schäffer, Utz: Balanced Scorecard & Controlling: Implementierung – Nutzen für Manager und Controller – Erfahrungen in deutschen Unternehmen, Wiesbaden 1999.

508 Weber, Jürgen: Einführung in das Controlling, 8. Aufl., Stuttgart 1999.

509 Weber, Jürgen / Weißenberger, Barbara E. / Liekweg, Arnim: Das Risiko managen. Erfolgsfaktoren für ein unternehmerisches Chancen- und Risikomanagement, in: Artikeldienst. Fachbeiträge für IHK-Zeitschriften, 15.08.1999, S. 11-13.

510 Weber, Jürgen / Grothe, Martin / Schäffer, Utz: Wissensmanagement für Controller, Schriftenreihe Advanced Controlling, Bd. 12, Vallendar 1999.

511 Weber, Jürgen: Controlling 2000ff.: Neue Perspektiven und Instrumente, in: Scheer, August-Wilhelm (Hrsg.): Electronic Business und Knowledge Management – Neue Dimensionen für den Unternehmenserfolg, Heidelberg 1999, S. 371-399.

512 Männel, Wolfgang / Weber, Jürgen: Editorial, in: krp, 43. Jg. (1999), S. 257.

513 Weber, Jürgen: Emeritierung von Prof. Dr. Rolf Eschenbach, in: krp, 43. Jg. (1999), S. 261.

514 Weber, Jürgen / Schäffer, Utz: Operative Werttreiber als Alternative zur Balanced Scorecard?, in: krp, 43. Jg. (1999), S. 284-287.

515 Weber, Jürgen / Schäffer, Utz / Hoffmann, Dirk / Kehrmann, Titus: Technology Assessment. Eine Managementperspektive. Bestandsaufnahme – Analyse – Handlungsempfehlungen, Wiesbaden 1999.

516 Weber, Jürgen: Nowe perspektywy i instrumenty controllingu, in: Polski Towarzystwo Controllingu (Hrsg.): Controlling. w zarzadzaniu firma, Katowice 1999, S. 147-180.

517 Weber, Jürgen / Weißenberger, Barbara E. / Liekweg, Arnim: Ausgestaltung eines unternehmerischen Chancen- und Risikomanagements nach dem KonTraG, in: DStR Deutsches Steuerrecht, 37. Jg. (1999), S. 1710-1716.

518 Weber, Jürgen: Logistikkosten, in: Fischer, Thomas M. (Hrsg.): Kosten-Controlling. Neue Methoden und Inhalte, Stuttgart 1999, S. 455-477.

519 Weber, Jürgen / Grothe, Martin / Schäffer, Utz: Wissensmanagement – was haben Controller damit zu tun?, in: Praxis des Rechnungswesens, 6/99, S. 2/700-2/703.

520 Weber, Jürgen / Wertz, Boris: Erfolgsfaktoren des Lieferantenmanagements, in: BA Beschaffung aktuell, 11/1999, S. 47-49.

521 Weber, Jürgen / Schäffer, Utz / Langenbach, Wilm: Gedanken zu einer Rationalitätskonzeption des Controlling, WHU-Forschungspapier Nr. 70, Vallendar 1999.

522 Weber, Jürgen / Schäffer, Utz: Controlling als Koordinationsfunktion? – Zehn Jahre nach Küpper/Weber/Zünd, WHU-Forschungspapier Nr. 71, Vallendar 1999.

523 Weber, Jürgen: Der Zahlenverkäufer, in: Controller Magazin, 24. Jg. (1999), S. 519.

524 Weber, Jürgen / Dehler, Markus: Erfolgsfaktor Logistik. Wunsch und Wirklichkeit, in: Logistik heute, 21. Jg. (1999), H. 12, S. 34-41.

525 Weber, Jürgen / Brettel, Malte: Brücke zwischen Hochschule und Arbeitswelt. Das Management des Praxisbezugs der Lehre an der WHU Koblenz, in: Wissenschaftsmanagement. Zeitschrift für Innovation, 5. Jg. (1999), H. 5, S. 12-17.

526 Weber, Jürgen / Grothe, Martin / Schäffer, Utz: Business Intelligence, Schriftenreihe Advanced Controlling, Bd. 13, Vallendar 1999.

527 Weber, Jürgen / Schäffer, Utz: Sicherstellung der Rationalität von Führung als Aufgabe des Controlling?, in: DBW, 59. Jg. (1999), S. 731-747.

528 Weber, Jürgen / Schäffer, Utz: Auf dem Weg zu einem aktiven Kennzahlenmanagement, in: Die Unternehmung, 53. Jg. (1999), S. 333-350.

529 Weber, Jürgen: Controlling – Entwicklungstendenzen und Zukunftsperspektiven, in: Die Unternehmung, 53. Jg. (1999), S. 465-480.

530 Weber, Jürgen / Weißenberger, Barbara E. / Liekweg, Arnim: Unternehmerisches Chancen- und Risikomanagement nach dem KonTraG, in: Der Controlling-Berater, Heft 7/1999, S. 2/281-2/307.

531 Weber, Jürgen / Dehler, Markus (Hrsg.): Effektives Supply Chain Management auf Basis von Standardprozessen und Kennzahlen, Wandelbare Produktionsnetze, Bd. 1, Dortmund 1999.

532 Weber, Jürgen / Schäffer, Utz: Einführen der Balanced Scorecard – 8 Erfolgsfaktoren, in: Controller Magazin, 25. Jg. (2000), H. 1, S. 3-7.

533 Weber, Jürgen / Grothe, Martin / Schäffer, Utz: Wissensmanagement: Klassische Aufgabe für Controller, in: Artikeldienst. Fachbeiträge für IHK-Zeitschriften, 26.01.2000, S. 5-7.

534 Weber, Jürgen / Schäffer, Utz: Balanced Scorecard & Controlling – Nutzen für Manager und Controller – Erfahrungen in deutschen Unternehmen, 2. Aufl., Wiesbaden 2000.

535 Weber, Jürgen / Schäffer, Utz: Entwicklung von Kennzahlensystemen, in: BFuP, 52. Jg. (2000), S. 1-16.

536 Weber, Jürgen: Sparringspartner für den Chef, in: Markt & Mittelstand, Ausgabe 2/2000, S. 58f.

537 Weber, Jürgen / Grothe, Martin / Schäffer, Utz: Wissensmanagement: Klassische Aufgabe für Controller, in: Wirtschaft im südöstlichen Westfalen, Ausgabe 3/2000, S. 29f.

538 Weber, Jürgen: Bechmarking-Excellence, in: VDI-Gesellschaft Fördertechnik Materialfluss Logistik (Hrsg.): Logistische Spitzenleistungen. Benchmarking – Ihr erfolgreicher Weg vom Besten zu lernen, Düsseldorf 2000, S. 1-16.

539 Weber, Jürgen / Schäffer, Utz: Controlling als Koordinationsfunktion?, in: krp, 44. Jg. (2000), S. 109-118.

540 Weber, Jürgen / Reitmeyer, Thorsten / Frank, Stefan: Zwischen Kopf und Bauch, in: Artikeldienst. Fachbeiträge für IHK-Zeitschriften, 21.03.2000, S. 9-12.

541 Weber, Jürgen / Schäffer, Utz / Bauer, Michael: Zusammenarbeit von Controller und Manager: Lernen Sie Ihren Partner besser kennen!, in: Controller News, H. 2/00, S. 34-37.

542 Weber, Jürgen: Stimmungswechsel im Chefbüro, in: Markt und Mittelstand, Ausgabe 5/2000, S. 32.

543 Weber, Jürgen / Willauer, Bianca: Marktorientierte Instrumente des Controlling, Schriftenreihe Advanced Controlling, Bd. 15, Vallendar 2000.

544 Homburg, Christian / Weber, Jürgen / Karlshaus, Jan-Thido / Aust, René: Interne Kundenorientierung der Kostenrechnung? Ergebnisse einer empirischen Untersuchung in deutschen Industrieunternehmen, in: DBW, 60. Jg. (2000), S. 241-256.

545 Weber, Jürgen / Dehler, Markus / Wertz, Boris: Supply Chain Management und Logistik, in: WiSt, 29. Jg. (2000), S. 264-269.

546 Weber, Jürgen / Dehler, Markus: Entwicklungsstand der Logistik, in: Pfohl, Hans-Christian (Hrsg.): Supply Chain Management: Logistik pur? Logistikkette – Marketingkette – Finanzkette, Berlin 2000, S. 45-68.

547 Weber, Jürgen: Kennzahlen zum Logistikcontrolling, in: Baumgarten, Helmut / Wiendahl, Hans-Peter / Zentes, Joachim (Hrsg.): Logistik-Management. Strategien – Konzepte – Praxisbeispiele, Berlin u.a., S. 5-03-01-1–5-03-01-17.

548 Weber, Jürgen / Grothe, Martin / Schäffer, Utz: ZP-Stichwort: Mentale Modelle, in: ZP, Bd. 11 (2000), S. 239-244.

549 Weber, Jürgen / Schäffer, Utz / Bauer, Michael: Controller & Manager im Team. Neue empirische Erkenntnisse, Schriftenreihe Advanced Controlling, Bd. 14, Vallendar 2000.

550 Weber, Jürgen / Willauer, Bianca: Marktorientierte Instrumente des Controlling. Tools für Unternehmensberater und Controller, in: Depesche. Informationsdienst des Bundesverbandes Deutscher Unternehmensberater, Ausgabe 04/2000, S. 4.

551 Weber, Jürgen / Reitmeyer, Thorsten / Frank, Stefan: Erfolgreich entscheiden – der Managementleitfaden für den Mittelstand, Wiesbaden 2000.

552 Weber, Jürgen / Schäffer, Utz: On the Way to Active Management of Performance Measures, in: Neely, Andy (Hrsg.): Performance Measurement – Past, Present and Future, Cranfield 2000.

553 Männel, Wolfgang / Weber, Jürgen (Hrsg.): krp-Sonderheft 2/2000: Balanced Scorecard. Branchenlösungen – Balanced Scorecard für interne Dienstleister – IT-Implementierung.

554 Männel, Wolfgang / Weber, Jürgen: Balanced Scorecard – in aller Munde, aber noch viele offene Fragen, in: Männel, Wolfgang / Weber, Jürgen (Hrsg.): krp-Sonderheft 2/2000: Balanced Scorecard. Branchenlösungen – Balanced Scorecard für interne Dienstleister – IT-Implementierung, S. 1.

555 Weber, Jürgen: Balanced Scorecard – Management-Innovation oder alter Wein in neuen Schläuchen?, in: Männel, Wolfgang / Weber, Jürgen (Hrsg.): krp-Sonderheft 2/2000: Balanced Scorecard. Branchenlösungen – Balanced Scorecard für interne Dienstleister – IT-Implementierung, S. 5-15.

556 Weber, Jürgen / Schäffer, Utz: Balanced Scorecard für den Controllerbereich, in: Männel, Wolfgang / Weber, Jürgen (Hrsg.): krp-Sonderheft 2/2000: Balanced Scorecard. Branchenlösungen – Balanced Scorecard für interne Dienstleister – IT-Implementierung, S. 53-60.

557 Weber, Jürgen / Liekweg, Arnim: Statutory Regulation of The Risk-Management-Function in Germany: Implementation Issues for the Non-Financial-Sector, in: Frenkel, Michael / Hommel, Ulrich / Rudolf, Markus (Hrsg.): Risk Management. Challenge and Opportunity, Berlin u.a. 2000, S. 277-294.

558 Weber, Jürgen / Schäffer, Utz: Fokus-Studie: Balanced Scorecard erfolgreich einführen, in: Grothe, Martin / Gentsch, Peter (Hrsg.): Business Intelligence. Aus Informationen Wettbewerbsvorteile gewinnen, München u.a. 2000, S. 147-157.

559 Weber, Jürgen / Schäffer, Utz / Prenzler, Carsten: Zur Charakterisierung und Entwicklung von Controlleraufgaben, WHU-Forschungspapier Nr. 74, Vallendar 2000.

560 Weber, Jürgen / Schäffer, Utz / Bauer, Michael: Die Zusammenarbeit von Controllern und Managern erfolgreich gestalten, in: Management-Berater, 4. Jg. (2000), H. 8, S. 20-27.

561 Weber, Jürgen: Anspruch und Wirklichkeit, in: Handelsblatt, 04./05.08.2000, S. K4.

562 Weber, Jürgen: Benchmarking Excellence, in: VDI-Gesellschaft Fördertechnik Materialfluss Logistik (Hrsg.): Jahrbuch 2000, Düsseldorf 2000, S. 11-27.

563 Weber, Jürgen / Schäffer, Utz: Vermehrte Umsatzchancen im Zeitalter der „New Economy“, in: Buchhändler heute, 54. Jg. (2000), S. 51-62.

564 Weber, Jürgen: Gutes Controlling macht Unternehmen erfolgreich. Neue empirische Erkenntnisse über eine oftmals ungeliebte Funktion, in: FAZ, Nr. 217, 18.09.2000, S. 36.

565 Weber, Jürgen: Neue Perspektiven des Controlling, in: Betriebs-Berater. Zeitschrift für Recht und Wirtschaft, 55. Jg. (2000), S. 1931-1935.

566 Weber, Jürgen: Neue Perspektiven des Controlling, WHU-Forschungspapier Nr. 77, Vallendar 2000.

567 Homburg, Christian / Weber, Jürgen / Aust, René / Frank, Stefan: Management Accounting Follows Strategy? – Zur Strategieabhängigkeit der Kostenrechnung, in: ZP, Bd. 11 (2000), S. 307-328.

568 Weber, Jürgen / Weißenberger, Barbara E. / Guth, Sebastian / Spieker, Mark: Accounting Excellence. Die Kostenrechnung auf dem Prüfstand, Schriftenreihe Advanced Controlling, Bd. 16, Vallendar 2000.

569 Weber, Jürgen / Schäffer, Utz / Bauer, Michael: Profile von Controllern und Managern im Vergleich, in: Kostenrechnung und Kalkulation, Freiburg, Aktualisierung 5/00, Gruppe 2, S. 279-285.

570 Weber, Jürgen: Zadania i sukces controllera: rozwazania zasadnicze i doswiadezenia praktyczne, in: Bloch, Halina (Hrsg.): Controlling. Technologia Zarzadzania Firma, Katowice 2000, S. 65-87.

571 Weber, Jürgen: Balanced Scorecard, in: Gabler Wirtschaftslexikon, 15. Aufl., Wiesbaden 2000, S. 316f.

572 Weber, Jürgen: Controlling, in: Gabler Wirtschaftslexikon, 15. Aufl., Wiesbaden 2000, S. 648-650.

573 Weber, Jürgen: Prozesskostenrechnung, in: Gabler Wirtschaftslexikon, 15. Aufl., Wiesbaden 2000, S. 2538-2540.

574 Luczak, Holger / Weber, Jürgen / Wiendahl, Hans-Peter (Hrsg.): Logistik-Benchmarking. Praxisleitfaden mit LogiBEST, Berlin u.a. 2000.

575 Weber, Jürgen / Schäffer, Utz: Auf dem Weg zu einem aktiven Kennzahlenmanagement, in: Problemy Theorii i Praktiki Uprawlenija, 18. Jg. (2000), H. 5/2000, S. 107-111 (in russischer Sprache).

576 Weber, Jürgen: Controlling, in: Klaus, Peter / Krieger, Winfried (Hrsg.): Gabler Lexikon Logistik, 2. Aufl., Wiesbaden 2000, S. 74f.

577 Weber, Jürgen: Verkehrsbetriebe, Rechnungswesen der, in: Klaus, Peter / Krieger, Winfried (Hrsg.): Gabler Lexikon Logistik, 2. Aufl., Wiesbaden 2000, S. 506-510.

578 Homburg, Christian / Weber, Jürgen (Hrsg.): krp-Sonderheft 3/2000: Marketing-Controlling.

579 Weber, Jürgen / Schäffer, Utz: Marketing-Controlling in Theorie und Praxis, in: Homburg, Christian / Weber, Jürgen (Hrsg.): krp-Sonderheft 3/2000: Marketing-Controlling, S. 5-14.

580 Weber, Jürgen: Balanced Scorecard – ein mittelstandstaugliches Instrument?, in: Industrie Anzeiger, 122. Jg. (2000), Nr. 45, S. 25.

581 Weber, Jürgen / Schäffer, Utz: Balanced Scorecard. Implementierung – Nutzen für Manager und Controller – Erfahrungen in deutschen Unternehmen, 3., überarb. Aufl., Wiesbaden 2000.

582 Weber, Jürgen / Schäffer, Utz / Willauer, Bianca: Operative Planung erfolgreich gestalten, Schriftenreihe Advanced Controlling, Bd. 17, Vallendar 2000.

583 Cadenhead, Gary M. / Weber, Jürgen / Brettel, Malte / Jaugey, Cyrel / Rost, Cornelius: Business Angels in Germany: How Business Angels in Germany help new Entrepreneurs, in: The Journal of Private Equity, Bd. 4 (2000), Nr. 1 (Winter 2000), S. 50-58.

584 Weber, Jürgen / Schäffer, Utz: Können betriebswirtschaftliche Erkenntnisse die TA in Deutschland unterstützen? – Anmerkungen zum Beitrag von Armin Grunwald, in: TA-Datenbank-Nachrichten, 9. Jg. (2000), Nr. 4, S. 154-156.

585 Weber, Jürgen / Weißenberger, Barbara E. / Liekweg, Arnim: Erfolgsfaktoren für ein unternehmerisches Chancen- und Risikomanagement nach dem KonTraG, in: Input. Zeitschrift für die Wirtschaft, Nr. 2/00, S. 14f.

586 Weber, Jürgen / Schäffer, Utz / Willauer, Bianca: Die operative Planung muss klaren Regeln folgen, in: FAZ, 15.01.2001, S. 29.

587 Weber, Jürgen: Warum schadet ein Unternehmensbeirat mehr, als er nützt?, in: Markt und Mittelstand, Ausgabe 2/2001, S. 106.

588 Weber, Jürgen: Wer sind wir?, in: Handelsblatt, 16./17.02.2001, Seite K3.

589 Weber, Jürgen / Schäffer, Utz: Controlling als Rationalitätssicherung der Führung. Stellungnahme zum Beitrag „Die Präzisierung des Controlling als Führungs- und Führungsunterstützungsfunktion" von Gotthard Pietsch und Ewald Scherm, Die Unternehmung, 54. Jg. (2000), S. 395-412, in: Die Unternehmung, 55. Jg. (2001), S. 75-79.

590 Weber, Jürgen / Hunold, Claus / Prenzler, Carsten / Thust, Solveig: Controllerorganisation in deutschen Unternehmen, Schriftenreihe Advanced Controlling, Bd. 18, Vallendar 2001.

591 Weber, Jürgen: Controlling – Was ist es genau und wie passt es auf die öffentliche Verwaltung?, in: inform, HDZ-Magazin für die Hessische Landesverwaltung, Heft 1, März 2001, S. 16f.

592 Weber, Jürgen / Schäffer, Utz / Prenzler, Carsten: Zur Charakterisierung und Entwicklung von Controlleraufgaben, in: ZP, Bd. 12 (2001), S. 25-46.

593 Weber, Jürgen / Dehler, Markus: Erfolgswirkungen einer logistischen Führungskonzeption, WHU-Forschungspapier Nr. 78, Vallendar 2001.

594 Weber, Jürgen / Dehler, Markus: Der Einfluss der Logistik auf den Unternehmenserfolg, WHU-Forschungspapier Nr. 79, Vallendar 2001.

595 Weber, Jürgen / Grothe, Martin / Schäffer, Utz: Wissensmanagement. Klassische Aufgabe für Controller, in: Die Wirtschaft, Heft 4/2001, S. 12f.

596 Weber, Jürgen: Logistikkostenrechnung: Konzept, Potentiale und empirische Erfahrungen, in: VDI-Gesellschaft Fördertechnik Materialfluss Logistik (Hrsg.): Was kostet uns der Prozess?

Anwendungen der Prozesskostenrechnung in der Praxis, VDI-Berichte 1609, Düsseldorf 2001, S. 1-14.

597 Weber, Jürgen / Radtke, Björn / Schäffer, Utz: Erfahrungen mit der Balanced Scorecard, Schriftenreihe Advanced Controlling, Bd. 19, Vallendar 2001.

598 Weber, Jürgen / Schäffer, Utz / Freise, Hans-Ulrich: Controlling von E-Commerce auf Basis der Balanced Scorecard, in: Eggers, Bernd / Hoppen, Gerrit (Hrsg.): Strategisches E-Commerce-Management. Erfolgsfaktoren für die Real Economy, Wiesbaden 2001, S. 445-464.

599 Pritsch, Gunnar / Weber, Jürgen: Die Bedeutung des Realoptionsansatzes aus Controlling-Sicht, in: Hommel, Ulrich / Scholich, Martin / Vollrath, Robert (Hrsg.): Realoptionen in der Unternehmenspraxis. Wert schaffen durch Flexibilität, Berlin u.a. 2001, S. 13-43.

600 Weber, Jürgen / Blum, Hannes: Logistik-Controlling. Konzept und empirischer Stand, Schriftenreihe Advanced Controlling, Bd. 20, Vallendar 2001.

601 Weber, Jürgen: Machen Beiräte Mittelständler erfolgreich?, in: IHK-Report Südhessen, Heft 6 (2001), S. 18.

602 Schäffer, Utz / Weber, Jürgen / Willauer, Bianca: Zur Optimierung von Intensität und Neuplanungsanteil der operativen Planung, in: Controlling, 13. Jg. (2001), S. 283-288.

603 Weber, Jürgen / Sandt, Joachim: Erfolg durch Kennzahlen. Neue empirische Erkenntnisse, Schriftenreihe Advanced Controlling, Bd. 21, Vallendar 2001.

604 Weber, Jürgen / Schumann, Matthias (Hrsg.): E-Business & Controlling. Einordnung – Umsetzung – Externe Sichtweise – Funktionales E-Controlling, krp-Sonderheft 2/2001.

605 Schäffer, Utz / Weber, Jürgen: Controlling von eBusiness, in: Weber, Jürgen / Schumann, Matthias (Hrsg.): E-Business & Controlling. Einordnung – Umsetzung – Externe Sichtweise – Funktionales E-Controlling, krp-Sonderheft 2/2001, S. 5-11.

606 Weber, Jürgen / Schäffer, Utz (Hrsg.): Rationalitätssicherung der Führung. Beiträge zu einer Theorie des Controlling. Schriften des Center for Controlling and Management (CCM), Bd. 2, Wiesbaden 2001.

607 Schäffer, Utz / Weber, Jürgen: Controlling als Rationalitätssicherung der Führung – Zum Stand unserer Forschung, in: Weber, Jürgen / Schäffer, Utz (Hrsg.): Rationalitätssicherung der Führung. Beiträge zu einer Theorie des Controlling. Schriften des Center for Controlling and Management (CCM), Bd. 2, Wiesbaden 2001, S. 1-6.

608 Weber, Jürgen / Schäffer, Utz: Controlling als Koordinationsfunktion – 10 Jahre Küpper/Weber/Zünd, in: Weber, Jürgen / Schäffer, Utz (Hrsg.): Rationalitätssicherung der Führung. Beiträge zu einer Theorie des Controlling. Schriften des Center for Controlling and Management (CCM), Bd. 2, Wiesbaden 2001, S. 7-24.

609 Weber, Jürgen / Schäffer, Utz: Sicherstellung der Rationalität von Führung als Funktion des Controlling, in: Weber, Jürgen / Schäffer, Utz (Hrsg.): Rationalitätssicherung der Führung. Beiträge zu einer Theorie des Controlling. Schriften des Center for Controlling and Management (CCM), Bd. 2, Wiesbaden 2001, S. 25-45.

610 Weber, Jürgen / Schäffer, Utz / Langenbach, Wilm: Gedanken zur Rationalitätskonzeption des Controlling, in: Weber, Jürgen / Schäffer, Utz (Hrsg.): Rationalitätssicherung der Führung. Beiträge zu einer Theorie des Controlling. Schriften des Center for Controlling and Management (CCM), Bd. 2, Wiesbaden 2001, S. 46-76.

611 Weber, Jürgen / Schäffer, Utz: Controlling durch die Nutzung des fruchtbaren Spannungsverhältnisses von Reflexion und Intuition, in: Weber, Jürgen / Schäffer, Utz (Hrsg.): Rationa-

litätssicherung der Führung. Beiträge zu einer Theorie des Controlling. Schriften des Center for Controlling and Management (CCM), Bd. 2, Wiesbaden 2001, S. 77-94.

612 Bach, Sabine / Brettel, Malte / Grothe, Martin / Schäffer, Utz / Weber, Jürgen: Grundmodell einer dynamischen Theorie ökonomischer Akteure, in: Weber, Jürgen / Schäffer, Utz (Hrsg.): Rationalitätssicherung der Führung. Beiträge zu einer Theorie des Controlling. Schriften des Center for Controlling and Management (CCM), Bd. 2, Wiesbaden 2001, S. 95-104.

613 Weber, Jürgen / Grothe, Martin / Schäffer, Utz: Mentale Modelle, in: Weber, Jürgen / Schäffer, Utz (Hrsg.): Rationalitätssicherung der Führung. Beiträge zu einer Theorie des Controlling. Schriften des Center for Controlling and Management (CCM), Bd. 2, Wiesbaden 2001, S. 105-111.

614 Weber, Jürgen / Schäffer, Utz / Prenzler, Carsten: Charakterisierung und Entwicklung von Controlleraufgaben, in: Weber, Jürgen / Schäffer, Utz (Hrsg.): Rationalitätssicherung der Führung. Beiträge zu einer Theorie des Controlling. Schriften des Center for Controlling and Management (CCM), Bd. 2, Wiesbaden 2001, S. 131-151.

615 Weber, Jürgen: Neue Perspektiven des Controlling, in: Weber, Jürgen / Schäffer, Utz (Hrsg.): Rationalitätssicherung der Führung. Beiträge zu einer Theorie des Controlling. Schriften des Center for Controlling and Management (CCM), Bd. 2, Wiesbaden 2001, S. 152-170.

616 Pritsch, Gunnar / Weber, Jürgen: Realoptionen als Controlling-Instrument, in: Weber, Jürgen / Schäffer, Utz (Hrsg.): Rationalitätssicherung der Führung. Beiträge zu einer Theorie des Controlling. Schriften des Center for Controlling and Management (CCM), Bd. 2, Wiesbaden 2001, S. 171-195.

617 Weber, Jürgen: Controlling – Entwicklungstendenzen und Zukunftsperspektiven, in: Weber, Jürgen / Schäffer, Utz (Hrsg.): Rationalitätssicherung der Führung. Beiträge zu einer Theorie des Controlling. Schriften des Center for Controlling and Management (CCM), Bd. 2, Wiesbaden 2001, S. 233-251.

618 Weber, Jürgen / Weißenberger, Barbara E. / Liekweg, Arnim: Risk Tracking & Reporting. Ein umfassender Ansatz unternehmerischen Chancen- und Risikomanagements, in: Götze, Uwe / Henselmann, Klaus / Mikus, Barbara (Hrsg.): Risikomanagement, Heidelberg 2001, S. 47-65.

619 Weber, Jürgen / Schäffer, Utz: Controlling in Dienstleistungsunternehmen, in: Bruhn, Manfred / Meffert, Heribert (Hrsg.): Handbuch Dienstleistungsmanagement. Von der strategischen Konzeption zur praktischen Umsetzung, 2., überarb. und erw. Aufl., Wiesbaden 2001, S. 899-913.

620 Schäffer, Utz / Weber, Jürgen: Was Fachdozenten empfehlen, in: Buchhändler heute, 55. Jg. (2001), H. 8, S. 53-62.

621 Weber, Jürgen / Dehler, Markus: Erfolgsfaktor Logistik, in: Logistik heute, 23. Jg. (2001), Heft 9, S. 64-66.

622 Weber, Jürgen: Wann funktioniert eine Balanced Scorecard? in: Controlling & Finance 8/2001, S. 1f.

623 Weber, Jürgen / Schäffer, Utz: Marketing-Controlling: Sicherstellung der Rationalität einer marktorientierten Unternehmensführung, in: Reinecke, Sven / Tomczak, Torsten / Geis, Gerold (Hrsg.): Handbuch Marketingcontrolling. Marketing als Motor für Wachstum und Erfolg, Frankfurt/Wien 2001, S. 32-49.

624 Weber, Jürgen / Sandt, Joachim: Zarzadzanie z wykorzystaniem wskaznikow. Koncepcja i nowsze studie empiryczne, in: Bloch, H. (Hrsg.): Controlling wdrozenia w praktyce. Problemy, Instrumenty, Procedury; Doswiadczenia, Kattowice 2001, S. 9-39.

625 Weber, Jürgen / Hunold, Claus / Prenzler, Carsten / Thust, Solveig: Der Einfluss der Konzerntypen auf die Controllerorganisation, in: Controller Magazin, 26. Jg. (2001), S. 446-452.

626 Weber, Jürgen: Cost Accounting Systems Design and SAP – Learning from German History, in: Journal of Cost Management, Bd. 15 (2001), Nr. 4, S. 33-36.

627 Weber, Jürgen: Controller offenbaren logistisches Defizit, in: VDI-Nachrichten, Nr. 41, 12.10.2001, S. 22.

628 Häußler, Sibylle / Schäffer, Utz / Weber, Jürgen: Innovation and Technology Analysis (ITA) in German Start-Ups – A Case-based Study, in: Institut für Technikfolgenabschätzung und Systemanalyse und VDI/VDE-Technologiezentrum Informationstechnik (Hrsg.): Innovations for an e-Society. Challenges for Technology Assessment, Congress Pre-prints, Teltow 2001, Part I, Session 7, o.S.

629 Weber, Jürgen / Engelbrecht, Christoph / Schmitt, Alexander / Wallenburg, Carl Marcus: Auswirkungen des mobilen Internets auf die Logistik, in: Nicolai, Alexander T. / Petersmann, Thomas (Hrsg.): Strategien im M-Commerce. Grundlagen – Management – Geschäftsmodelle, Stuttgart 2001, S. 45-70.

630 Weber, Jürgen / Blum, Hannes: Logistik-Controlling – Konzept und empirischer Stand, in: krp, 45. Jg. (2001), S. 275-282.

631 Weber, Jürgen / Freise, Hans-Ulrich / Schäffer, Utz: E-Business und Controlling, Schriftenreihe Advanced Controlling, Bd. 22, Vallendar 2001.

632 Weber, Jürgen / Weißenberger, Barbara E. / Löbig, Michael: Operationalisierung der Transaktionskosten, in: Jost, Peter J. (Hrsg.): Der Transaktionskostenansatz in der Betriebswirtschaftslehre, Stuttgart 2001, S. 417-447.

633 Weber, Jürgen: Wprowadzenie do Controllingu, Katowice 2001.

634 Weber, Jürgen / Liekweg, Arnim: Risikomanagement und Rationalität der Führung in unterschiedlichen Kontexten, in: Lange, Knut Werner / Wall, Friederike (Hrsg.): Risikomanagement nach dem KonTraG – Aufgaben und Chancen aus betriebswirtschaftlicher und juristischer Sicht, München 2001, S. 457-503.

635 Weber, Jürgen / David, Ulrich / Prenzler, Carsten: Controller Excellence. Strategische Neuausrichtung der Controller, Schriftenreihe Advanced Controlling, Bd. 23/24, Vallendar 2001.

636 Weber, Jürgen: Re-Design Kostenrechnung – Neue Einsichten durch empirische Forschung, in: krp-Sonderheft 3/2001: Entwicklungsperspektiven des Controlling, S. 5-7.

637 Weber, Jürgen: Controlling als Schlüssel zur Kundenzufriedenheit, in: Homburg, Christian (Hrsg.): Kundenzufriedenheit. Konzepte – Methoden – Erfahrungen, 4. Aufl., Wiesbaden 2001, S. 191-210.

638 Weber, Jürgen / Schäffer, Utz: On the way to active management of performance measures, in: International Journal of Business Performance Measurement, Bd. 3 (2001), Nr. 1, S. 47-65.

639 Weber, Jürgen: Logistikkostenrechnung. Kosten-, Leistungs- und Erlösinformationen zur erfolgsorientierten Steuerung der Logistik, 2. Aufl., Berlin u.a. 2001.

640 Weber, Jürgen / Weißenberger, Barbara E.: Finanzorientierung – die neue Herausforderung für das Controlling im internationalen Unternehmen, in: Krystek, Ulrich / Zur, Eberhard

(Hrsg.): Handbuch Internationalisierung. Globalisierung – eine Herausforderung für die Unternehmensführung, 2. Aufl., Berlin u.a. 2002, S. 541-569.

641 Baumgarten, Helmut / Stabenau, Hanspeter / Weber, Jürgen / Zentes, Joachim (Hrsg.): Management integrierter logistischer Netzwerke. Ergebnisbericht zum Projekt „Die Gestaltung ökonomisch und ökologisch effizienter Netzwerkstrukturen in logistischen Prozessketten (MainLOG)“, Bern u.a. 2002.

642 Schmitt, Alexander / Engelbrecht, Christoph / Knobloch, Ulrich / Wallenburg, Carl Marcus / Weber, Jürgen: Gestaltungsfeld Controlling, in: Baumgarten, Helmut / Stabenau, Hanspeter / Weber, Jürgen / Zentes, Joachim (Hrsg.): Management integrierter logistischer Netzwerke. Ergebnisbericht zum Projekt „Die Gestaltung ökonomisch und ökologisch effizienter Netzwerkstrukturen in logistischen Prozessketten (MainLOG)“, Bern u.a. 2002, S. 105-211.

643 Fischer, Edmund / Weber, Jürgen / Hunold, Claus: Wie erfolgreich ist die Kostenrechnung in Kommunen?, in: Innovative Verwaltung, Heft 1-2/2002, S. 50-54.

644 Weber, Jürgen / Hunold, Claus: Gestaltung und Nutzung der kommunalen Kostenrechnung – eine empirische Studie, in: krp, 46. Jg. (2002), S. 37-45.

645 Weber, Jürgen / Bacher, Andreas / Groll, Marcus: SCM verlangt Controlling, in: Logistik heute, Heft 3, März 2002, S. 40f.

646 Weber, Jürgen / Bramsemann, Urs / Heineke, Carsten / Hirsch, Bernhard: Value Based Management erfolgreich umsetzen, Schriftenreihe Advanced Controlling, Bd. 25, Vallendar 2002.

647 Weber, Jürgen / David, Ulrich / Prenzler, Carsten: Strategien für Controller entwickeln, in: Controlling & Finance, 2/2002, S. 1-3.

648 Weber, Jürgen / Bacher, Andreas / Groll, Marcus: Zahlen zum Ziel, in: Logistik heute, 24. Jg., Heft 4, April 2002, S. 40f.

649 Weber, Jürgen: Logistikcontrolling, in: Küpper, Hans-Ulrich / Wagenhofer, Alfred (Hrsg.): HWU, 4. Aufl., Stuttgart 2002, Sp. 1220-1230.

650 Weber, Jürgen: Stand und Entwicklungsperspektiven des Logistik-Controlling, in: Arnold, Dieter / Isermann, Heinz / Kuhn, Axel / Tempelmeier, Horst (Hrsg.): Handbuch Logistik, Berlin u.a. 2002, S. D5-1–D5-13.

651 Weber, Jürgen: Balanced Scorecard und Controlling: Nutzen für Manager in Sozialunternehmen, in: Hildemann, Klaus D. unter Mitarbeit von Klaus Hartmann (Hrsg.): Spannungsfeld Führung: Neue Konzepte in einem veränderten Sozialstaat, Leipzig 2002, S. 65-85.

652 Weber, Jürgen: Interne Marktorientierung des Controllers, in: krp, 46. Jg. (2002), S. 87-94.

653 Weber, Jürgen / Bramsemann, Urs / Heineke, Carsten / Hirsch, Bernhard: Value Based Management aus Sicht der Unternehmenssteuerung, in: Controlling & Finance, 5/2002, S. 4f.

654 Weber, Jürgen / Bacher, Andreas / Groll, Marcus: Stimmt es in der Partnerschaft noch?, in: Logistik heute, 24. Jg., Heft 6, Juni 2002, S. 44f.

655 Schäffer, Utz / Weber, Jürgen: Erfolg durch Kontrolle, Schriftenreihe Advanced Controlling, Bd. 26, Vallendar 2002.

656 Schäffer, Utz / Weber, Jürgen / Freise, Hans-Ulrich: Kennzahlensysteme in eBusiness-Start-Ups im Spiegel einer empirischen Erhebung, in: Controlling, 14. Jg. (2002), S. 355-364.

657 Schäffer, Utz / Weber, Jürgen: Controlling als Rationalitätssicherung der Führung, in: Seicht, Gerhard (Hrsg.): Jahrbuch für Controlling und Rechnungswesen 2002, Wien 2002, S. 49-70.

658 Weber, Jürgen / Bacher, Andreas / Groll, Marcus: Instrumente des Supply Chain Controlling, in: Bundesvereinigung Logistik (Hrsg.): Wissenschaftssymposium Logistik der BVL 2002, Dokumentation, München 2002, S. 85-97.

659 Weber, Jürgen / Weißenberger, Barbara E. / Liekweg, Arnim: Unternehmerisches Chancen- und Risikomanagement. Ein umfassender Ansatz, in: Zentralverband Elektrotechnik- und Elektronikindustrie (ZVEI) e.V. (Hrsg.): Leitfaden Risikomanagement. Risiken erkennen – Chancen nutzen, Frankfurt am Main 2002, S. 10-13.

660 Weber, Jürgen / Bacher, Andreas / Groll, Marcus: Supply Chain Controlling, in: Busch, Axel / Dangelmaier, Wilhelm (Hrsg.): Integriertes Supply Chain Management. Theorie und Praxis unternehmensübergreifender Geschäftsprozesse, Wiesbaden 2002, S. 145-166.

661 Hirsch, Bernhard / Weber, Jürgen: Wenn Controller nur rechnen statt beraten, in: Financial Times Deutschland, 09.07.2002, S. 29.

662 Weber, Jürgen (Hrsg.): Dienstleistungscontrolling, krp-Sonderheft 2/2002.

663 Weber, Jürgen: Vorwort, in: Weber, Jürgen (Hrsg.): Dienstleistungscontrolling, krp-Sonderheft 2/2002, S. 1.

664 Schäffer, Utz / Weber, Jürgen: Herausforderungen für das Dienstleistungs-Controlling, in: Weber, Jürgen (Hrsg.): Dienstleistungscontrolling, krp-Sonderheft 2/2002, S. 5-13.

665 Weber, Jürgen: Logistik-Controlling: Stand und Entwicklungsperspektiven, in: Weber, Jürgen (Hrsg.): Dienstleistungscontrolling, krp-Sonderheft 2/2002, S. 102-111.

666 Freise, Hans-Ulrich / Schäffer, Utz / Weber, Jürgen: Planung in eBusiness-Start-Ups, in: Controller Magazin 4/2002, S. 328-334.

667 Weber, Jürgen / Bacher, Andreas / Groll, Marcus: Konzeption einer Balanced Scorecard für das Controlling von unternehmensübergreifenden Supply Chains, in: krp, 46. Jg. (2002), S. 133-141.

668 Weber, Jürgen / Hunold, Claus: Kommunale Kostenrechnung: Erfolgsfaktor Kommunikation stärker beachten, in: Rechnungswesen und Controlling in der öffentlichen Verwaltung, Heft 5/14.08.2002, S. 7/343-7/347.

669 Weber, Jürgen: Logistik- und Supply Chain Controlling, 5. Aufl., Stuttgart 2002.

670 Weber, Jürgen / Schmitt, Alexander / Engelbrecht, Christoph / Knobloch, Ulrich / Wallenburg, Carl Marcus: E-Commerce in der Logistik: Quantensprung oder business as usual?, Ergebnisse einer explorativen Marktuntersuchung: Aktuelle Trends in der Logistik unter dem Einfluss von E-Commerce, Bern u.a. 2002.

671 Bach, Sabine / Bilgeri, Alexander / Brettel, Malte / Grothe, Martin / Langer, Christian / Miller, Axel / Schäffer, Utz / Weber, Jürgen: Grundmodell einer dynamischen Theorie ökonomischer Akteure, CCM-Forschungspapier Nr. 6, Vallendar 2002.

672 Weber, Jürgen / Engelbrecht, Christoph: In fremden Händen, in: Logistik heute, 24. Jg., Heft 9, September 2002, S. 38f.

673 Weber, Jürgen: Einführung in das Controlling, 9. Aufl., Stuttgart 2002.

674 Weber, Jürgen / Bramsemann, Urs / Heineke, Carsten / Hirsch, Bernhard: Erfahrungen mit Value Based Management – Praxislösungen auf dem Prüfstand, Schriftenreihe Advanced Controlling, Bd. 27-28, Vallendar 2002.

675 Weber, Jürgen: Janki zadania powinien podejmowac controller i dlaczego? – Zasadnicze przemyslenia dotyczace znanego problemu, in: Bloch, Halina (Hrsg.): Controlling doswiadczenia

krajowe i zagraniczne. Problemy, Instrumenty, Procedury, Perspektywy, Katowice 2002, S. 5-24.

676 Brettel, Malte / Endres, John / Plag, Martin / Weber, Jürgen: Gedanken zu einer Theorie des Veränderungsmanagements, WHU-Forschungspapier Nr. 89 (August), Vallendar 2002.

677 Weber, Jürgen / Bacher, Andreas / Groll, Marcus / Matthes, Alexandra: Supply Chain Controlling. Controlling über Unternehmensgrenzen hinweg, in: Getränke! Technologie & Marketing, Ausgabe 4/2002, S. 46-49.

678 Weber, Jürgen: Editorial, in: krp, 46. Jg. (2002), S. 269f.

679 Weber, Jürgen / Linder, Stefan / Spillecke, Dennis: Stand der Planung und Kontrolle betrieblicher Investitionen, in: krp, 46. Jg. (2002), S. 291-297.

680 Weber, Jürgen / Bacher, Andreas / Groll, Marcus: Der Einsatz der Prozesskostenrechnung als Controlling Instrument im Rahmen des Supply Chain Management – ein Stufenmodell, in: Logistik Management, 4. Jg. (2002), S. 52-62.

681 Weber, Jürgen / Matthes, Alexandra / Schmitt, Alexander: Die strategische Perspektive nicht vergessen, in: DVZ, Nr. 96/2002, 13. August 2002, S. 8.

682 Weber, Jürgen / Matthes, Alexandra / Schmitt, Alexander: Noch immer Kompetenzdefizite im IT-Know-how, in: DVZ, Nr. 128/2002, 26. Oktober 2002, S. 5.

683 Weber, Jürgen / Matthes, Alexandra / Schmitt, Alexander: Hat E-Commerce die Logistik revolutioniert? Oder: Außer Spesen nichts gewesen?, in: Internationales Verkehrswesen, 54. Jg. (2002), S. 552f.

684 Weber, Jürgen / Maximilian Riesenhuber: Controlling & Psychologie, Schriftenreihe Advanced Controlling, Bd. 29, Vallendar 2002.

685 Weber, Jürgen / Weißenberger, Barbara E.: Einführung in das Rechnungswesen. Kostenrechnung und Bilanzierung, 6. völlig neu bearbeitete Aufl., Stuttgart 2002.

686 Weber, Jürgen / Hirsch, Bernhard (Hrsg.): Controlling als akademische Disziplin. Eine Bestandsaufnahme, Wiesbaden 2002.

687 Weber, Jürgen: Vorwort, in: Weber, Jürgen / Hirsch, Bernhard (Hrsg.): Controlling als akademische Disziplin. Eine Bestandsaufnahme, Wiesbaden 2002, S. V-VIII.

688 Schäffer, Utz / Weber, Jürgen: Thesen zum Controlling, in: Weber, Jürgen / Hirsch, Bernhard (Hrsg.): Controlling als akademische Disziplin. Eine Bestandsaufnahme, Wiesbaden 2002, S. 91-97.

689 Weber, Jürgen / Hirsch, Bernhard: Komplexe Bankgeschäfte erfordern ein modernes Steuerungsinstrument, in: Sparkasse. Manager-Magazin für die Sparkassen-Finanzgruppe, 119. Jg. (2002), S. 481.

690 Weber, Jürgen: Betriebswirtschaftliche Instrumente – Segen oder Fluch?, in: krp, 46. Jg. (2002), S. 339f.

691 Weber, Jürgen / Engelbrecht, Christoph: Vorteil Outsourcing, in: Logistik heute, 24 Jg. (2002), Heft 12, Dezember 2002, S. 34-26.

692 Weber, Jürgen: Was machen Controller wann warum? – Ein Überblick, Schriftenreihe Advanced Controlling, Bd. 30, Vallendar 2002.

693 Weber, Jürgen / Bacher, Andreas / Gebhardt, Andreas / Voss, Peter: Grundlagen und Instrumente des Supply Chain Controlling, in: Supply Chain Management, Heft IV/2002, S. 7-17.

694 Weber, Jürgen: Das Leitbild als Instrument der Veränderung, in: Wissenschaftsmanagement special, 4. Jg. (2003), Heft 3, S. 17.

695 Weber, Jürgen / Kunz, Jennifer (Hrsg.): Empirische Controllingforschung. Begründung – Beispiele – Ergebnisse, Schriften des Centers for Controlling & Management (CCM), Bd. 8, Wiesbaden.

696 Weber, Jürgen: Vorwort, in: Weber, Jürgen / Kunz, Jennifer (Hrsg.): Empirische Controllingforschung. Begründung – Beispiele – Ergebnisse, Schriften des Centers for Controlling & Management (CCM), Bd. 8, Wiesbaden, S. V-VII.

697 Weber, Jürgen / Blum, Hannes: Logistik-Controlling – Konzept und empirischer Stand, in: Weber, Jürgen / Kunz, Jennifer (Hrsg.): Empirische Controllingforschung. Begründung – Beispiele – Ergebnisse, Schriften des Centers for Controlling & Management (CCM), Bd. 8, Wiesbaden, S. 225-243.

698 Weber, Jürgen / Aust, René / Riedler, Susanne / Weißenberger, Barbara E.: Benchmarking als Instrument empirischer Forschung – Erfahrungen aus dem Benchmarking von Controllerbereichen, in: Weber, Jürgen / Kunz, Jennifer (Hrsg.): Empirische Controllingforschung. Begründung – Beispiele – Ergebnisse, Schriften des Centers for Controlling & Management (CCM), Bd. 8, Wiesbaden, S. 289- 319.

699 Weber, Jürgen / Willauer, Bianca / Schäffer, Utz: Einführung zur Skalenübersicht, in: Weber, Jürgen / Kunz, Jennifer (Hrsg.): Empirische Controllingforschung. Begründung – Beispiele – Ergebnisse, Schriften des Centers for Controlling & Management (CCM), Bd. 8, Wiesbaden., S. 369- 383.

700 Weber, Jürgen: Editorial, in: ZfCM, 47. Jg. (2003), S. 1.

701 Schäffer, Utz / Weber, Jürgen / Willauer, Bianca: Mit Loyalität und Vertrauen besser planen – Ergebnisse einer empirischen Erhebung, in: ZfCM, 47. Jg. (2003), S. 42-51.

702 Weber, Jürgen / Wallenburg, Carl Marcus: Gemeinsam oder einsam?, in: Logistik heute, 25. Jg. (2003), Heft 3, S. 34f.

703 Weißenberger, Barbara E. / Weber, Jürgen / Löbig, Michael / Haas, Cornelia A. J.: IAS / IFRS: Quo vadis Unternehmensrechnung? Konsequenzen für die Unternehmensrechnung in deutschen Unternehmen, Schriftenreihe Advanced Controlling, Bd. 31, Vallendar 2003.

704 Weber, Jürgen: Editorial, in: ZfCM, 47. Jg. (2003), S. 81.

705 Weber, Jürgen / Bacher, Andreas / Groll, Marcus: Steuerung der Supply Chain. Aber mit welchen Instrumenten?, Schriftenreihe Advanced Controlling, Bd. 32, Vallendar 2003.

706 Schäffer, Utz / Weber, Jürgen: Balanced Scorecard in Wachstumsunternehmen, in: Achleitner, Ann-Kristin / Bassen, Alexander (Hrsg.): Controlling von jungen Unternehmen, Stuttgart 2003, S. 221-238.

707 Weber, Jürgen / Linder, Stefan / Spillecke, Dennis: Beyond Budgeting bei Verbundeffekten?, in: ZfCM Sonderheft 1/2003, S. 111-120.

708 Weber, Jürgen: Balanced Scorecard und Controlling – Neue Wege für Non-Profit-Organisationen (NPO) allgemein und Stiftungen im Speziellen –, in: Stiftung & Sponsoring, Heft 3/2003, Rote Seiten, S. 1-19.

709 Weber, Jürgen: Controlling mit Strategiefokus – ein „alter Hut“ oder Handlungsbedarf für Controller?, in: ControllerNews, 1/2003, S. 10-13.

710 Weber, Jürgen / Deepen, Jan (Hrsg.): Erfolg durch Logistik. Erkenntnisse aktueller Forschung, Schriftenreihe Logistik der Kühne-Stiftung, Bern 2003.

711 Weber, Jürgen / Deepen, Jan: Vorwort, in: Weber, Jürgen / Deepen, Jan (Hrsg.): Erfolg durch Logistik. Erkenntnisse aktueller Forschung, Schriftenreihe Logistik der Kühne-Stiftung, Bern 2003, S. V-VIII.

712 Dehler, Markus / Weber, Jürgen: Erfolgswirkungen einer logistischen Führungskonzeption, in: Weber, Jürgen / Deepen, Jan (Hrsg.): Erfolg durch Logistik. Erkenntnisse aktueller Forschung, Schriftenreihe Logistik der Kühne-Stiftung, Bern 2003, S. 1-42.

713 Weber, Jürgen: Editorial, in: ZfCM, 47. Jg. (2003), S. 149.

714 Weber, Jürgen: Controlling in unterschiedlichen Führungskontexten – ein Überblick, in: ZfCM, 47. Jg. (2003), S. 183-192.

715 Weber, Jürgen: Rezension zu Coenenberg, Adolf G. / Saalfeld, Rainer: Wertorientierte Unternehmensführung. Vom Strategieentwurf zur Implementierung, in: ZfCM, 47. Jg. (2003), S. 170.

716 Weber, Jürgen: Rezension zu Homburg, Christian / Krohmer, Harley: Marketingmanagement. Strategie – Instrumente – Umsetzung – Unternehmensführung, in: ZfCM, 47. Jg. (2003), S. 171.

717 Weber, Jürgen / Wallenburg, Carl Marcus: Glückliche Partner, in: Logistik heute, 25 Jg. (2003), Heft 6, S. 34f.

718 Weber, Jürgen / Bacher, Andreas / Groll, Marcus: Balanced Scorecard – Eignung des Ansatzes für das Supply Chain Management, in: Bogaschewski, Ronald / Götze, Uwe (Hrsg.): Management und Controlling von Einkauf und Logistik. Festschrift für Jürgen Bloech, Gernsbach 2003, S. 307-329.

719 Weber, Jürgen / Linder, Stefan: Better Budgeting oder Beyond Budgeting? Konzeptionelle Eignung und Implementierbarkeit, Schriftenreihe Advanced Controlling, Bd. 33, Vallendar 2003.

720 Weber, Jürgen: Controlling als Schlüssel zur Kundenzufriedenheit, in: Homburg, Christian (Hrsg.): Kundenzufriedenheit. Konzepte – Methoden – Erfahrungen, 5. Aufl., Wiesbaden 2003, S. 221-240.

721 Pritsch, Gunnar / Weber, Jürgen: Die Bedeutung des Realoptionsansatzes aus Controlling-Sicht, in: Hommel, Ulrich / Scholich, Martin / Baecker, Philipp (Hrsg.): Reale Optionen. Konzepte, Praxis und Perspektiven strategischer Unternehmensfinanzierung, Berlin u.a. 2003, S. 143-172.

722 Weber, Jürgen: Editorial, in: ZfCM, 47. Jg. (2003), S. 221.

723 Weber, Jürgen: Rezension zu Friedl, Birgit: Controlling, in: ZfCM, 47. Jg. (2003), S. 243f.

724 Weber, Jürgen: Rezension zu Schwarz, Rainer: Controlling-Systeme. Eine Einführung in Grundlagen, Komponenten und Methoden des Controlling, in: ZfCM, 47. Jg. (2003), S. 244f.

725 Weber, Jürgen: Controller und Manager im Team, in: Controlling & Management Special, Wiesbaden 2003, S. 2f.

726 Weber, Jürgen / Knobloch, Ulrich / Gebhardt, Andreas: Software für das Supply Chain Controlling: Anforderungen, Lösungsansätze und der Fall dm-drogerie, in: ZfCM-Sonderheft 2/2003, S. 104-112.

727 Weber, Jürgen: Controlling und mehr, in: WHU Quarterly Signale, Nr. 3/2003, S. 3f.

728 Weber, Jürgen: Erfolg durch Logistik, in: VDI-Gesellschaft Fördertechnik Materialfluss Logistik (Hrsg.): Prozesskostenrechnung in der Praxis, VDI-Berichte 1807, Düsseldorf 2003, S. 1-10.

729 Weber, Jürgen: Editorial, in: ZfCM, 47. Jg. (2003), S. 285.

730 Weber, Jürgen: Rezension zu Risak, Johann: Der Impact Manager, in: ZfCM, 47. Jg. (2003), S. 307.

731 Weber, Jürgen: Rezension zu „Adolf. G. Coenenberg: Jahresabschluss und Jahresabschlussanalyse", in: ZfCM, 47. Jg. (2003), S. 307f.

732 Weber, Jürgen / Hirsch, Bernhard / Linder, Stefan / Zayer, Eric: Verhaltensorientiertes Controlling. Der Mensch im Mittelpunkt, Schriftenreihe Advanced Controlling, Bd. 34, Vallendar 2003.

733 Weber, Jürgen: Controller Excellence: Was sollten Controller zukünftig wie leisten?, in: IM. Die Fachzeitschrift für Information Management & Consulting, 18. Jg. (2003), Sonderausgabe Oktober 2003, S. 68-73.

734 Weber, Jürgen: Balanced Scorecard, in: Lück, Wolfgang (Hrsg.): Lexikon der Betriebswirtschaft, 6. Aufl., München/Wien 2003, S. 53f.

735 Weber, Jürgen: Strategisches Controlling, in: Lück, Wolfgang (Hrsg.): Lexikon der Betriebswirtschaft, 6. Aufl., München/Wien 2003, S. 644.

736 Weber, Jürgen: Die Rolle des Controllers im Bereich strategischer Führung, in: Horváth, Péter / Gleich, Ronald (Hrsg.): Neugestaltung der Unternehmensplanung. Innovative Konzepte und erfolgreiche Praxislösungen, Stuttgart 2003, S. 297-312.

737 Weber, Jürgen: Zur Kontextabhängigkeit der Kostenrechnung – Konzeptionelle Überlegungen, empirische Erkenntnisse, CCM-Forschungspapier Nr. 7, Vallendar 2003.

738 Schäffer, Utz / Weber, Jürgen: Thesen zum Controlling (II), CCM-Forschungspapier Nr. 8, Vallendar 2003.

739 Weber, Jürgen: Editorial, in: ZfCM, 47. Jg. (2003), S. 345.

740 Weber, Jürgen: Rezension zu Steinle, Claus / Bruch, Heike (Hrsg.): Controlling. Kompendium für Ausbildung und Praxis, in: ZfCM, 47. Jg. (2003), S. 363.

741 Weber, Jürgen: Rezension zu Richter, Hermann J.: Controlling integrierendes Rechnungswesen, in: ZfCM, 47. Jg. (2003), S. 363f.

742 Weber, Jürgen / Hirsch, Bernhard (Hrsg.): Zur Zukunft der Controllingforschung. Empirie, Schnittstellen und Umsetzung in die Lehre, Wiesbaden 2003.

743 Weber, Jürgen / Hirsch, Bernhard: Vorwort, in: Weber, Jürgen / Hirsch, Bernhard (Hrsg.): Zur Zukunft der Controllingforschung. Empirie, Schnittstellen und Umsetzung in die Lehre, Wiesbaden 2003. S. V-VII.

744 Weber, Jürgen: Macht Logistik erfolgreich? – Konzeptionelle Überlegungen und empirische Ergebnisse, in: Logistik Management, 5. Jg. (2003), H. 3, S. 11-22.

745 Weber, Jürgen / Hufschlag, Klaus / Pieroth, Guido: Mittelfristplanung heute. Ergebnisse einer Benchmarking-Studie, Schriftenreihe Advanced Controlling, Bd. 35/36, Vallendar 2003.

746 Weber, Jürgen / Weißenberger, Barbara E. / Liekweg, Arnim: Risikomanagement in der GmbH: So erfüllen Sie die Anforderungen des KonTraG, in: ORGA-Handbuch „Die GmbH", Heft 5/November 2003, S. Gruppe 3/1, Seite 241-256A.

747 Weber, Jürgen / Müller, Gilbert: Ergebnisse der Expertenbefragung „Quo vadis Shareholder Value?". Einschätzungen von Experten aus Theorie und Praxis zum Status Quo und möglichen Entwicklungspfaden der wertorientierten Unternehmensführung in Deutschland, Vallendar 2003.

748 Luczak, Holger / Weber, Jürgen / Wiendahl, Hans-Peter: Logistik-Benchmarking. Praxisleitfaden mit LogiBEST, 2., vollständig überarb. Aufl., Berlin u.a. 2004.

749 Weber, Jürgen: Abgrenzung von anderen Kennzahlen-Konzepten, in: Luczak, Holger / Weber, Jürgen / Wiendahl, Hans-Peter: Logistik-Benchmarking. Praxisleitfaden mit LogiBEST, 2., vollständig überarb. Aufl., Berlin u.a. 2004, S. 21-25.

750 Weber, Jürgen / Bacher, Andreas / Groll, Marcus / Voss, Peter: Fünf Mittel zur Kontrolle, in: Logistik heute, 26. Jg. (2004), H. 1-2, S. 56-58.

751 Weber, Jürgen: Controlling einfach gestalten, Schriftenreihe Advanced Controlling, Bd. 37, Vallendar 2004.

752 Weber, Jürgen: Editorial, in: ZfCM, 48. Jg. (2004), S. 1.

753 Weber, Jürgen / Gebhardt, Andreas / Voss, Peter / Hickmann, Wilhelm / Kühl, Sönke: Die Peitsche im Griff, in: Logistik heute, 26. Jg. (2004), H. 4, S. 30f.

754 Weber, Jürgen: Controlling w gospodarczo trudnych czasach: Czego controller moze dokonac w krotkim, a czego w dlugim okresie czasu?, in: Controlling mozliwosci nowoczesnego zarzadzania. Problemy, Instrumenty, Procedury, Perspektywy, Katowice 2004, S. 125-136.

755 Weber, Jürgen / Linder, Stefan / Hirsch, Bernhard: Neugestaltung der Budgetierung: Relative, benchmarkorientierte oder absolute, intern orientierte Ziele?, in: Zeitschrift für Planung & Unternehmenssteuerung, 15. Jg. (2004), S. 57-75.

756 Weber, Jürgen: Was hätte die Theorie von Albrecht Deyhle lernen können? Einige subjektive Bemerkungen eines Hochschullehrers, in: CA Controller Akademie AG, Gauting (Hrsg.): Controlling & Controller, Festschrift für Dr. Albrecht Deyhle zum 70. Geburtstag, Offenburg, Wörthsee-Etterschlag 2004, S. 83-95.

757 Weber, Jürgen (Hrsg.): Investitionscontrolling, Sonderheft 1/2004 der ZfCM, Wiesbaden 2004.

758 Weber, Jürgen: Editorial, in: Weber, Jürgen (Hrsg.): Investitionscontrolling, Sonderheft 1/2004 der ZfCM, S. 1.

759 Pritsch, Gunnar / Weber, Jürgen: Die Bedeutung des Realoptionsansatzes aus Controllingsicht, in: Weber, Jürgen (Hrsg.): Investitionscontrolling, Sonderheft 1/2004 der ZfCM, S. 72-85.

760 Weber, Jürgen / Linder, Stefan: Herausforderungen der Implementierung von Better Budgeting und Beyond Budgeting, in: ControllerNews, Heft 2/2004, S. 67-70.

761 Weber, Jürgen / Linder, Stefan: Wann ist die Ziel-Anreiz-Verbindung des Beyond-Budgeting-Ansatzes sinnvoll?, in: Controlling & Finance, Ausgabe 5/2004, S. 1f.

762 Weber, Jürgen: Balanced Scorecard, in: Klaus, Peter / Krieger, Winfried (Hrsg.): Gabler Lexikon Logistik, 3. Aufl., Wiesbaden 2004, S. 33f.

763 Weber, Jürgen: Berichtswesen, in: Klaus, Peter / Krieger, Winfried (Hrsg.): Gabler Lexikon Logistik, 3. Aufl., Wiesbaden 2004, S. 46f.

764 Weber, Jürgen: Controlling, in: Klaus, Peter / Krieger, Winfried (Hrsg.): Gabler Lexikon Logistik, 3. Aufl., Wiesbaden 2004, S. 94.

765 Weber, Jürgen: Gegenstromverfahren, in: Klaus, Peter / Krieger, Winfried (Hrsg.): Gabler Lexikon Logistik, 3. Aufl., Wiesbaden 2004, S. 170f.

766 Weber, Jürgen: Logistikkostenrechnung, in: Klaus, Peter / Krieger, Winfried (Hrsg.): Gabler Lexikon Logistik, 3. Aufl., Wiesbaden 2004, S. 345f.

767 Weber, Jürgen: Logistikleistungen, in: Klaus, Peter / Krieger, Winfried (Hrsg.): Gabler Lexikon Logistik, 3. Aufl., Wiesbaden 2004, S. 346-348.

768 Weber, Jürgen: Logistikleistungsrechnung, in: Klaus, Peter / Krieger, Winfried (Hrsg.): Gabler Lexikon Logistik, 3. Aufl., Wiesbaden 2004, S. 348f.

769 Weber, Jürgen: Rechnungswesen der Verkehrsbetriebe, in: Klaus, Peter / Krieger, Winfried (Hrsg.): Gabler Lexikon Logistik, 3. Aufl., Wiesbaden 2004, S. 437-439.

770 Weber, Jürgen: Technologie-Portfolio-Analyse, in: Klaus, Peter / Krieger, Winfried (Hrsg.): Gabler Lexikon Logistik, 3. Aufl., Wiesbaden 2004, S. 521f.

771 Weber, Jürgen / Linder, Stefan: (Better) Budgeting oder Beyond Budgeting? Eine Analyse aus koordinationstheoretischer Perspektive, in: Controller Magazin, 29. Jg. (2004), Heft 3, S. 224-228.

772 Weber, Jürgen / Bacher, Andreas / Groll, Marcus: Supply Chain Controlling, in: Busch, Axel / Dangelmaier (Hrsg.): Integriertes Supply Chain Management. Theorie und Praxis effektiver unternehmensübergreifender Geschäftsprozesse, Wiesbaden 2004, S. 147-167.

773 Weber, Jürgen / Bungenstock, Christian: Unternehmenssteuerung und Controlling – kein Beratungsfeld für Technokraten, in: Sommerlatte, Tom / Mirow, Michael / Niedereichholz, Christel / von Windau, Peter G. (Hrsg.): Handbuch der Unternehmensberatung. Organisationen führen und entwickeln, Loseblattwerk, Berlin o.J., Abschnitt 3720, IV/04, S. 1-23.

774 Weber, Jürgen / Müller, Roman / Sorg, Mascha: Rating & Controlling. Was Controller wissen müssen, Schriftenreihe Advanced Controlling, Bd. 38, Vallendar 2004.

775 Weber, Jürgen: Editorial, in: ZfCM, 48. Jg. (2004), S. 141.

776 Weber, Jürgen / Hirsch, Bernhard / Müller, Gilbert: Die Zukunft des Shareholder Value, in: Harvard Business manager, Heft Juli 2004, S. 17-20.

777 Matthes, Alexandra / Voss, Peter / Frank, Burghard / Smale, Jan / Weber, Jürgen: Gerechte Rechnung, in: Logistik heute, 26. Jg. (2004), H. 7-8, S. 30f.

778 Weber, Jürgen / Hirsch, Bernhard: Controlling: Besonderheiten im Außenhandel, in: Zentes, Joachim / Morschett, Dirk / Schramm-Klein, Hanna (Hrsg.): Außenhandel. Marketingstrategien und Managementkonzepte, Wiesbaden 2004, S. 949-964.

779 Weber, Jürgen / Hirsch, Bernhard / Matthes, Alexandra / Meyer, Matthias: Kooperationscontrolling. Beziehungsqualität als Erfolgsfaktor unternehmensübergreifender Zusammenarbeit, Schriftenreihe Advanced Controlling, Bd. 39, Vallendar 2004.

780 Hirsch, Bernhard / Weber, Jürgen / Bacher, Andreas: Zur Messung von Vertrauenswürdigkeit – das Beispiel dm-drogerie markt, in: ZfO, 73. Jg. (2004), S. 196-201.

781 Weber, Jürgen: Editorial, in: ZfCM, 48. Jg. (2004), S. 201.

782 Weber, Jürgen / Bramsemann, Urs / Heineke, Carsten / Hirsch, Bernhard: Wertorientierte Unternehmenssteuerung. Konzepte – Implementierung – Praxisstatements, Wiesbaden 2004.

783 Weber, Jürgen / Weise, Frank-Jürgen: Rolle des Controllings für die Umgestaltung der Bundesagentur für Arbeit, in: BFuP, 56. Jg. (2004), S. 355-368.

784 Weber, Jürgen / Voss, Peter / Trelle, Serena: Logistik- und Supply Chain Controlling für Logistikdienstleister – Herausforderungen und Instrumente, in: Schneider, Christian (Hrsg.): Controlling für Logistikdienstleister. Konzepte, Instrumente, Anwendungsbeispiele, Trends, Hamburg 2004, S. 71-89.

785 Weber, Jürgen / Stoffels, Mario / Kleindienst, Ingo: Internationale Verrechnungspreise im Konzern. Altes Problem – neuer Fokus, Schriftenreihe Advanced Controlling, Bd. 40, Vallendar 2004.

786 Weber, Jürgen / Gebhard, Andreas / Voss, Peter: Handel ohne Ware, in: Logistik heute, 26. Jg. (2004), H. 9, S. 48f.

787 Weber, Jürgen: Einführung in das Controlling, 10. Aufl., Stuttgart 2004.

788 Schäffer, Utz / Weber, Jürgen: Thesen zum Controlling, in: Scherm, Ewald / Pietsch, Gotthard (Hrsg.): Controlling. Theorien und Konzeptionen, München 2004, S. 459-466.

789 Weber, Jürgen: Möglichkeiten und Grenzen der Operationalisierung des Konstrukts „Rationalitätssicherung", in: Scherm, Ewald / Pietsch, Gotthard (Hrsg.): Controlling. Theorien und Konzeptionen, München 2004, S. 467-486.

790 Weber, Jürgen: Controlling, in: Schreyögg, Georg / Werder, Axel von (Hrsg.): Handwörterbuch Unternehmensführung und Organisation (HWO), 4. Aufl., Stuttgart 2004, Sp. 152-159.

791 Weber, Jürgen: Editorial, in: ZfCM, 48. Jg. (2004), S. 281.

792 Weber, Jürgen / Kühl, Sönke / Hickmann, Wilhelm / Voss, Peter / Gebhardt, Andreas: Mit Beer-Game gegen den Bullwhip-Effekt, in: BA Beschaffung aktuell, Heft 10/2004, S. 45-47.

793 Weber, Jürgen / Voss, Peter / Gebhardt, Andreas: Erfolg ist die Summe richtiger Kooperationen – Abstimmungsdefizite beeinträchtigen die Effizienz der logistischen Prozesse nachhaltig, in: DVZ, Nr. 126 / 23.10.2004, S. 5.

794 Weber, Jürgen / Wallenburg, Carl Marcus: Zusatzbeauftragung von Logistikdienstleistern – Empirische Ergebnisse und konzeptionelle Überlegungen zu entsprechenden Defiziten, in: Logistik Management, 6. Jg. (2004), Ausgabe 3, S. 34-46.

795 Weber, Jürgen / Zayer, Eric: Unexpected Allies in Innovation. An Analysis of the Controller's Contribution to Innovation Processes, in: Albers, Sönke (Hrsg.): Cross-functional Innovation Management. Perspectives from Different Disciplines, Wiesbaden 2004, S. 347-366.

796 Weber, Jürgen / Lissautzki, Marius: Kundenwert-Controlling, Schriftenreihe Advanced Controlling, Bd. 41, Vallendar 2004.

797 Weber, Jürgen: Balanced Scorecard, in: Gabler Wirtschaftslexikon, 16. Aufl., Wiesbaden 2004, S. 295-297.

798 Weber, Jürgen: Controlling, in: Gabler Wirtschaftslexikon, 16. Aufl., Wiesbaden 2004, S. 616-618.

799 Weber, Jürgen: Prozesskostenrechnung, in: Gabler Wirtschaftslexikon, 16. Aufl., Wiesbaden 2004, S. 2441f.

800 Weber, Jürgen / Linder, Stefan: Better Budgeting und Beyond Budgeting erfolgreich implementieren, in: Controlling, 16. Jg. (2004), S. 677-681.

801 Weber, Jürgen / Hirsch, Bernhard / Bacher, Andreas: Vertrauen als Voraussetzung für ein erfolgreiches Supply Chain Management, in: Supply Chain Management, Heft III/2004, S. 7-14.

802 Weber, Jürgen / Paefgen, Anne / Spillecke, Dennis: Marketing-Strategien für Controller, Schriftenreihe Advanced Controlling, Bd. 42, Vallendar 2004.

803 Weber, Jürgen (Hrsg.): Das Advanced-Controlling-Handbuch. Alle entscheidenden Konzepte, Steuerungssysteme und Instrumente, Weinheim 2005.

804 Weber, Jürgen: Vorwort, in: Weber, Jürgen (Hrsg.): Das Advanced-Controlling-Handbuch. Alle entscheidenden Konzepte, Steuerungssysteme und Instrumente, Weinheim 2005, S. 9-15.

805 Weber, Jürgen: Was machen Controller wann warum?, in: Weber, Jürgen (Hrsg.): Das Advanced-Controlling-Handbuch. Alle entscheidenden Konzepte, Steuerungssysteme und Instrumente, Weinheim 2005, S. 19-47.

806 Weber, Jürgen / Hirsch, Bernhard / Linder, Stefan / Zayer, Eric: Verhaltensorientiertes Controlling, in: Weber, Jürgen (Hrsg.): Das Advanced-Controlling-Handbuch. Alle entscheidenden Konzepte, Steuerungssysteme und Instrumente, Weinheim 2005, S. 49-95.

807 Weber, Jürgen / Schäffer, Utz / Bauer, Michael: Controller und Manager im Team, in: Weber, Jürgen (Hrsg.): Das Advanced-Controlling-Handbuch. Alle entscheidenden Konzepte, Steuerungssysteme und Instrumente, Weinheim 2005, S. 97-131.

808 Weber, Jürgen / Radtke, Björn / Schäffer, Utz: Erfahrungen mit der Balanced Scorecard, in: Weber, Jürgen (Hrsg.): Das Advanced-Controlling-Handbuch. Alle entscheidenden Konzepte, Steuerungssysteme und Instrumente, Weinheim 2005, S. 135-173.

809 Weber, Jürgen / Bramsemann, Urs / Heineke, Carsten / Hirsch, Bernhard: Value Based Management erfolgreich umsetzen, in: Weber, Jürgen (Hrsg.): Das Advanced-Controlling-Handbuch. Alle entscheidenden Konzepte, Steuerungssysteme und Instrumente, Weinheim 2005, S. 175-216.

810 Weber, Jürgen / Linder, Stefan: Budgeting, Better Budgeting oder Beyond Budgeting, in: Weber, Jürgen (Hrsg.): Das Advanced-Controlling-Handbuch. Alle entscheidenden Konzepte, Steuerungssysteme und Instrumente, Weinheim 2005, S. 217-270.

811 Weber, Jürgen / Hufschlag, Klaus / Pieroth, Guido: Mittelfristplanung heute – Ergebnisse einer Benchmarking-Studie, in: Weber, Jürgen (Hrsg.): Das Advanced-Controlling-Handbuch. Alle entscheidenden Konzepte, Steuerungssysteme und Instrumente, Weinheim 2005, S. 271-321.

812 Weber, Jürgen / Schäffer, Utz / Willauer, Bianca: Operative Planung erfolgreich gestalten, in: Weber, Jürgen (Hrsg.): Das Advanced-Controlling-Handbuch. Alle entscheidenden Konzepte, Steuerungssysteme und Instrumente, Weinheim 2005, S. 323-349.

813 Weber, Jürgen / Willauer, Bianca: Marktorientierte Instrumente des Controllings, in: Weber, Jürgen (Hrsg.): Das Advanced-Controlling-Handbuch. Alle entscheidenden Konzepte, Steuerungssysteme und Instrumente, Weinheim 2005, S. 353-378.

814 Weber, Jürgen / Sandt, Joachim: Erfolg durch Kennzahlen, in: Weber, Jürgen (Hrsg.): Das Advanced-Controlling-Handbuch. Alle entscheidenden Konzepte, Steuerungssysteme und Instrumente, Weinheim 2005, S. 379-404.

815 Weber, Jürgen / Wertz, Boris: Benchmarking Excellence, in: Weber, Jürgen (Hrsg.): Das Advanced-Controlling-Handbuch. Alle entscheidenden Konzepte, Steuerungssysteme und Instrumente, Weinheim 2005, S. 405-439.

816 Weber, Jürgen: Accounting Excellence – Die Kostenrechnung auf dem Prüfstand, in: Weber, Jürgen (Hrsg.): Das Advanced-Controlling-Handbuch. Alle entscheidenden Konzepte, Steuerungssysteme und Instrumente, Weinheim 2005, S. 441-474.

817 Weber, Jürgen / Bacher, Andreas / Groll, Marcus: Steuerung der Supply Chain – Aber mit welchen Instrumenten? In: Weber, Jürgen (Hrsg.): Das Advanced-Controlling-Handbuch. Alle entscheidenden Konzepte, Steuerungssysteme und Instrumente, Weinheim 2005, S. 475-507.

818 Weber, Jürgen / Schaier, Sven / Strangfeld, Oliver: Berichte für das Top-Management. Ergebnisse einer Benchmarking-Studie, Advanced Controlling, Bd. 43, Weinheim 2005.

819 Arnold, Ulli / Essig, Michael / Kummer, Sebastian / Stölzle, Wolfgang / Weber, Jürgen: Supply (Chain) Controlling zwischen Rückstand und Fortschritt, in: Controlling, 17. Jg. (2005), S. 41-48.

820 Weber, Jürgen: Einfach erfolgreich, in: Göpfert, Ingrid / Froschmayer, Andreas (Hrsg.): Logistik-Stories. Expertenwissen mit Unterhaltungswert, München 2005, S. 143-153.

821 Weber, Jürgen / Liekweg, Arnim: Statutory Regulation of the Risk Management Function in Germany: Implementation Issues for the Non-Financial Sector, in: Frenkel, Michael / Hommel, Ulrich / Rudolf, Markus (Hrsg.): Risk Management. Challenge and Opportunity, 2nd Edition, Berlin u.a. 2005, S. 495-511.

822 Weber, Jürgen: Editorial, in: ZfCM, 49. Jg. (2005), S. 1.

823 Weber, Jürgen: Rezension zu Rolf Brühl: Controlling. Grundlagen des Erfolgscontrollings, München 2004, in: ZfCM, 48. Jg. (2005), S. 30f.

824 Weber, Jürgen: Controlling in wirtschaftlich schwierigen Zeiten. Was können Controller kurzfristig, was sollten sie langfristig leisten?, in: Meyer, Conrad / Pfaff, Dieter (Hrsg.): Finanz- und Rechnungswesen. Jahrbuch 2005, Zürich u.a. 2005, S. 11-29.

825 Goeldel, Hanns / Weber, Jürgen: Die Stunde der Zahlmeister, in: Harvard Business Manager, März 2005, S. 8-10.

826 Weber, Jürgen / Voss, Peter / Matthes, Alexandra: Keine schlimmen Folgen, in: Logistik heute, 27. Jg. (2005), Heft 3, S. 32-34.

827 Weber, Jürgen / Lissautzki, Marius: Kapital Kunde. Wieviel ist der Kunde wert?, in: Finance, März 2005, S. 86f.

828 Weber, Jürgen: Strategisches Controlling. Wie Controller auf diesem Spielfeld wettbewerbsfähig werden, Schriftenreihe Advanced Controlling, Bd. 44, Weinheim 2005.

829 Weber, Jürgen / Lissautzki, Marius: Kunden- oder Wertorientierung – ja was denn nun?, in: FAZ, Nr. 89, 18.04.2005, S. 20.

830 Weber, Jürgen: Editorial, in: ZfCM, 49. Jg. (2005), S. 89.

831 Weber, Jürgen: Rezension zu Baum, Heinz Georg / Coenenberg, Adolf G. / Günther, Thomas: Strategisches Controlling, in: ZfCM, 49. Jg. (2005), S. 113.

832 Weber, Jürgen: Rezension zu Stoelzle, Wolfgang / Otto, Andreas (Hrsg.): Supply Chain Controlling in Theorie und Praxis. Aktuelle Konzepte und Unternehmensbeispiele, in: ZfCM, 49. Jg. (2005), S. 115.

833 Weber, Jürgen (Hrsg.): ZfCM-Sonderheft 1 2005, Kostensenkung und Controlling, 49. Jg.

834 Weber, Jürgen: Editorial, in: ZfCM-Sonderheft 1 2005, Kostensenkung und Controlling, 49. Jg., S. 1.

835 Weber, Jürgen / Hirsch, Bernhard: Kostensenkungsmaßnahmen und die Rolle des Controllings – Empirische Erkenntnisse aus deutschen Unternehmen, in: ZfCM-Sonderheft 1 2005, Kostensenkung und Controlling, 49. Jg., S. 11-15.

836 Weber, Jürgen / Meyer, Matthias (Hrsg.): Internationalisierung des Controllings. Standortbestimmung und Optionen, Schriften des Center for Controlling & Management (CCM), Bd. 16, Wiesbaden 2005.

837 Weber, Jürgen / Meyer, Matthias: Vorwort, in: Weber, Jürgen / Meyer, Matthias (Hrsg.): Internationalisierung des Controllings. Standortbestimmung und Optionen, Schriften des Center for Controlling & Management (CCM), Bd. 16, Wiesbaden 2005, ohne Seitenangabe.

838 Weber, Jürgen / Meyer, Matthias: Controlling im Spannungsfeld der Internationalisierung, in: Weber, Jürgen / Meyer, Matthias (Hrsg.): Internationalisierung des Controllings. Standortbestimmung und Optionen, Schriften des Center for Controlling & Management (CCM), Bd. 16, Wiesbaden 2005, S. 3-8.

839 Hess, Thomas / Weber, Jürgen / Hirnle, Christoph / Hirsch, Bernhard / Strangfeld, Oliver: Themenschwerpunkte und Tendenzen in der deutschsprachigen Controllingforschung – Eine

empirische Analyse, in: Weber, Jürgen / Meyer, Matthias (Hrsg.): Internationalisierung des Controllings. Standortbestimmung und Optionen, Schriften des Center for Controlling & Management (CCM), Bd. 16, Wiesbaden 2005, S. 29-47.

840 Weber, Jürgen / Linder, Stephan: Budgeting, Better Budgeting or Beyond Budgeting. Which is best suited for coordinating activities in your organization?, in: Cost Management, Bd. 19, Nr. 2 (March/April 2005), S. 20-28.

841 Weber, Jürgen / Florissen, Andreas: Preiscontrolling. Der Weg zu einem besseren Preismanagement, Schriftenreihe Advanced Controlling, Bd. 45, Weinheim 2005.

842 Wallenburg, Carl Marcus / Weber, Jürgen: Structural Equation Modeling as a Basis for Theory Development within Logistics and Supply Chain Management Research, in: Kotzab, Herbert / Seuring, Stefan / Müller, Martin / Reiner, Gerald (Hrsg.): Research Methodologies in Supply Chain Management, Heidelberg 2005, S. 171-186.

843 Weber, Jürgen: Editorial, in: ZfCM, 49. Jg. (2005), S. 173.

844 Weber, Jürgen / Haupt, Michael / Erfort, Mathias: Kundenerfolgsrechnung in der Praxis. Wie Sie profitable Kunden identifizieren, Schriftenreihe Advanced Controlling, Bd. 46, Weinheim 2005.

845 Wallenburg, Carl Marcus / Weber, Jürgen: Management von Produktion und Logistik bei Umweltdynamik, in: Industrie Management, 21. Jg. (2005), S. 45-48.

846 Wallenburg, Carl Marcus / Weber, Jürgen: Kooperationen in Logistik und Supply Chain Management, in: Zentes, Joachim / Swoboda, Bernhard / Morschett, Dirk (Hrsg.): Kooperationen, Allianzen und Netzwerke. Grundlagen – Ansätze – Perspektiven, 2. Aufl., Wiesbaden 2005, S. 747-767.

847 Weber, Jürgen / Kandel, Olaf / Spitzner, Jan / Vinkemeier, Rainer: Unternehmenssteuerung mit Szenarien und Simulationen. Wie erfolgreiche Unternehmenslenker von der Zukunft lernen, Schriftenreihe Advanced Controlling, Bd. 47, Weinheim 2005.

848 Weber, Jürgen / Lukassen, Peter / Mahlendorf, Matthias / Rommel, Klaus / Wallenburg, Carl Marcus: Flexibilität in der Logistik: Potentiale und Grenzen von Personaldienstleistungen, Vallendar 2005.

849 Schäffer, Utz / Weber, Jürgen (Hrsg.): Bereichscontrolling. Funktionsspezifische Anwendungsfelder, Methoden und Instrumente, Stuttgart 2005.

850 Schäffer, Utz / Weber, Jürgen: Vorwort, in: Schäffer, Utz / Weber, Jürgen (Hrsg.): Bereichscontrolling. Funktionsspezifische Anwendungsfelder, Methoden und Instrumente, Stuttgart 2005, S. XXIII.

851 Weber, Jürgen / Spillecke, Dennis: Überblick über das Produktionscontrolling, in: Schäffer, Utz / Weber, Jürgen (Hrsg.): Bereichscontrolling. Funktionsspezifische Anwendungsfelder, Methoden und Instrumente, Stuttgart 2005, S. 93-110.

852 Weber, Jürgen / Spillecke, Dennis: Fallstudie: Investitionsentscheidung unter Unsicherheit, in: Schäffer, Utz / Weber, Jürgen (Hrsg.): Bereichscontrolling. Funktionsspezifische Anwendungsfelder, Methoden und Instrumente, Stuttgart 2005, S. 122-126.

853 Weber, Jürgen: Überblick über das Logistik- und Supply-Chain-Controlling, in: Schäffer, Utz / Weber, Jürgen (Hrsg.): Bereichscontrolling. Funktionsspezifische Anwendungsfelder, Methoden und Instrumente, Stuttgart 2005, S. 193-214.

854 Wallenburg, Carl Marcus / Weber, Jürgen: Fallstudie: Supply-Chain übergreifende Prozesskostenrechnung, in: Schäffer, Utz / Weber, Jürgen (Hrsg.): Bereichscontrolling. Funktionsspezifische Anwendungsfelder, Methoden und Instrumente, Stuttgart 2005, S. 227-232.

855 Weber, Jürgen: Editorial, in: ZfCM, 49. Jg. (2005), S. 257.

856 Weber, Jürgen: Gestaltung der Kostenrechnung. Notwendigkeit, Optionen und Konsequenzen, Schriften des Center for Controlling & Management (CCM), Bd. 21, Wiesbaden 2005.

857 Weber, Jürgen / Kaufmann, Lutz / Schneider, Yvonne: Controlling von Intangibles. Nichtmonetäre Unternehmenswerte aktiv steuern, Schriftenreihe Advanced Controlling, Bd. 48, Weinheim 2005.

858 Wallenburg, Carl Marcus / Weber, Jürgen: Kundenbindung in der Logistikbranche, in: Jahrbuch Logistik 2005, Korschenbroich 2005, S. 58-63.

859 Weber, Jürgen / Dittrich, Markus / Lukassen, Peter / Schorb, Ulrich / Trelle, Serena / Wallenburg, Carl Marcus: Value Chain Management in der Automobilzulieferindustrie, Vallendar 2005.

860 Weber, Jürgen: Brauchen Controller Theorie?, Schriftenreihe Advanced Controlling, Bd. 49, Weinheim 2005.

861 Weber, Jürgen: Editorial, in: ZfCM, 50. Jg. (2006), S. 1.

862 Wallenburg, Carl Marcus / Weber, Jürgen: Ursache-Wirkungsbeziehungen der Balanced Scorecard – Empirische Ergebnisse zu ihrer Existenz, WHU-Forschungspapier Nr. 109, Januar 2006.

863 Weber, Jürgen / Bacher, Andreas / Mahlendorf, Matthias: Praxisorientierte Instrumente für das Supply Chain Controlling, in: Wolf-Kluthausen, Hanne (Hrsg.): Jahrbuch Logistik 2006, Korschenbroich 2006, S. S. 70-75.

864 Weber, Jürgen / Weißenberger, Barbara E.: Einführung in das Rechnungswesen. Bilanzierung und Kostenrechnung, 7., überarb. und erw. Auflage, Stuttgart 2006.

865 Weber, Jürgen / Lissautzki, Marius: Kundenwert-Controlling: Dienstleistungsunternehmen kundenorientiert steuern, in: Bruhn, Manfred / Stauss, Bernd (Hrsg.): Dienstleistungscontrolling, Forum Dienstleistungsmanagement, Wiesbaden 2006, S. 303-323.

866 Weber, Jürgen / Radtke, Björn / Schäffer, Utz: Erfahrungen mit der Balanced Scorecard Revisited, Schriftenreihe Advanced Controlling, Bd. 50, Weinheim 2006.

867 Weber, Jürgen / Hirsch, Bernhard / Rambusch, René / Schlüter, Hendrik / Sill, Frauke / Spatz Almuth C.: Controlling 2006 – Stand und Perspektiven, Vallendar 2006.

868 Wallenburg, Carl Marcus / Weber, Jürgen: Zeitarbeit ja – aber bitte mit Augenmaß, in: Personalwirtschaft. Magazin für Human Resources, 05/2006, S. 20-23.

869 Weber, Jürgen: Controlling als Schlüssel zur Kundenzufriedenheit, in: Homburg, Christian (Hrsg.): Kundenzufriedenheit. Konzepte – Methoden – Erfahrungen, 6. Aufl., Wiesbaden 2006, S. 297-318.

870 Weber, Jürgen / Lissautzki, Marius: Erfolgsorientierte Unternehmenssteuerung mit Kundenwerten, in: Controlling, 18. Jg. (2006), S. 275-282.

871 Weber, Jürgen / Weißenberger, Barbara E. / Haas, Cornelia: IFRS Revisited: Quo vadis Unternehmensrechnung?, Schriftenreihe Advanced Controlling, Bd. 51, Weinheim 2006.

872 Weber, Jürgen: Editorial, in: ZfCM, 50. Jg. (2006), S. 193.

873 Weber, Jürgen: Zum Zusammenspiel von zentralem und dezentralem Controlling, in: ZfCM, 50. Jg. (2006), S. 211-217.

874 Wallenburg, Carl Marcus / Weber, Jürgen: Ursache-Wirkungsbeziehungen der Balanced Scorecard – Empirische Erkenntnisse zu ihrer Existenz, in: ZfCM, 50. Jg. (2006), S. 245-256.

875 Weber, Jürgen / Meyer, Matthias / Birl, Holger / Knollmann, Ramon / Schlüter, Hendrik / Sieber, Carsten: Investitionscontrolling in deutschen Großunternehmen. Ergebnisse einer Benchmarking-Studie, Schriftenreihe Advanced Controlling, Bd. 52, Weinheim 2006.

876 Weber, Jürgen (Hrsg.): Prägende Controllingkonzepte. ZfCM-Sonderheft 1/2006, Wiesbaden 2006.

877 Weber, Jürgen: 50 Jahre Kostenrechnungspraxis / Zeitschrift für Controlling & Management, in: Weber, Jürgen (Hrsg.): ZfCM-Sonderheft 1/2006, Wiesbaden 2006, S. 1f.

878 Weber, Jürgen: „Ansätze und Entwicklungen des Rechnens mit relativen Einzelkosten und Deckungsbeiträgen" – Der Blick auf das Gesamtwerk von Riebel, in: Weber, Jürgen (Hrsg.): ZfCM-Sonderheft 1/2006, Wiesbaden 2006, S. 61-68.

879 Weber, Jürgen / Schäffer, Utz: Einführung in das Controlling, 11. Aufl., Stuttgart 2006.

880 Weber, Jürgen / Neumann-Giesen / Jung, Steffen: Steuerung interner Servicebereiche. Ein Praxisleitfaden, Schriftenreihe Advanced Controlling, Bd. 53, Weinheim 2006.

881 Weber, Jürgen: Controlling, in: Handelsblatt Wirtschaftslexikon. Das Wissen der Betriebswirtschaftslehre, Bd. 3, Stuttgart 2006, S. 1125-1130.

882 Weber, Jürgen: Logistik, in: Handelsblatt Wirtschaftslexikon. Das Wissen der Betriebswirtschaftslehre, Bd. 7, Stuttgart 2006, S. 3513-3523.

883 Weber, Jürgen: Logistikcontrolling, in: Handelsblatt Wirtschaftslexikon. Das Wissen der Betriebswirtschaftslehre, Bd. 7, Stuttgart 2006, S. 3523-3529.

884 Roll, Martin / Weber, Jürgen: Gestaltung strategischer Frühaufklärung im Lichte neuer empirischer Erkenntnisse, in: Hutzschenreuter, Thomas / Griess-Nega, Torsten (Hrsg.): Krisenmanagement. Grundlagen – Strategien – Instrumente, Wiesbaden 2007, S. 195-220.

885 Wagner, Stephan M. / Weber, Jürgen: Beschaffungscontrolling. Den Wertbeitrag der Beschaffung messen und optimieren, Schriftenreihe Advanced Controlling, Bd. 54, Weinheim 2006.

886 Weber, Jürgen: 60 Jahre Plaut, in: ZfCM, 50. Jg. (2006), S. 337f.

887 Weber, Jürgen / Schäffer, Utz: Marketingcontrolling: Sicherstellung der Rationalität einer marktorientierten Unternehmensführung, in: Reinecke, Sven / Tomczak, Torsten (Hrsg.): Handbuch Marketingcontrolling. Effektivität und Effizienz einer marktorientierten Unternehmensführung, 2. Aufl., Wiesbaden 2006, S. 63-80.

888 Schäffer, Utz / Weber, Jürgen: Editorial, in: ZfCM, 51. Jg. (2007), S. 1.

889 Weber, Jürgen / Hirsch, Bernhard / Spatz, Almuth: Perspektiven des Controllings. Erfolgreich bleiben trotz Veränderungen, Schriftenreihe Advanced Controlling, Bd. 55, Weinheim 2007.

890 Weber, Jürgen / Eitelwein, Oliver / Wohltat, Andreas: Cash-to-Cash Cycle als Instrument zur Steuerung des Working Capital im Supply Chain Management, in: Jahrbuch Logistik 2007, Korschenbroich 2007, S. 110-114.

891 Weber, Jürgen: Controlling als Praxisphänomen – wie kann Theorie bei der Erklärung und Gestaltung helfen?, in: Schäffer, Utz (Hrsg.): Controlling zwischen Wissenschaft und Praxis. Reden anlässlich der Ehrenpromotion von Karlheinz Hornung, Péter Horváth und Jürgen Weber, Wiesbaden 2007, S. 28-37.

892 Stölzle, Wolfgang / Weber, Jürgen / Hofmann, Erik / Wallenburg, Carl Marcus (Hrsg.): Handbuch Kontraktlogistik. Management komplexer Logistikdienstleistungen, Weinheim 2007.

893 Stölzle, Wolfgang / Weber, Jürgen / Hofmann, Erik / Wallenburg, Carl Marcus: Vorwort der Herausgeber, in: Stölzle, Wolfgang / Weber, Jürgen / Hofmann, Erik / Wallenburg, Carl Mar-

cus (Hrsg.): Handbuch Kontraktlogistik. Management komplexer Logistikdienstleistungen, Weinheim 2007, S. 29-31.

894 Stölzle, Wolfgang / Weber, Jürgen / Hofmann, Erik / Wallenburg, Carl Marcus: Einführung in das Management der Kontraktlogistik, in: Stölzle, Wolfgang / Weber, Jürgen / Hofmann, Erik / Wallenburg, Carl Marcus (Hrsg.): Handbuch Kontraktlogistik. Management komplexer Logistikdienstleistungen, Weinheim 2007, S. 35-54.

895 Wagner, Stephan M. / Weber, Jürgen: Vom Beschaffungs- zum Supplier Relationship-Controlling: Noch große Anstrengungen nötig, in: Beschaffung aktuell, 54. Jg. (2007), Nr. 2, S. 16-18.

896 Brockhoff, Klaus / Weber, Jürgen: Private Hochschulen, in: Köhler, Richard V. / Küpper, Hans-Ulrich / Pfingsten, Andreas (Hrsg.): HWB, 6. Aufl., Stuttgart 2007, Sp. 1442-1451.

897 Weber, Jürgen / Rainer Vinkemeier: Controlling und Innovation. Beitrag des Controllings zu Zukunftsorientierung und Innovationsmanagement, Schriftenreihe Advanced Controlling, Bd. 56, Weinheim 2007.

898 Wallenburg, Carl Marcus / Weber, Jürgen: Supply Chain Controlling – zwischen Wissenschaft und Praxis, in: ZfCI, 2. Jg. (2007), S. 7-12.

899 Weber, Jürgen: Editorial, in: ZfCM, 51. Jg. (2007), S. 149.

900 Hoffjan, Andreas / Weber, Jürgen: Internationales Controlling. Steuerung von Tochtergesellschaften, Schriftenreihe Advanced Controlling, Bd. 57, Weinheim 2007.

901 Grieshop, Hendrik / Weber, Jürgen: Ergebnisse einer empirischen Studie zur Kooperation von Controllerbereich und externem Rechnungswesen, in: Der Konzern, 5. Jg. (2007), S. 307-315.

902 Weber, Jürgen: Balanced Scorecard, in: Freidank, Carl-Christian / Lachnit, Laurenz / Tesch, Jörg (Hrsg.): Vahlens Großes Auditing Lexikon, München 2007, S. 107f.

903 Linder, Stefan / Weber, Jürgen: Budgetierung, in: Freidank, Carl-Christian / Lachnit, Laurenz / Tesch, Jörg (Hrsg.): Vahlens Großes Auditing Lexikon, München 2007, S. 240f.

904 Heineke, Carsten / Weber, Jürgen: Value Based Management, in: Freidank, Carl-Christian / Lachnit, Laurenz / Tesch, Jörg (Hrsg.): Vahlens Großes Auditing Lexikon, München 2007, S. 1444-1446.

905 Knollmann, Ramon / Hirsch, Bernhard / Weber, Jürgen: Strategisches Controlling durch Kooperation von Controllerbereich und Strategieabteilung?, in: ZfM, 2. Jg. (2007), S. 296-334.

906 Weber, Jürgen: Theorie und Praxis im Controlling: Koexistenz oder Interaktion?, in: ZfCM, 51. Jg. (2007), S. 334-339.

907 Weber, Jürgen: Ansätze des Controllings an der WHU – oder wie Dr. Albrecht Deyhle einer neu gegründeten Hochschule half, auf den rechten Pfad der Controlling-Tugend zu kommen, in: Controller Magazin, Sonderausgabe „Deyhle Spezial“, 2007, S. 57f.

908 Weber, Jürgen (Hrsg.): Controlling und Innovation. ZfCM-Sonderheft 3/2007, Wiesbaden 2007.

909 Weber, Jürgen: Editorial, in: Controlling und Innovation. ZfCM-Sonderheft 3/2007, Wiesbaden 2007, S. 1.

910 Weber, Jürgen / Zayer, Eric: Unexpected Allies in Innovation – An Analysis of the Controller's Contribution zu Innovation Process, in: Controlling und Innovation. ZfCM-Sonderheft 3/2007, Wiesbaden 2007, S. 26- 34.

911 Weber, Jürgen: Innovationen im Controlling – eine neue und notwendige Perspektive für die Arbeit der Controller, in: Controlling und Innovation. ZfCM-Sonderheft 3/2007, Wiesbaden 2007, S. 95-100.

912 Weber, Jürgen / Nevries, Pascal / Christoph, Ines / Pfennig, Christian / Rambusch, Réne / Spatz, Almuth: Controller im Strategieprozess. Ergebnisse einer Benchmarking-Studie, Schriftenreihe Advanced Controlling, Bd. 59, Weinheim 2007.

913 Weber, Jürgen: Aktuelle Controllingpraxis in Deutschland. Ergebnisse einer Benchmarking-Studie, Schriftenreihe Advanced Controlling, Bd. 59, Weinheim 2007.

914 Weber, Jürgen: Aufgabenwandel des Controllings in den DAX 30-Unternehmen, in: Der Controlling Berater, Heft 8, 20.12.2007, S. 2/599-2/620.

915 Hirsch, Bernhard / Knollmann, Ramon / Weber, Jürgen: Role Making für Controllerbereiche? – Eine empirische Analyse zu den Auswirkungen von Gestaltungsspielräumen für Controllerbereiche, in: Zeitschrift für Planung & Unternehmenssteuerung, 18. Jg. (2007), S. 365-386.

916 Weber, Jürgen: Von Top-Controllern lernen. Controlling in den DAX 30-Unternehmen, Weinheim 2008.

917 Weber, Jürgen / Diallo, Amadou / Gerdemann, Rainer / Hoffmann, Martin / Klingmann, Philipp / Lammerding, Verena: Post-Merger Finance Integration. Ein Praxisleitfaden, Schriftenreihe Advanced Controlling, Bd. 60, Weinheim 2008.

918 Weber, Jürgen: Was macht Controller erfolgreich?, in: Controller Magazin, 33. Jg. (2008), S. 4-6.

919 Weber, Jürgen: Controllingverständnis: Mehr als nur eine akademische Tradition. Auffassungsunterschiede und deren praktische Bedeutung. In: CFO aktuell, 2. Jg. (2008), Nr. 1, S. 26-28.

920 Weber, Jürgen: Überlegungen zu einer theoretischen Fundierung der Logistik in der Betriebswirtschaftslehre, in: Nyhuis, Peter (Hrsg.): Beiträge zu einer Theorie der Logistik, Berlin, Heidelberg 2008, S. 43-65.

921 Weber, Jürgen / Bahke, Andreas / Lukassen, Peter / Wallenburg, Carl Marcus: Erfolg in der Logistik – Beziehungen mit Logistikdienstleistern richtig gestalten, Vallendar 2008.

922 Weber, Jürgen: Controllerkarrieren. Wie wird man Chef des Controllings eines DAX 30-Unternehmens?, in: Controlling. Zeitschrift für erfolgsorientierte Unternehmenssteuerung, 20. Jg. (2008), S. 5-12.

923 Weber, Jürgen / Bender, Martina / Griesshaber, Marc-Oliver / Wallenburg, Carl Marcus: Kundenwertorientierte Unternehmensführung bei Logistikdienstleistern, in: Wolf-Kluthausen, Hanne (Hrsg.): Jahrbuch Logistik 2008, Korschenbroich 2008, S. 70-76.

924 Weber, Jürgen / Schäffer, Utz: Introduction to Controlling, Stuttgart 2008.

925 Weber, Jürgen: Preise – eine uncontrollte Größe, in: ZfCM, 52. Jg. (2008), S. 65.

926 Weber, Jürgen: Stand und Entwicklungsperspektiven des Logistik-Controllings, in: Arnold, Dieter / Isermann, Heinz / Kuhn, Axel / Tempelmeier, Horst / Furmans, Kai (Hrsg.): Handbuch Logistik, 3. Aufl., Berlin/Heidelberg 2008, S. 1051-1063.

927 Hirsch, Bernhard / Schäffer, Utz / Weber, Jürgen (Hrsg.): Controlling und Verhalten. ZfCM-Sonderheft 1/2008, Wiesbaden.

928 Hirsch, Bernhard / Schäffer, Utz / Weber, Jürgen: Editorial, in: Hirsch, Bernhard / Schäffer, Utz / Weber, Jürgen (Hrsg.): Controlling und Verhalten. ZfCM-Sonderheft 1/2008, Wiesbaden, S. 1.

929 Hirsch, Bernhard / Schäffer, Utz / Weber, Jürgen: Zur Grundkonzeption eines verhaltensorientierten Controllings, in: Hirsch, Bernhard / Schäffer, Utz / Weber, Jürgen (Hrsg.): Controlling und Verhalten. ZfCM-Sonderheft 1/2008, Wiesbaden, S. 5-11.

930 Weber, Jürgen: Fähigkeitenprofil von Controllern – Kann die Empirie die Notwendigkeit einer verhaltensorientierten Perspektive des Controllings stützen?, in: Hirsch, Bernhard / Schäffer, Utz / Weber, Jürgen (Hrsg.): Controlling und Verhalten. ZfCM-Sonderheft 1/2008, Wiesbaden, S. 95-103.

931 Eitelwein, Oliver / Weber, Jürgen: Unternehmenserfolg durch Modularisierung von Produkten, Prozessen und Supply Chains, WHU-Benchmarking-Studie Modularisierung, Norderstedt 2008.

932 Weber, Jürgen: Controlling als Schlüssel zur Kundenzufriedenheit, in: Homburg, Christian (Hrsg.): Kundenzufriedenheit. Konzepte – Methoden – Erfahrungen, 7. Aufl., Wiesbaden 2008, S. 263-284.

933 Schäffer, Utz / Weber, Jürgen: Personal – die unbekannte Ressource, in: ZfCM, 52. Jg. (2008), S. 129.

934 Weber, Jürgen / Malz, Regina / Lührmann, Thomas: Excellence im Management-Reporting. Transparenz für die Unternehmenssteuerung, Schriftenreihe Advanced Controlling, Bd. 62, Weinheim 2008.

935 Pedell, Burkhard / Weber, Jürgen: § 7 Telekommunikationsgesetz, in: Scheurle, Klaus-Dieter / Mayen, Thomas (Hrsg.): Telekommunikationsgesetz, Kommentar, 2., neu bearb. Auflage, München 2008, S. 106-111.

936 Weber, Jürgen / Spitzner, Jan / Stoffels, Mario: Erfolgreich steuern mit Market Intelligence. Marktentscheidungen fundiert treffen, Schriftenreihe Advanced Controlling, Bd. 63, Weinheim 2008.

937 Birl, Holger / Hirsch, Bernhard / Weber, Jürgen: Lohnt sich eine Kooperation von Controllerbereich und Innenrevision? Neue empirische Erkenntnisse aus dem Controllerblickwinkel, in: ZfCM, 52. Jg. (2008), S. 254-268.

938 Weber, Jürgen / Linder, Stefan: Neugestaltung der Budgetierung mit Better und Beyond Budgeting. Eine Bewertung der Konzepte, Schriftenreihe Advanced Controlling, Bd. 64, Weinheim 2008.

939 Weber, Jürgen / Vater, Hendrik / Schmidt, Walter / Reinhard, Hartmut / Ernst, Edgar (Hrsg.): Die neue Rolle des Controllers. Aufgaben, Anforderungen, Best Practices, Stuttgart 2008.

940 Weber, Jürgen / Vater, Hendrik / Schmidt, Walter / Reinhard, Hartmut / Ernst, Edgar: Einleitung und Problemstellung, in: Weber, Jürgen / Vater, Hendrik / Schmidt, Walter / Reinhard, Hartmut / Ernst, Edgar (Hrsg.): Die neue Rolle des Controllers. Aufgaben, Anforderungen, Best Practices, Stuttgart 2008, S. VII-X.

941 Weber, Jürgen: Rollen der Controller – Theoretische Herleitung und empirische Erkenntnisse, in: Weber, Jürgen / Vater, Hendrik / Schmidt, Walter / Reinhard, Hartmut / Ernst, Edgar (Hrsg.): Die neue Rolle des Controllers. Aufgaben, Anforderungen, Best Practices, Stuttgart 2008, S. 3-14.

942 Weber, Jürgen / Vater, Hendrik / Schmidt, Walter / Reinhard, Hartmut / Ernst, Edgar: Fazit und Ausblick, in: Weber, Jürgen / Vater, Hendrik / Schmidt, Walter / Reinhard, Hartmut / Ernst, Edgar (Hrsg.): Die neue Rolle des Controllers. Aufgaben, Anforderungen, Best Practices, Stuttgart 2008, S. 237-240.

943 Weber, Jürgen / Schäffer, Utz: Einführung in das Controlling, 12. Aufl., Stuttgart 2008.

944 Weber, Jürgen: Controlling im Mittelstand, in: Sommerlatte, Tom / Mirow, Michael / Niedereichholz, Christel / von Windau, Peter G. (Hrsg.): Handbuch der Mittelstandsberatung. Auswahl und Nutzen von Beratungsleistungen, Berlin 2008, S. 306-323.

945 Weber, Jürgen (Hrsg.): Das Advanced-Controlling-Handbuch Volume 2. Richtungsweisende Konzepte, Steuerungssysteme und Instrumente, Weinheim 2008.

946 Weber, Jürgen: Vorwort, in: Weber, Jürgen (Hrsg.): Das Advanced-Controlling-Handbuch Volume 2. Richtungsweisende Konzepte, Steuerungssysteme und Instrumente, Weinheim 2008, S. 9-11.

947 Weber, Jürgen / Schäffer, Utz: : Re-Inventing Controlling, in: Weber, Jürgen (Hrsg.): Das Advanced-Controlling-Handbuch Volume 2. Richtungsweisende Konzepte, Steuerungssysteme und Instrumente, Weinheim 2008, S. 15-50.

948 Weber, Jürgen / David, Ulrich / Prenzler, Carsten: Controller Excellence, in: Weber, Jürgen (Hrsg.): Das Advanced-Controlling-Handbuch Volume 2. Richtungsweisende Konzepte, Steuerungssysteme und Instrumente, Weinheim 2008, S. 51-130.

949 Weber, Jürgen / Paefgen, Anne / Spillecke, Dennis: Marketingstrategien für Controller, in: Weber, Jürgen (Hrsg.): Das Advanced-Controlling-Handbuch Volume 2. Richtungsweisende Konzepte, Steuerungssysteme und Instrumente, Weinheim 2008, S. 131-174.

950 Weber, Jürgen: Controlling einfach gestalten, in: Weber, Jürgen (Hrsg.): Das Advanced-Controlling-Handbuch Volume 2. Richtungsweisende Konzepte, Steuerungssysteme und Instrumente, Weinheim 2008, S. 175-210.

951 Weber, Jürgen / Riesenhuber, Maximilian: Controlling & Psychologie, in: Weber, Jürgen (Hrsg.): Das Advanced-Controlling-Handbuch Volume 2. Richtungsweisende Konzepte, Steuerungssysteme und Instrumente, Weinheim 2008, S. 211-234.

952 Weber, Jürgen / Grothe, Martin / Schäffer, Utz: Wissensmanagement für Controller, in: Weber, Jürgen (Hrsg.): Das Advanced-Controlling-Handbuch Volume 2. Richtungsweisende Konzepte, Steuerungssysteme und Instrumente, Weinheim 2008, S. 235-263.

953 Weber, Jürgen: Marktorientiertes Controlling, in: Weber, Jürgen (Hrsg.): Das Advanced-Controlling-Handbuch Volume 2. Richtungsweisende Konzepte, Steuerungssysteme und Instrumente, Weinheim 2008, S. 267-295.

954 Weber, Jürgen / Blum, Hannes: Logistik-Controlling, in: Weber, Jürgen (Hrsg.): Das Advanced-Controlling-Handbuch Volume 2. Richtungsweisende Konzepte, Steuerungssysteme und Instrumente, Weinheim 2008, S. 297-322.

955 Weber, Jürgen / Müller, Roman / Sorg, Mascha: Rating & Controlling, in: Weber, Jürgen (Hrsg.): Das Advanced-Controlling-Handbuch Volume 2. Richtungsweisende Konzepte, Steuerungssysteme und Instrumente, Weinheim 2008, S. 323-366.

956 Weber, Jürgen / Hirsch, Bernhard / Matthes, Alexandra / Meyer, Matthias: Kooperationscontrolling, in: Weber, Jürgen (Hrsg.): Das Advanced-Controlling-Handbuch Volume 2. Richtungsweisende Konzepte, Steuerungssysteme und Instrumente, Weinheim 2008, S. 367-398.

957 Weber, Jürgen / Aust, René: Reengineering Kostenrechnung, in: Weber, Jürgen (Hrsg.): Das Advanced-Controlling-Handbuch Volume 2. Richtungsweisende Konzepte, Steuerungssysteme und Instrumente, Weinheim 2008, S. 401-437.

958 Weber, Jürgen / Stoffels, Mario / Kleindienst, Ingo: Internationale Verrechnungspreise im Konzern, in: Weber, Jürgen (Hrsg.): Das Advanced-Controlling-Handbuch Volume 2. Richtungsweisende Konzepte, Steuerungssysteme und Instrumente, Weinheim 2008, S. 439-481.

959 Weber, Jürgen / Lissautzki, Marius: Kundenwert-Controlling, in: Weber, Jürgen (Hrsg.): Das Advanced-Controlling-Handbuch Volume 2. Richtungsweisende Konzepte, Steuerungssysteme und Instrumente, Weinheim 2008, S. 483-516.

960 Weber, Jürgen / Nevries, Pascal / Broser, Christian / Linnenlücke, Andreas / Strauß, Erik: Zentrales und dezentrales Controlling. Herausforderungen der täglichen Zusammenarbeit, Schriftenreihe Advanced Controlling, Bd. 65, Weinheim 2008.

961 Weber, Jürgen / Wallenburg, Carl Marcus: Transparenz in der Supply Chain – Instrumente, Kennzahlen, Überzeugung, in: BVL e.V. (Hrsg.): Kongressband 2008, 25. Deutscher Logistik-Kongress Berlin, Hamburg 2008, S. 281-313.

962 Hirsch, Bernhard / Mäder, Olaf / Weber, Jürgen: Ansätze und Methoden des Controllings in der Öffentlichen Logistik, in: Essig, Michael / Witt, Matthias (Hrsg.): Öffentliche Logistik. Supply Chain Management für den öffentlichen Sektor, Wiesbaden 2008, S. 233-261.

963 Weber, Jürgen: Rechnungswesen der Verkehrsbetriebe, in: Klaus, Peter / Krieger, Winfried: Gabler Lexikon Logistik, 4. Aufl., Wiesbaden 2008, S. 481-483.

964 Weber, Jürgen / Diallo, Amadou / Gritz, Oliver / Leopold, Martin / Reinhard, Hartmut / Ritzer, Joachim / Vater, Hendrik: Der CFO als Advanced Navigator. Praxisleitfaden & Umsetzungsbeispiel, Schriftenreihe Advanced Controlling, Bd. 66, Weinheim 2008.

965 Schäffer, Utz / Weber, Jürgen: Das Institut für Management und Controlling (IMC), WHU – Otto Beisheim School of Management in Vallendar, in: ZfCM, 52. Jg. (2008), S. 417-420.

966 Weber, Jürgen: Was macht Controller erfolgreich?, in: Controller Magazin, 34. Jg. (2009), Heft 1, S. 6.

967 Weber, Jürgen / Zubler, Susanne / Krügerke, Christian: Neueste Benchmarking-Ergebnisse für die Controllership im deutschsprachigen Raum. In: ZfCM, 53. Jg. (2009), S. 50-56.

968 Weber, Jürgen: Erfahrungen mit wertorientierter Steuerung, in: Der Betrieb, 62. Jg. (2009), S. 297-303.

969 Weber, Jürgen / Pfennig, Christian: Mitarbeiterzufriedenheit im Controllerbereich. Controllerzufriedenheit als Schlüssel zum Controllingerfolg. Schriftenreihe Advanced Controlling, Bd. 67, Weinheim 2009.

970 Weber, Jürgen / Zubler, Susanne: Die Finanz- und Wirtschaftskrise. Reichweite, Auswirkungen und Maßnahmen in der Unternehmenspraxis, in: CFO aktuell. Zeitschrift für Finance & Controlling, 3. Jg. (2009), S. 29-32.

971 Weber, Jürgen: Controller in der Krise, in: Controller Magazin, 34. Jg. (2009), Heft 2, S. 14.

972 Bahke, Andreas / Lukassen, Peter / Wallenburg, Carl Marcus / Weber, Jürgen: Pricing in der Logistik – Ansätze zur anreizoptimalen Gestaltung von Verträgen, in: Wolf-Kluthausen, Hanne (Hrsg.): Jahrbuch Logistik 2009, Korschenbroich 2009, S. 142-145.

973 Weber, Jürgen: Erfolg der Controller – Wie Controller zum Unternehmenserfolg beitragen. Schriftenreihe Advanced Controlling, Bd. 68, Weinheim 2009.

974 Weber, Jürgen / Bender, Martina / Eitelwein, Oliver / Nevries, Pascal: Von Private Equity-Controllern lernen. Wie Controller und Manager mit Finanzinvestoren erfolgreich zusammenarbeiten, Weinheim 2009.

975 Weber, Jürgen: Investitionscontrolling – ein Stiefkind der Controller, in: Controller Magazin, 34. Jg. (2009), Heft 3, S. 32.

976 Schäffer, Utz / Weber, Jürgen: Controlling in der Krise, in: ZfCM, 53. Jg. (2009), S. 145.

977 Hirsch, Bernhard / Weber, Jürgen / Hammer, Dominik / Schuberth, Klaus / Erfort, Mathias: Controlling in öffentlichen Institutionen, Schriftenreihe Advanced Controlling, Bd. 69, Weinheim 2009.

978 Weber, Jürgen: Controller & Corporate Governance, in: Controller Magazin, 34. Jg. (2009), Heft 4, S. 12.

979 Weber, Jürgen / Linnenlücke, Andreas / Krügerke, Christian: Herausforderungen im Vertriebsmanagement. Was Controller leisten können. Schriftenreihe Advanced Controlling, Bd. 70, Weinheim 2009.

980 Sieber, Carsten / Hirsch, Bernhard / Weber, Jürgen: Kooperation von Zentralcontrolling und Bereichscontrolling – Eine empirische Analyse, in: Die Unternehmung, 63. Jg. (2009), S. 346-374.

981 Jensen, Ove / Weber, Jürgen (Hrsg.): Vertriebscontrolling, ZfCM, 53. Jg. (2009), Sonderheft 2/2009.

982 Jensen, Ove / Weber, Jürgen: Vertriebscontrolling – es gibt noch viel zu tun, in: Jensen, Ove / Weber, Jürgen (Hrsg.): Vertriebscontrolling, ZfCM, 53. Jg. (2009), Sonderheft 2/2009, S. 1.

983 Weber, Jürgen: Bereichscontrolling – es gibt noch viel zu tun!, in: Controller Magazin, 34. Jg. (2009), Heft 5, S. 9.

984 Rehring, Jochen / Weber, Jürgen / Zubler, Susanne: Die Finanz- und Wirtschaftskrise. Einschätzungen und Maßnahmen der Controller in deutschen Unternehmen, in: Controller Magazin, 34. Jg. (2009), Heft 5, S. 66-71.

985 Jeschonowski, Daniel / Schmitz, Julia / Wallenburg, Carl Marcus / Weber, Jürgen: Management Control Systems in Logistics and Supply Chain Management: A literature review, in: Logistics Research, 1. Jg. (2009), S. 113-127.

986 Goldau, Tina / Meyer, Matthias / Weber, Jürgen: Auf dem Weg zu einer einheitlichen Behördenrufnummer. Empirische Analyse des Status quo von Servicecentern und der Bewertung durch Bürger und Wirtschaft, hrsg. v. Matthias Klammer, Marie Therese Hupperts und Horst Westerfeld, Stuttgart 2009.

987 Weber, Jürgen / Nevries, Pascal / Breiter, Dominik / Jeschonowski, Daniel P. / Kramer, Stephan: Operative Planung. Funktionen, Umsetzung und Einflussfaktoren, Schriftenreihe Advanced Controlling, Bd. 71, Weinheim 2009.

988 Jagalla, Tobias / Weber, Jürgen: Best Practices für die Doppik-Einführung in Bundesländern, hrsg. v. Matthias Kammer, Marie Therese Huppertz und Horst Westerfeld, Hamburg 2009.

989 Weber, Jürgen: Rollierender Forecast? In: Controller Magazin, 34. Jg. (2009), Heft 6, S. 15.

990 Weber, Jürgen: Rationalitätssicherung als zentrale Aufgabe des Strategischen Controllings, in: Reimer, Marko / Fiege, Stefanie (Hrsg.): Perspektiven des Strategischen Controllings. Festschrift für Professor Dr. Ulrich Krystek, Wiesbaden 2009, S. 3-18.

991 Weber, Jürgen / Zubler, Susanne / Rehring, Jochen: Aktuelle Benchmarking-Ergebnisse – Auswirkungen der Krise auf das Controlling, in: ZfCM, 53, Jg. (2009), S. 361-366.

992 Weber, Jürgen: Balanced Scorecard, in: Gabler Wirtschaftslexikon, 17. Aufl., Wiesbaden 2009, S. 306f.

993 Weber, Jürgen: Controlling, in: Gabler Wirtschaftslexikon, 17. Aufl., Wiesbaden 2009, S. 620.

994 Weber, Jürgen: Prozesskostenrechnung, in: Gabler Wirtschaftslexikon, 17. Aufl., Wiesbaden 2009, S. 2481-2483.

995 Weber, Jürgen / Zubler, Susanne: Controlling in Zeiten der Krise. Wirkungen und Maßnahmen, Schriftenreihe Advanced Controlling, Bd. 73, Weinheim 2010.

996 Weber, Jürgen: Erwartungen und Realität, in: Controller Magazin, 35. Jg. (2010), Heft 1, S. 7.

997 Weber, Jürgen: Nachhaltigkeit als Innovation, in: ZfCM, 54. Jg. (2010), S. 1.

998 Weber, Jürgen / Zubler, Susanne / Rehring, Jochen: Controlling in erfolgreichen Unternehmen. Orientierungspunkte in der Finanz- und Wirtschaftskrise, in: CFO aktuell, 4. Jg. (2010), S. 22-24.

999 Weber, Jürgen: Controlling & Nachhaltigkeit, in: Controller Magazin, 35. Jg. (2010), Heft 2, S. 12.

1000 Goretzki, Lukas / Weber, Jürgen / Zubler, Susanne: Die Rollen der Controller, in: Controller Magazin, 35. Jg. (2010), Heft 2, S. 56-62.

1001 Weber, Jürgen (Hrsg.): Krise – Chance für das Controlling, in: ZfCM, 54. Jg. (2010), Sonderheft 1/2010.

1002 Weber, Jürgen: Controlling und Krise, in: ZfCM, 54. Jg. (2010), Sonderheft 1/2010, Krise – Chance für das Controlling, S. 1-3.

1003 Weber, Jürgen / Zubler, Susanne: Bewältigung der Finanz- und Wirtschaftskrise im Controlling – Einsichten aus dem WHU-Controllerpanel, in: ZfCM, 54. Jg. (2010), Sonderheft 1/2010, Krise – Chance für das Controlling, S. 13-18.

1004 Weber, Jürgen: Controllingerfolg – Macht Controlling erfolgreich, und wenn ja wie?, in: ZfCM, 54. Jg. (2010), S. 73.

1005 Weber, Jürgen: Was unterscheidet erfolgreiche von nicht erfolgreichen Controllern?, in: ZfCM, 54. Jg. (2010), S. 91-95.

1006 Weber, Jürgen / Veit, Andreas: Controller im Strategieprozess revisited. Neue empirische Erkenntnisse, Schriftenreihe Advanced Controlling, Bd. 74, Weinheim 2010.

1007 Krügerke, Christian / Weber, Jürgen: Controllerunterstützung im Vertrieb. Erkenntnisse einer branchenübergreifenden Erhebung, in: CFO aktuell, 4. Jg. (2010), S. 70-74.

1008 Weber, Jürgen: Controllerkarrieren, in: Controller Magazin, 35. Jg. (2010), Heft 3, S. 15.

1009 Weber, Jürgen / Wallenburg, Carl Marcus: Logistik- und Supply Chain Controlling, 6. Aufl., Stuttgart 2010.

1010 Weber, Jürgen: Neue Rollen der Controller, in: ZfCM, 54. Jg. (2010), S. 137.

1011 Goretzki, Lukas / Weber, Jürgen: Der Wandel der Controller – Eine rollentheoretische Betrachtung am Beispiel der Hansgrohe AG, in: ZfCM, 54. Jg. (2010), S. 163-169.

1012 Weber, Jürgen / Preis, Anton / Boettger, Ulrich: Neue Anforderungen an Controller. Ergebnisse aus der Unternehmenspraxis, Schriftenreihe Advanced Controlling, Bd. 75, Weinheim 2010.

1013 Delfmann, Werner / Dangelmaier, Wilhelm / Günthner, Willibald / Klaus, Peter / Overmeyer, Ludger / Rothengatter, Werner / Weber, Jürgen / Zentes, Joachim: Eckpunktepapier zum Grundverständnis der Logistik als wissenschaftliche Disziplin, in: Delfmann, Werner / Wimmer, Thomas (Hrsg.): Strukturwandel in der Logistik – Wissenschaft und Praxis im Dialog, Hamburg 2010, S. 3-10.

1014 Weber, Jürgen: Logistik-Controlling zwischen Wunsch und Wirklichkeit: Warum es ein selbstverständlich erscheinendes Konzept so schwer hat, sich durchzusetzen, in: Schönberger, Robert / Elbert, Ralf (Hrsg.): Dimensionen der Logistik, Wiesbaden 2010, S. 403-422.

1015 Weber, Jürgen: Organisation des Controllerbereichs – ein Überblick, in: Schäffer, Utz (Hrsg.): Der Finanzbereich im Fokus, ZfCM Sonderheft 2/2010, S. 39-46.

1016 Weber, Jürgen: What's new in academia?, in: Controller Magazin, 35. Jg. (2010), Heft 4, S. 35f.

1017 Weber, Jürgen / Goretzki, Lukas / Zubler, Susanne: Welche Erkenntnisse kann die empirische Controllingforschung zum Erfolg des Controllings beitragen? In: Controlling, ZfC – Zeitschrift für erfolgsorientierte Unternehmenssteuerung, 22. Jg. (2010), S. 322-329.

1018 Weber, Jürgen: Totgesagte leben länger, in: Financial Times Deutschland, 24.07.2010, S. 8.

1019 Weber, Jürgen: Was ist nur mit den Controllern los!, in: Controller Magazin, 35. Jg. (2010), Heft 5, S. 54f.

1020 Weber, Jürgen: Was kümmert uns das Controlling in China und Indien?, in: ZfCM, 54. Jg. (2010), S. 285.

1021 Weber, Jürgen / Voußem, Ludwig / Rehring, Jochen: Aktuelle Ergebnisse aus dem WHU-Controllerpanel: Benchmarks und Trends in der Budgetierung, in: ZfCM, 54. Jg. (2010), S. 323-327.

1022 Weber, Jürgen / Burchard, Cord H. / Voußem, Barbara A. / Kempf, Sebastian: Personalmanagement im Controlling. Einstieg und Entwicklungsmöglichkeiten, Schriftenreihe Advanced Controlling, Bd. 76, Weinheim 2010.

1023 Weber, Jürgen: Was haben wir aus der Krise gelernt?, in: Controller Magazin, 35. Jg. (2010), Heft 6, S. 9.

1024 Weber, Jürgen / Weißenberger, Barbara E.: Einführung in das Rechnungswesen. Bilanzierung und Kostenrechnung, 8. Aufl., Stuttgart 2010.

1025 Weber, Jürgen / Vater, Hendrik / Schmidt, Walter / Reinhard, Hartmut (Hrsg.): Turnaround – Navigation in schwierigen Zeiten, Weinheim 2011.

1026 Reinhard, Hartmut / Schmidt, Walter / Vater, Hendrik / Weber, Jürgen: Einführung: Controlling und Krise, in: Weber, Jürgen / Vater, Hendrik / Schmidt, Walter / Reinhard, Hartmut (Hrsg.): Turnaround – Navigation in schwierigen Zeiten, Weinheim 2011, S. 15-18.

1027 Weber, Jürgen / Rehring, Jochen / Zubler, Susanne: Controlling im Zeichen der Krise, in: Weber, Jürgen / Vater, Hendrik / Schmidt, Walter / Reinhard, Hartmut (Hrsg.): Turnaround – Navigation in schwierigen Zeiten, Weinheim 2011, S. 825-842.

1028 Weber, Jürgen / Vater, Hendrik / Schmidt, Walter / Reinhard, Hartmut: Zusammenfassung, in: Weber, Jürgen / Vater, Hendrik / Schmidt, Walter / Reinhard, Hartmut (Hrsg.): Turnaround – Navigation in schwierigen Zeiten, Weinheim 2011, S. 985-990.

1029 Meyer, Matthias / Weber, Jürgen (Hrsg.): Controlling und begrenzte kognitive Fähigkeiten. Grundlagen und Anwendungen eines verhaltensorientierten Ansatzes, Wiesbaden 2011.

1030 Meyer, Matthias / Weber, Jürgen: Vorwort, in: Meyer, Matthias / Weber, Jürgen (Hrsg.): Controlling und begrenzte kognitive Fähigkeiten. Grundlagen und Anwendungen eines verhaltensorientierten Ansatzes, Wiesbaden 2011, S. V-VI.

1031 Weber, Jürgen: Genese des Akteursmodells – oder: warum sich ein Controlling-Lehrstuhl mit Grundfragen ökonomischer Modellierung beschäftigt, in: Meyer, Matthias / Weber, Jürgen (Hrsg.): Controlling und begrenzte kognitive Fähigkeiten. Grundlagen und Anwendungen eines verhaltensorientierten Ansatzes, Wiesbaden 2011, S. 15-25.

1032 Weber, Jürgen / Georg, Johannes / Janke, Robert: Nachhaltigkeit: Relevant für das Controlling?, in: ZfCM, 54. Jg. (2010), S. 395-400.

1033 Weber, Jürgen / Nevries, Pascal: Drivers of Successful Controllership: Activities, People, and Connecting with Management, in: Merchant, Kenneth A. (Hrsg.): Managerial Accounting Collection, New York 2010.

1034 Weber, Jürgen: Controlling & Marketing, in: Controller Magazin, 36. Jg. (2011), Heft 1, S. 31.

1035 Weber, Jürgen: Marken – Blinde Flecken für Controller?, in: ZfCM, 55. Jg. (2011), S. 1.

1036 Weber, Jürgen / Holzhacker, Martin: Markencontrolling bei Dach- und Einzelmarken, in: ZfCM, 55. Jg. (2011), S. 22-27.

1037 Schäffer, Utz / Weber, Jürgen: Postkrisissnij Controlling – nemezkij opit (Controlling nach der Krise – deutsche Erfahrungen), Ekonomika i Schisn (Ökonomie und Leben), Nr. 7/9373, 25.02.2011, S. 16-17.

1038 Weber, Jürgen: Kostenrechnung – Relevance lost again?, in: Controller Magazin, 36. Jg. (2011), Heft 2, S. 36f.

1039 Weber, Jürgen / Schäffer, Utz: Einführung in das Controlling, 13. Auflage, Stuttgart 2011.

1040 Weber, Jürgen / Schäffer, Utz / Binder, Christoph: Einführung in das Controlling. Übungen und Fallstudien mit Lösungen, Stuttgart 2011.

1041 Hug, Werner / Weber, Jürgen: Wertetreiber Einkauf. Wertehebel im Einkauf als Controllingaufgabe, Schriftenreihe Advanced Controlling, Bd. 77, Weinheim 2011.

1042 Sandt, Joachim / Weber, Jürgen: Controlling und Change Management. Aufgaben der Controller in Veränderungsprozessen, Schriftenreihe Advanced Controlling, Bd. 78, Weinheim 2011.

1043 Weber, Jürgen / Rehring, Jochen / Voußem, Ludwig: Managementberichte erfolgreich gestalten – Benchmarks aus dem WHU-Controllerpanel, in: ZfCM, 55. Jg. (2011), S. 81-86.

1044 Jagalla, Tobias / Becker, Sebastian D. / Weber, Jürgen: A Taxonomy of the perceived Benefits of Accrual Accounting and Budgeting: Evidence from German States, in: Financial Accountability & Management, 27. Jg. (2011), H. 2, S. 134-165.

1045 Weber, Jürgen: Behavioral Controlling, in: Controller Magazin, 36. Jg. (2011), Heft 3, S. 20f.

1046 Weber, Jürgen / Voußem, Ludwig / Rehring, Jochen: Controllingpraktiken in erfolgreichen Unternehmen. Status Quo und Zukunftstrends, in: CFO aktuell, 5. Jg. (2011), S. 31-34.

1047 Reißig-Thust, Solveig / Weber, Jürgen: Controlling & Compliance. Aufgaben der Controller im Risk and Fraud Management, Schriftenreihe Advanced Controlling, Bd. 79, Weinheim 2011.

1048 Weber, Jürgen / Schäffer, Utz: Einführung in das Controlling, 1. Aufl., Shanghai 2011: Truth and Wisdom press (Chinese edition).

1049 Weber, Jürgen: Business Partner, in: Controller Magazin, 36. Jg. (2011), Heft 4, S. 21.

1050 Weber, Jürgen: Controlling, in: Busse von Colbe, Walther / Crasselt, Nils (Hrsg.): Lexikon des Rechnungswesens. Handbuch der Bilanzierung und Prüfung, der Erlös-, Finanz-, Investitions- und Kostenrechnung, 5. Aufl., München 2011, S. 182-186.

1051 Weber, Jürgen: Das Gesundheitswesen braucht Controlling, in: ZfCM, 55. Jg. (2011), S. 197.

1052 Weber, Jürgen: The development of controller tasks: explaining the nature of controllership and its changes, in: Journal of Management Control, Bd. 22, No. 1 (November), S. 25-46.

1053 Rehring, Jochen / Voußem, Ludwig / Weber, Jürgen: Die Rolle(n) der Controller: Eine Einordnung durch den WHU-Controllerindex, in: Controller Magazin, 36. Jg. (2011), Heft 5, S. 14-19.

1054 Weber, Jürgen: Zukunftsthemen des Controllings, in: Controller Magazin, 36. Jg. (2011), Heft 5, S. 34.

1055 Goretzki, Lukas / Schäffer, Utz / Strauß, Erik / Weber, Jürgen: Zukunftsthemen des Controllings – Erkenntnisse eines empirischen Forschungsprojekts, in: Gleich, Ronald / Gänßlen, Siegfried / Losbichler, Heimo (Hrsg.): Challenge Controlling 2015: Trends und Tendenzen, Hamburg u.a. 2011, S. 95-106. (Gleichzeitig in: Der Controlling-Berater, hrsg. von Ronald Gleich u. Andreas Klein, Bd. 17).

1056 Weber, Jürgen: Controlling-Agenda 2016. Die Tabelle der Zukunftsthemen, in: Controller Magazin, 36. Jg. (2011), Heft 6, S. 24f.

1057 Hirsch, Bernhard / Weber, Jürgen / Gisch, Celina / Zubler, Susanne / Erfort, Mathias: Controlling in öffentlichen Institutionen. Rollen – Handlungsfelder – Erfolgsfaktoren, Berlin 2012.

1058 Schäffer, Utz / Weber, Jürgen (Hrsg.): Anreizsysteme & Incentivierung, ZfCM, 55. Jg. (2011), Sonderheft 3/2011.

1059 Schäffer, Utz / Weber, Jürgen: Anreizsysteme & Incentivierung, in: Schäffer, Utz / Weber, Jürgen (Hrsg.): Anreizsysteme & Incentivierung, ZfCM, 55. Jg. (2011), Sonderheft 3/2011, S. 1.

1060 Mahlendorf, Matthias D. / Rehring, Jochen / Voußem, Ludwig / Weber, Jürgen: Vergütung und Zielvereinbarungen von Controllern, in: Schäffer, Utz / Weber, Jürgen (Hrsg.): Anreizsysteme & Incentivierung, ZfCM, 55. Jg. (2011), Sonderheft 3/2011, S. 59-64.

1061 Weber, Jürgen / Rehring, Jochen / Voußem, Ludwig: How german management accountants lived through crisis and what they are doing differently now, in: Cost Management, 25. Jg. (2011), Heft 6, S. 37-48.

1062 Weber, Jürgen / Mahlendorf, Matthias / Kleinschmit, Fabian / Holzhacker, Martin: Unternehmenssteuerung in deutschen Krankenhäusern – Bestandsaufnahme und Erfolgskriterien, Schriftenreihe Advanced Controlling, Bd. 81, Weinheim 2011.

1063 Weber, Jürgen / Georg, Johannes / Janke, Robert / Mack, Simone: Nachhaltigkeit und Controlling, Schriftenreihe Advanced Controlling, Bd. 79, Weinheim 2012.

1064 Weber, Jürgen: Controller & Compliance, in: Controller Magazin, 37. Jg. (2012), Heft 1, S. 62f.

1065 Schäffer, Utz / Weber, Jürgen: Der Controller wird zum Strategen, in: FAZ, Nr. 19, 23.01.2012, S. 19.

1066 Weber, Jürgen: Balanced Scorecard, in: Achatz, Reinhold / Braun, Michael / Sommerlatte, Tom (Hrsg.): Lexikon Technologie- und Innovationsmanagement, Düsseldorf 2012, S. 31.

1067 Weber, Jürgen: Projektcontrolling, in: Achatz, Reinhold / Braun, Michael / Sommerlatte, Tom (Hrsg.): Lexikon Technologie- und Innovationsmanagement, Düsseldorf 2012, S. 301.

1068 Schäffer, Utz / Weber, Jürgen: Zukunftsthemen des Controllings, in: Controlling, 24. Jg. (2012), S. 78-84.

1069 Schäffer, Utz / Weber, Jürgen: Business Partner – Fata Morgana oder Leitstern für die Entwicklung von Controllern?, in: ZfCM, 56. Jg. (2012), S. 1.

1070 Goretzki, Lukas / Weber, Jürgen: Die Zukunft des Business Partners – Ergebnisse einer empirischen Studie zur Zukunft des Controllings, in: ZfCM, 56. Jg. (2012), S. 22-28.

1071 Weber, Jürgen: Der Controller als Stratege?, in: Controller Magazin, 37. Jg. (2012), Heft 2, S. 63.

1072 Weber, Jürgen / Schäffer, Utz / Goretzki, Lukas / Strauß, Erik: Die zehn Zukunftsthemen des Controllings. Innovationen, Trends und Herausforderungen, Schriftenreihe Advanced Controlling, Bd. 82, Weinheim 2012.

1073 Weber, Jürgen: Controlling & IT, in: ZfCM, 56. Jg. (2012), S. 85.

1074 Weber, Jürgen / Strauß, Erik / Spittler, Sabine: Controlling & IT: Wie Trends und Herausforderungen der IT die Controllingfunktion verändern, in, ZfCM, 56. Jg. (2012), S. 105-109.

1075 Weber, Jürgen: Controlling und Effizienz, in: Controller Magazin, 37. Jg. (2012), Heft 3, S. 37.

1076 Weber, Jürgen Logistikkostenrechnung. Kosten-, Leistungs- und Erlösinformationen zur erfolgsorientierten Steuerung der Logistik, 3. Aufl., Berlin/Heidelberg 2012.

1077 Weber, Jürgen / Wallenburg, Carl Marcus / Bühler, Andreas / Singh, Mauritzio: Logistik-Controlling mit Kennzahlensystemen, Vallendar 2012.

1078 Botta, Jochen / Freigang, Stefan / Hufschlag, Klaus / Spittler, Sabine / Weber, Jürgen: Carbon Accounting und Controlling. Grundlagen und Praxisbeispiel Deutsche Post DHL, Schriftenreihe Advanced Controlling, Bd. 83, Weinheim 2012.

1079 Weber, Jürgen: Hat der ICV Einfluss auf das Verhalten seiner Mitglieder?, in: Controller Magazin, 37. Jg. (2012), Heft 4, S. 57.

1080 Weber, Jürgen: ControllerPreis & Shared Services. Effizienzgewinne auch im Overhead, in: Controller Magazin, 37. Jg. (2012), Heft 4, S. 103.

1081 Weber, Jürgen: Nachhaltigkeit als Thema für Controller, in: ZfCM, 56. Jg. (2012), S. 221.

1082 Weber, Jürgen / Goretzki, Lukas / Meyer, Thimo: Nachhaltigkeit als neues Aufgabengebiet der Controller – Ergebnisse der WHU-Zukunftsstudie, in: ZfCM, 56. Jg. (2012), S. 242-248.

1083 Weber, Jürgen: Rechnungswesen der Verkehrsbetriebe, in: Klaus, Peter / Krieger, Winfried / Krupp, Michael (Hrsg.): Gabler Lexikon Logistik. Management logistischer Netzwerke und Flüsse, 5. Auf., Wiesbaden 2012, S. 481-491.

1084 Eitelwein, Oliver / Malz, Stefanie / Weber, Jürgen: Erfolg durch Modularisierung, in: Schäffer, Utz (Hrsg.): Volatilität, ZfCM, 56. Jg., Sonderheft 2/2012, S. 79-84.

1085 Weber, Jürgen: Gute Controller als Mangelware?, in: Controller Magazin, 37. Jg. (2012), Heft 5, S. 33.

1086 Weber, Jürgen / Truijens, Thorsten / Neumann-Giesen, Axel: Organisationsform Shared-Service-Center. Herausforderungen an das Controlling, Schriftenreihe Advanced Controlling, Bd. 84, Weinheim 2012.

1087 Weber, Jürgen: Erfolg des Controllings: Konzeption – Messung – Ergebnisse, in: Altenburger, Otto A. (Hrsg.): Instrumente und Aufgaben des Controllings. Mit zahlreichen empirischen Befunden, Wien 2012, S. 131-168.

1088 Weber, Jürgen: Innovation & Controlling, in: Controller Magazin, 37. Jg. (2012), Heft 6, S. 28.

1089 Schäffer, Utz / Weber, Jürgen (Hrsg.): Effizienz!, ZfCM, 56. Jg., Sonderheft 3/2012.

1090 Schäffer, Utz / Weber, Jürgen: Effizienz!, in: Schäffer, Utz / Weber, Jürgen (Hrsg.): Effizienz!, ZfCM, 56. Jg., Sonderheft 3/2012, S. 1f.

1091 Schäffer, Utz / Weber, Jürgen / Strauß, Erik: Controlling und Effizienz – Auch ein Controller muss sich rechnen, in: Schäffer, Utz / Weber, Jürgen (Hrsg.): Effizienz!, ZfCM, 56. Jg., Sonderheft 3/2012, S. 12-16.

1092 Weber, Jürgen / Gschmack, Sigrid: Zentralisierung von Unterstützungsprozessen: Shared Service Center für finanznahe Funktionen, in: Schäffer, Utz / Weber, Jürgen (Hrsg.): Effizienz!, ZfCM, 56. Jg., Sonderheft 3/2012, S. 44-50.

1093 Schäffer, Utz / Weber, Jürgen: In eigener Sache, in: ZfCM, 56. Jg. (2012), S. 452.

1094 Weber, Jürgen: Controller & Verantwortung, in: Controller Magazin, 38. Jg. (2013), Heft 1, S. 42f.

1095 Goretzki, Lukas / Strauß, Erik / Weber, Jürgen: An institutional perspective on the changes in management accountants' professional role, in: Management Accounting Research, 24. Jg. (2013), S. 41-63.

1096 Weber, Jürgen: Controlling & IT – oder: Wie wird die schöne neue IT-Welt das Controlling verändern?, in: Controller Magazin, 38. Jg. (2013), Heft 2, S. 26f.

1097 Schäffer, Utz / Weber, Jürgen: Controlling und Management: Von der Zeitschrift zur Review, in: Controlling & Management Review, 57. Jg. (2013), Heft 1, S. 1f.

1098 Weber, Jürgen / Janke, Robert: Controlling in Zahlen. Wie hat es sich entwickelt, wie geht es weiter?, Schriftenreihe Advanced Controlling, Bd. 85, Weinheim.

1099 Gänßlen, Siegfried / Losbichler, Heimo / Niedermayr, Rita / Rieder, Lukas / Schäffer, Utz / Weber, Jürgen: The essence of Controlling – the perspective of the Internationaler Controller Verein (ICV) and the International Group of Controlling (IGC), in: Journal of Management Control, 23. Jg., S. 311-317.

1100 Grothe, Martin / Weber, Jürgen: Social Media & Controlling. Die Rolle des Controllers auf dem Weg in ein neues Unternehmenszeitalter, Schriftenreihe Advanced Controlling, Bd. 86, Weinheim.

1101 Weber, Jürgen: „Öffentliches Controlling" – und die Verwaltung bewegt sich doch, in: Controller Magazin, 38. Jg. (2013), Heft 2, S. 22f.

1102 Schäffer, Utz / Weber, Jürgen: Sterben Controllerkarrieren aus?, in: Controlling & Management Review, 57. Jg., Sonderheft 1/2003: Controllernachwuchs. Die nächste Generation, S. 1f.

1103 Weber, Jürgen: Die Evolution des Controller – Konzepte zur erfolgreichen Entwicklung von Controlling-Personal, in: Controlling & Management Review, 57. Jg., Sonderheft 1/2003: Controllernachwuchs. Die nächste Generation, S. 68-75.

1104 Weber, Jürgen: Verhaltensorientiertes Controlling. Plädoyer für eine (nicht ganz) neue Sicht auf das Controlling, in: Controlling, Zeitschrift für erfolgsorientierte Unternehmensführung, 25. Jg. (2013), Heft 4/5, S. 217-222.

1105 Voss, Peter / Wallenburg, Carl Marcus / Weber, Jürgen: Logistik- und Supply-Chain-Controlling – Herausforderungen und Instrumente, in: Schneider, Christian (Hrsg.): Controlling für Logistikdienstleister. Konzepte – Instrumente – Anwendungsbeispiele – Trends, DVV Media Group GmbH, Hamburg 2013, S. 52-68.

1106 Strauß, Erik / Nevries, Pascal / Weber, Jürgen: The development of MCS packages – balancing constituents' demands, in: Journal of Accounting & Organizational Change, Bd. 9 (2013), H. 2, S. 155-187.

1107 Schäffer, Utz / Weber, Jürgen: Controller entdecken den Vertrieb, in: Controlling & Management Review, 57. Jg. (2013), Heft 2, S. 1f.

1108 Weber, Jürgen / Gschmack, Sigrid / Tretbar, Torben / Wiegmann, Leona: IT-Trends und ihre Auswirkungen auf Management und Controlling, Schriftenreihe Advanced Controlling, Bd. 87, Weinheim 2013.

1109 Weber, Jürgen: Sind schlechte Zeiten für das Unternehmen gute Zeiten für das Controlling?, in: Controller Magazin, 38. Jg. (2013), Heft 4, S. 81.

1110 Schäffer, Utz / Weber, Jürgen: Behavioral Controlling, in: Controlling & Management Review, 57. Jg. (2013), Heft 3, S. 1f.

1111 Gänßlen, Siegfried / Losbichler, Heimo / Niedermayr, Rita / Rieder, Lukas / Schäffer, Utz / Weber, Jürgen: Die Kernelemente des Controllings – Das Verständnis von ICV und IGC, in: Controlling & Management Review, 57. Jg. (2013), Heft 3, S. 56-61.

1112 Weber, Jürgen: Stand und Perspektiven des Controllings, in: Jekel, Nicole (Hrsg.): Speed reading für Controller und Manager, Weinheim 2013, S. 175-179.

1113 Hirsch, Bernhard / Weber, Jürgen / Huber, Robert / Gisch, Celina / Erfort, Mathias: Strategische Steuerung in öffentlichen Institutionen. Politische Ziele – Strategieentwicklung – Erfolgsfaktoren, Berlin 2013.

FSC
www.fsc.org
MIX
Papier | Fördert
gute Waldnutzung
FSC® C083411

Kolibri 360 GmbH
Ferdinand-Jühlke-Straße 7
99095 Erfurt, Deutschland
produktsicherheit@kolibri360.de